AI 시대, 요즘 마케팅

AI 시대 동네 사장님을 위한
요즘 마케팅

초판 1쇄 발행 2026년 2월 20일
초판 2쇄 발행 2026년 3월 20일

지은이 은종성
펴낸이 제이슨
펴낸곳 도서출판 책길

신고번호 제2018-000080호
신고년월일 2018년 3월 19일

주소 서울특별시 강남구 테헤란로2길 8, 4층(우.06232)
전화 070-8275-8245
팩스 0505-317-8245
이메일 contact@bizwebkorea.com
홈페이지 bizwebkorea.com   **이러닝 인터뷰어** interviewer.co.kr
페이스북 facebook.com/bizwebkorea   **인스타그램** instagram.com/bizwebkorea
블로그 blog.naver.com/bizwebkorea   **유튜브** youtube.com/@bizwebkorea

ISBN 979-11-993711-2-5(13320)

AI시대
동네 사장님을 위한
요즘 마케팅

은종성 지음

인공지능(AI), 리테일 미디어, 소비 트렌드의 변화
동네 사장님을 위한 온오프라인 마케팅 실무 가이드

책길

네이버의 맛집 추천, 배달 앱의 배송시간 예측, 매장의 서빙 로봇 등 소상공인 업종에서도 AI는 실제 활용되는 기술들입니다. 바야흐로 소상공인에게도 디지털 전환이 생존을 위한 필수 과제가 된 것입니다. 세종경영연구소는 그동안 현장에서 사장님들의 고민을 경청하며 소상공인의 성공적인 재기와 혁신 성장을 지원해 왔습니다. 은종성 저자의 신간은 막연한 트렌드 설명을 넘어, 고객이 검색하여 유입되고 끝내 단골이 되기까지의 매출 과정을 체계적으로 담았습니다. 현장에서 바로 사용할 수 있는 프롬프트와 체크리스트는 마케팅 실행력을 높여줄 무기가 될 것입니다.

이충구 (㈜세종경영연구소 대표이사 / 경영학박사)

사업을 성공으로 이끄는 방법은 다양할 수 있습니다. 하지만 그 본질적인 원리는 결국 하나입니다. 때로는 지름길이 빨라 보일 수 있지만, 진정한 결실은 구조와 시스템을 이해하는 깊이에서 드러납니다. 소상공인 생태계를 누구보다 잘 아는 저자의 20년 내공은, 치열한 경쟁 속에서 길을 잃지 않도록 돕는 훌륭한 지침이 되어줄 것입니다.

서정헌 (㈜에스피파트너스 대표이사 / 前 서울 남부 소상공인지원센터장)

마케팅에서 중요한 것은 방법이 아니라, 왜 선택받는지에 대한 이해입니다. 소비자들이 브랜드와 매장을 어떤 맥락에서 만나고, 어떻게 이해하는지가 결국 선택을 결정하기 때문입니다. 노노스는 로고도, 브랜드도 정리되지 않은 기업들과 함께하며, 각자의 아이덴티티를 시장 안에서 만들어갈 수 있도록 마케팅 전략과 브랜딩을 설계해온 기업입니다. 그런 점에서 이 책이 말하는 방향은 노노스가 현장에서 꾸준히 고민해온 질문과 맞닿아 있습니다.

송현숙(노노스 · 노노스창업교육학원 대표 / 유통 · 이커머스 엑셀러레이터)

요즘 자영업 시장도 AI가 큰 주목을 받고 있습니다. 시대에 맞게 잘 설계된 마케팅 기법은 사업을 순식간에 성공의 반열로 오르게 합니다. 하지만 그만큼 마케팅 도구와 방법은 다양해지고 이를 대행하는 회사들도 늘어나면서 오히려 마케팅 방향을 잡지 못하는 상황까지 벌어지고 있습니다. 이러한 때, 오랜 시간 마케팅을 연구하신 은종성 대표님의 신간은 올바른 기준점을 제시할 것입니다.

이홍구(한국창업트렌드연구소장 / 유튜브 창업의신 / 창업컨설턴트)

AI가 일상을 지배하는 시대, 마케팅은 더 이상 대기업의 전유물이 아닙니다. 은종성 박사는 이 책에서 AI, 리테일미디어, 소비 트렌드 변화라는 복잡한 흐름을 동네 사장님의 눈높이에 맞게 풀어냅니다. 현장에서 바로 써먹을 수 있는 온·오프라인 실무 가이드로 작은 가게의 경쟁력을 키워줄 든든한 나침반이 될 것이며, AI 시대, 장사는 감이 아닌 전략임을 이 책이 증명해 줄 것 입니다.

최동규(지역상권육성사회적협동조합 이사장 / 경영학 박사)

늘 현장에서 실질적인 해답을 제시해 온 은종성 대표가 이번에는 'AI 시대의 요즘 마케팅'을 이야기합니다. 변화의 흐름 속에서 소상공인이 AI를 도구 삼아 어떻게 마케팅 효율을 높일 수 있는지 주목해야 합니다. 이 책은 20년 현장 경험을 바탕으로, AI를 통해 복잡한 과정을 줄이고 고객 유입을 늘리는 구체적인 전략을 담고 있습니다. 막연한 기술론이 아닌, "어떻게 하면 우리 가게를 더 잘 알릴까?"라는 고민에 대한 현실적인 내용들이 이 안에 있습니다. 변화하는 환경 속에서 내 비즈니스의 경쟁력을 높이고 싶은 분들이라면, 이 책이 제안하는 솔루션을 반드시 확인해 보시기 바랍니다. 강력히 추천합니다.

홍미미(한국가맹거래법률원 대표)

2025년 소상공인 지원 공로로 중소벤처기업부 장관상을 받으며 현장에서 다시금 확인한 것은, 결국 승부는 사장님의 '관점'에서 갈린다는 사실입니다. 은종성 박사의 신간은 이러한 제 오랜 고민과 맥을 같이합니다. 이 책은 복잡한 설명 대신 명확한 판단 기준을 제시해, 사장님의 시간을 아껴주고 실행의 방향을 확실히 잡아줍니다. 무엇보다 이론에 그치지 않고 당장 현장에 적용해 성과를 낼 수 있는 구체적인 해법들이 가득합니다. 현장을 아는 사람만이 쓸 수 있는 글이기에, 단순한 이론서가 아닌 요즘 마케팅의 실무 지침서에 가깝습니다. 사업 방향을 고민하는 사장님들이 믿고 참고할 수 있는 책으로 기쁘게 권합니다.

변종수(비즈인사이트연구소 대표 / 소상공인 컨설팅 대상 수상)

금호타이어 교육센터에서 10여 년간 강의를 진행하며 지켜본 저자는, 현장을 모르는 이론가가 아니라 결과로 말하는 실무 전문가입니다. 타이어프로 매장을 운영하는 전국 영업점을 대상으로 온라인 마케팅을 다뤄왔고, 최근에는 AI를 활용한 온·오프라인 실무 강의까지 현장에 맞게 확장해 왔습니다. 그 과정에서 매장 운영자에게 어디에서 막히고, 어떤 설명에서 고개를 끄덕이는지를 가까이에서 확인해왔습니다. 이 책은 AI 마케팅을 설명하는 데 그치지 않고, 동네 사장님이 당장 매출과 고객에 어떻게 적용해야 하는지를 구체적으로 짚어주고 있습니다. 수많은 교육을 기획해 온 담당자로서, 매장에서 가려워하는 부분을 정확히 긁어주는 현장 맞춤형 교과서라고 할 수 있습니다. 막연한 트렌드가 아닌 실행 가능한 해법을 찾는 분이라면 반드시 읽어야 할 실전서입니다.

윤치경(금호타이어 주식회사 / 한국채널운영팀 교육파트 / 책임)

우리나라 풀뿌리경제의 근간인 소상공인에게 필요한 것은 거대담론이 아니라 실천 가능한 솔루션입니다. 이 책은 '동네 사장님'이라는 대상을 구체적으로 설정하고 있지만, 제가 오랫동안 관심을 가져온 협동조합과 사회적기업의 현장에도 그대로 적용할 수 있는 내용들로 채워져 있습니다. 저자가 20여 년간 강의와 컨설팅 현장에서 쌓아온 경험을 바탕으로, 실무에서 바로 활용할 수 있는 지침과 체크리스트를 체계적으로 정리한 점이 인상적입니다. 치열한 경쟁 속에서 동네 장사를 이어가는 분들에게 현실적인 돌파구를 제시해 줄 든든한 무기가 될 책이라 생각합니다.

이승일(한국열린사이버대학교 특임교수 / 『소상공인협동조합 A to Z』 저자)

우리가 사는 동네에는 다양한 형태의 매장들이 있습니다. 맛집이라 불리는 식당이 있고, 사람들을 만나 이야기를 나누는 커피숍이 있으며, 생활에 필요한 물건을 파는 소매점도 있습니다. 최근에는 동네의 일상과 공간을 엮어 하나의 이야기로 만들어가는 로컬 크리에이터들도 늘어나는 추세입니다.

어떤 가게는 새롭게 문을 열고, 또 어떤 가게는 외부 환경이나 여건의 변화를 견디지 못한 채 문을 닫기도 합니다. 소비자 입장에서는 그저 매장이 하나 늘거나 줄어드는 일일 뿐입니다. 자주 찾는 가게는 당연하다는 듯 이용하고, 사라진 가게는 금세 일상에서 지워지곤 하니까요.

그러나 동네 사장님들과 깊은 이야기를 나눠보면, 그분들이 매일매일을 얼마나 치열하게 살아내고 있는지 알게 됩니다. 겉보기에는 성공한 매장과 문을 닫는 매장이 전혀 다른 길을 걸어온 것처럼 보이지만, 사실 시작점에서의 격차가 컸던 경우는 많지 않습니다. 비슷한 상권에서 문을 열고, 비슷한 시간과 노력을 들여 가게를 운영해왔음에도 결과가 달라지는 이유는 '미세한 차이'에 있습니다.

어떤 매장은 손님이 불편해하는 지점을 끝까지 붙잡고 개선해왔고, 어떤 매장은 매출과 비용의 흐름을 예민하게 읽어내며 운영 방식을 조금씩 개선해왔습니다. 여기에 상권의 변화나 시기 같은 외부 요인도 영향을 미치겠지만, 결국 사업의 성패를 가르는 것은 장사를 바라보는 사장님의 '관점'과 그것을 실행하는 '디테일'이었습니다.

하지만 우리는 이 복잡하고 유기적인 장사의 세계를, 종종 너무 단순한 시각으로 재단하곤 합니다. 특히 마케팅의 영역에서 그러한 실수가 빈번하게 일어납니다.

저를 포함해 마케팅을 업으로 삼는 사람들은 가끔 '부분'을 '전체'인 양 착각하는 오류를 범합니다. 마치 지도 정보 하나를 수정하면 금방이라도 상황이 나아질 것처럼 말하고, 블로그나 인스타그램을 시작하면 당장이라도 매출이 오를 것처럼 설명합니다. 물론 틀린 이야기는 아닙니다. 하지만 그것이 동네 장사의 전부는 결코 될 수 없습니다.

코끼리의 다리만 만져보고는 코끼리를 다 안다고 말할 수 없는 것처럼, 동네 장사 또한 몇 가지 단편적인 마케팅 도구만으로 설명될 수 있는 대상이 아닙니다. 마케팅은 강력한 도구이지만, 그것만으로 가게의 모든 문제를 해결할 수 있다는 생각은 위험합니다. 나무가 아닌 숲을 보듯, 이제 우리는 마케팅 기술 너머에 있는 장사의 본질을 함께 들여다보아야 합니다.

그래서 저는 동네 사장님을 대상으로 마케팅을 이야기하는 것이 늘 조심스럽고 어렵습니다. 마케팅을 가르치는 사람들은 종종 사업의 전체 구조를 보지 못한 채 도구의 효용만을 강조하고, 정작 사장님들은 당장의 생존에 집중하느라 전체 숲을 돌아볼 여유가 없기 때문입니다. 어쩌면 이것은 서로 다른 곳을 바라볼 수밖에 없는, 동네 장사가 처한 구조적인 현실일지도 모릅니다.

저는 지난 20여 년간 소상공인을 대상으로 강의와 컨설팅을 해왔습니다. 그 긴 시간 동안 저는 수많은 현장을 가까이에서 관찰했고, 잘되는 매장과 어려움을 겪는 매장의 결정적 차이가 무엇인지 분석해왔습니다. 전통시장과 소상공인, 로컬 크리에이터와 소공인, 그리고 프랜차이즈 본사와 대기업 영업점까지. 규모와 업종은 달라도 그들이 가진 고민의 본질은 크게 다르지 않음을 알 수 있었습니다.

때로는 플레이어보다 한 발짝 떨어진 제3자의 관점에서 구조를 바라보고 정리하는 역할이 더 큰 의미를 갖기도 합니다. 숲 안에 있는 사람은 눈앞의 나무를 보지만, 숲 밖에 있는 사람은 숲의 전체 흐름을 볼 수 있기 때문입니다.

강의와 컨설팅 현장에서 제가 중요하게 생각하는 기준은 '이론은 현장에서 실무에 적용할 수 있어야 하고, 현장의 실무 경험은 이론적으로 설명될 수 있어야 한다'는 것입니다. 실무가 없는 이론은 공허하고, 이론 없는 실무는 맹목적이기 쉽기 때문입니다.

블로그, 인스타그램, 숏폼 광고 같은 커뮤니케이션 활동은 분명 필요합니다. 하지만 그것만으로 지속적인 성장을 만들기는 어렵습니다. 결국 중요한 것은 사장님이 스스로 상황을 이해하고 판단할 수 있는 '기준'입니다. 도구에 휘둘리지 않고 내 장사를 올바르게 바라보는 '관점', 이 책은 바로 그 단단한 기준을 세우는 일에서부터 시작하려 합니다.

이를 위해 『AI 시대, 동네 사장님을 위한 요즘 마케팅』을 총 5개의 장으로 구성하였습니다.

1장에서는 AI 시대에 동네 장사를 어떻게 바라봐야 하는지에 대한 이야기를 담았습니다. 기술적인 방법을 논하기 전에, 사장님의 관점부터 새롭게 정립하는 과정이 필요하기 때문입니다. 예전 방식의 마케팅이 왜 효력을 잃어가고 있는지, 반면 큰 비용 없이도 꾸준히 사랑받는 매장의 비결은 무엇인지 그 구조를 설명하였습니다. 무엇을 할 것인가보다 선행되어야 할 어떻게 바라볼 것인가에 대한 기준을 세우고, 흔들리지 않는 본질과 시스템을 만드는 법을 정리하였습니다.

2장은 고객과의 첫 번째 접점인 지도 정보를 중심으로 구성했습니다. 동네 장사의 승부처는 오프라인 매장을 온라인으로 매끄럽게 연결하는 데 있으며, 그 출발점은 바로 지도라고 생각합니다. 검색에서 방문 결정까지의 짧은 순간, 고객의 마음을 붙잡는 정보와 리뷰 관리법을 담았습니다. 특히 네이버 스마트플레이스를 중심으로 사장님이 반드시 챙겨야 할 항목들을 체크리스트로 정리하였습니다. 단순한 기능 등록을 넘어, 고객에게 신뢰를 주고 방문을 유도하는 정보가 무엇인지 확인하실 수 있도록 하였습니다.

3장은 어렵게 유입된 고객을 실질적인 구매로 전환하고, 객단가를 높이는 구조에 대해 이야기합니다. 손님은 왔는데 남는 게 없다면 문제입니다. 이 장에서는 매장 동선부터 메뉴 구성, 내부 커뮤니케이션(POP), 그리고 심리적 가격 설정까지, 고객의 지갑을 여는 디테일한 요소들을 설명하였습니다. 거창한 리모델링 없이도 현장에서 즉시 적용하여 매출의 변화를 만들어낼 수 있는 실무적인 팁들에 초점을 맞췄습니다.

4장은 한 번 방문한 고객을 다시 오게 만드는 재방문의 기술을 제안합니다. 신규 고객 유치보다 중요한 것은 우리 가게를 다시 찾는 단골을 만드는 일입니다. 단순한 쿠폰 뿌리기가 아니라, 고객 경험 관리와 팬덤 구축의 관점에서 단골이 만들어지는 원리를 설명하였습니다. 우리 가게가 고객에게 기억되고, 기록되며, 기꺼이 다시 선택받는 이유를 만듦으로써, 손님이 또 다른 손님을 불러오는 선순환 구조를 정리하였습니다.

5장에서는 AI를 활용해 사장님의 판단과 실행을 돕는 방법으로 다양한 프롬프트를 담았습니다. 기술은 계속해서 발전하겠지만, 현재 단계에서 마크다운 방식으로 질문을 구체화하는 것만으로도 복잡한 것들이 충분히 정리될 것입니다. 스마트플레이스에 넣어야 할 상세설명 작성에서부터 리뷰 답글 작성, 페르소나 분석 등 현실적인 예시를 통해 AI 활용 역량을 높일 수 있습니다. 기술은 경쟁의 단계를 바꾼다고 말씀드리곤 합니다. 마크다운 방식으로 AI를 활용하는 방법만으로도 충분히 경쟁력을 높일 수 있습니다.

그동안 여러 권의 책을 집필해 왔지만, 추천사를 부탁드리는 일은 오랜만이었습니다. 바쁘신 일정 중에도 흔쾌히 귀한 말씀을 보태주신 분들께 깊은 감사의 마음을 전합니다.

　　하나의 관점을 세우고 저자의 언어로 책을 엮는다는 것은 즐거움인 동시에, 제 실력의 민낯이 공개되는 순간이기도 합니다. 탈고 후에는 늘 아쉬움이 남지만, '아무것도 하지 않으면 아무 일도 일어나지 않는다'는 말을 되새기며 용기를 내어 세상에 또 한 권의 책을 내놓습니다.

　　거창한 미사여구로 저 자신을 포장하고 싶은 마음은 없습니다. 지난 시간을 돌아보면 보람된 순간도 있었지만, 저의 조언이 부족해 한계를 느꼈던 시간, 준비가 미흡해 아쉬움이 남았던 부끄러운 순간들도 분명 있었습니다.

　　그렇기에 이 책은 완성된 정답이라기보다, 현장에서 함께 부딪히며 쌓아 올린 고민의 기록에 가깝습니다. 모쪼록 이 책이, 오늘도 하루를 시작하는 전국의 모든 동네 사장님들에게 작은 도움이 되기를 소망합니다.

저자 은종성

차 례

1장. 마케팅보다 중요한 것들

INTRO TOPIC

장사가 잘 안 될 때, 사장님들이 가장 먼저 떠올리는 것은 대개 마케팅입니다. 광고를 더 해야 할지, SNS를 시작해야 할지, 요즘 뜬다는 플랫폼을 써야 할지 고민하게 됩니다. 여기에 AI 이야기까지 더해지면 불안은 더 커집니다. 남들은 다 뭔가 하고 있는 것 같은데, 나만 뒤처지고 있는 건 아닐까 하는 생각이 자연스럽게 들기 때문입니다.

하지만 현실에서는 블로그 상위 노출을 할 줄 몰라서, 키워드 광고를 하지 못해서, 인플루언서가 되지 못해서, 홈페이지를 만들 줄 몰라서 사업이 망하는 경우를 거의 보지 못했습니다. 마케팅 기술이 부족해서 문을 닫는 가게보다, 방향이 정리되지 않은 상태에서 이것저것 시도하다가 지쳐버리는 가게가 훨씬 많습니다.

마케팅은 기술이 아니라 결과입니다. 그리고 그 결과는 언제나 사장님의 생각과 기준, 그리고 장사를 대하는 태도에서 시작됩니다. 1장에서는 마케팅 이야기에 앞서, 먼저 점검해봐야 할 것들을 살펴보려 합니다. 지금 우리 가게는 누구에게, 어떤 이유로 선택받고 있는지. 손님은 어떤 기대를 가지고 문을 열고 들어오는지. 그리고 그 기대가 실제 경험으로 이어지고 있는지에 대한 질문입니다.

온라인이 세상의 중심이 되었다

온라인 결제 금액이 오프라인을 넘어선지 이미 오래입니다. 시작은 코로나19 팬데믹이었지만, 이제는 삶의 방식 자체가 바뀌었습니다. 인건비 부담에 동네 김밥집은 새벽 장사를 포기하지만, 고객은 온라인 새벽배송으로 김밥 세 줄을 주문하고 있습니다.

미국에서는 이런 현상을 '아마존드(Amazoned)'라고 부릅니다. 세계 최대 전자상거래 업체인 아마존(Amazon)에 밀려 오프라인 매장이 설 곳을 잃고 사라지는 현상을 뜻하죠. 이는 남의 나라 이야기만은 아닙니다. 국내 수많은 오프라인 매장 역시 생존을 위협받고 있습니다.

하지만 모든 탓을 온라인으로만 돌릴 수는 없습니다. 소상공인과 전통시장을 보호한다는 취지로 '유통산업발전법'이 제정되어 대형마트의 확장을 막았지만, 그 틈을 파고든 건 쿠팡이나 마켓컬리 같은 새벽배송 업체들이었습니다. 반면, 같은 대형마트임에도 코스트코는 새벽배송 없이 꾸준히 성장하면서도 안정적인 이익을 내고 있습니다. 이는 오프라인 매장의 위기가 단순히 규제나 배송 시스템 때문이 아니라, 경영 전략과 본질적인 경쟁력의 문제일 수 있음을 시사합니다.

흔히 오프라인은 월세나 인건비 같은 고정비 때문에 온라인보다 비효율적이라고 생각합니다. 그렇다면 오프라인 매장은 결국 사라지게 될까요? 그렇지 않습니다. 사람들은 여전히 현실 공간에서 살아가며, 온라인 화면만으로는 채울 수 없는 오감과 감동을 원하기 때문입니다. 온라인으로 성장한 무신사가 오프라인 매장을 내고, 올리브영이 온·오프라인을 연결하는 옴니채널 전략을 펼치는 이유도 여기에 있습니다. 소비자와 정서적인 관계를 맺고 브랜드의 가치를 온전히 전하는 데는 여전히 오프라인만 한 곳이 없습니다.

구조를 만드는 것이 중요

가치 〉 가격 〉 원가

장사가 돈이 되는 기본 원리는 간단합니다. 가치 〉 가격 〉 원가라는 부등식이 성립하면 됩니다. 고객이 느끼는 가치는 지불하는 가격보다 커야 하고, 사장님이 받는 가격은 들어가는 원가보다 높아야 합니다.

요즘 점심값이 너무 비싸다는 뉴스가 연일 나옵니다. 왜 그럴까요? 단순히 금액이 커서가 아닙니다. 1만 원을 냈는데, 그만큼의 만족감을 주지 못하기 때문입니다. 반면, 1인당 10만 원이 넘는 오마카세나 호텔 뷔페는 예약조차 힘듭니다. 고객들이 지불한 금액 이상의 확실한 가치를 느끼기 때문입니다. 가격 이상의 가치를 제공하는 것, 이것이 장사의 가장 기본입니다.

가치를 높이는 것만큼 중요한 것이 원가 절감입니다. 가장 쉬운 방법은 유통 단계를 줄이는 것입니다. 납품받던 식재료를 매일 새벽 시장에서 직접 사 오면 재료비를 10% 이상 아낄 수 있습니다.

하지만 사장님이 모든 재료를 직접 사 나르는 방식은 위험합니다. 당장 돈은 아낄지 몰라도, 장기적으로는 사장님의 체력과 시간을 갉아먹기 때문입니다. 가게에서 가장 비싼 비용은 바로 사장님의 시간입니다.

핵심은 '선택과 집중'입니다. 김밥집이라면 맛을 좌우하는 김이나 달걀 같은 핵심 재료 한두 가지만 직접 구하고, 나머지는 기존 거래처를 이용하는 식입니다. 이것이 지속 가능한 원가 절감법입니다.

또한, 원가 관리의 숨은 열쇠는 '메뉴 구성'에 있습니다. 메뉴가 너무 많으면 재고 관리가 어렵고 버려지는 재료가 늘어납니다. 잘 팔리는 메뉴를 중심으로 재료를 공유할 수 있도록 메뉴판을 다시 짜야 합니다. 참치김밥, 김치김밥, 참치김치김밥처럼 같은 재료를 돌려쓰는 메뉴 구조를 만들면, 재고 회전율이 빨라지고 원가는 자연스럽게 낮아집니다.

고객을 부르는 힘과 명확한 컨셉

가치를 높이는 일과 원가를 줄이는 일은 서로 반대편에 있는 선택처럼 보이지만, 실제는 분리해서 생각하기 어렵습니다. 차별화를 고민하다 보면 원가 구조를 함께 들여다보게 되고, 원가를 관리하다 보면 무엇을 남기고 무엇을 덜어낼지 기준이 필요하기 때문입니다.

이 기준이 되는 것이 매장의 컨셉입니다. 컨셉이 분명할수록 판단은 단순해지고, 의사결정의 속도와 방향도 자연스럽게 정리됩니다. 우리 가게가 선택받아야 할 이유는 무엇일까요? 옆집보다 싸서, 혹은 대형 프랜차이즈가 아니라서라는 이유만으로는 부족합니다. 우리 가게를 떠올렸을 때 그려지는 구체적인 이미지, 즉 대체 불가능한 매력을 한 문장으로 정의할 수 있어야 합니다.

성수동 골목에 있는 '비틀즈뱅크'라는 꽃집은 그 좋은 예입니다. 이곳에서 꽃을 사는 건 단순한 구매가 아니라 하나의 즐거운 경험입니다. 가게에는 흥겨운 노래가 흐르고, 직원과 손님이 자연스럽게 춤을 춥니다. 꽃다발에는 "오늘도 춤추는 하루 되세요"라는 손글씨 카드가 꽂혀 있죠.

이곳은 20초짜리 짧은 영상 하나로 대박이 났습니다. 직원과 손님이 함께 춤추는 영상이 수천만 조회수를 기록한 것입니다. 연출된 광고가 아니라 실제 상황이었기에 사람들은 열광했고, '#춤추는꽃집'이라는 해시태그를 달며 자발적으로 홍보해주기 시작했습니다. 명확한 컨셉이 광고비 한 푼 없이 강력한 마케팅 효과를 만든 것입니다.

결국, 이유 있는 매장이 살아남는다

온라인 시대에 오프라인 가게가 사는 길은 명확합니다. 고객이 찾아올 이유(컨셉)를 만들고, 돈이 남는 구조(시스템)를 갖추는 것입니다.

컨셉만 좋고 원가 관리가 안 되면 오래 버티지 못하고, 원가만 낮추고 매력이 없으면 가격 경쟁에 내몰리게 됩니다. 이 가게가 누구를 위해 존재하는지, 왜 굳이 이곳이어야 하는지 설명할 수 있다면 고객은 가격표를 따지기 전에 팬이 됩니다. 동시에 메뉴를 단순화하고 운영을 효율화하여 수익 구조를 단단히 해야 합니다.

동네 작은 가게라도 우리만의 색깔과 이야기가 있으면 고객은 스스로 입소문을 냅니다. 여기에 군더더기를 뺀 스마트한 운영이 더해진다면, 가격을 무리하게 올리지 않고도 충분히 수익을 낼 수 있습니다. 납득할 수 있는 가격에 대체할 수 없는 경험을 파는 것, 그것이 AI 시대에도 변하지 않는 장사의 기본입니다.

결국 기술이 아무리 발전해도 사람의 온기를 대신할 수는 없을 것입니다. AI와 같은 도구는 복잡한 계산이나 홍보 문구를 만드는 손발의 역할을 해줄수는 있지만, 손님을 반갑게 맞이하는 눈빛과 진심 어린 서비스는 사람만이 채울 수 있습니다.

모든 활동이 곧 마케팅

"요즘 상권이 다 죽었어요.", "손님들이 통 돌아다니지를 않아요.", "신규 고객을 모으려면 블로그 체험단을 해야 하나요?"

현장에서 사장님들을 만나면 가장 많이 듣는 하소연이자 질문입니다. 많은 분이 마케팅이라고 하면 전단지를 돌리거나, 배달 앱에 깃발을 꽂거나, SNS 광고를 하는 등의 눈에 보이는 판촉 활동만을 떠올리는 것입니다. 하지만 이것들은 마케팅이라는 거대한 빙산의 일각일 뿐입니다.

마케팅은 단순히 손님을 끌어오는 기술이 아닙니다. 우리 가게가 고객에게 선택받기 위해 하는 모든 활동의 총합입니다. 마케팅 원론에서는 이를 4P(Product, Price, Place, Promotion)라고 부릅니다.

마케팅은 손님이 만족할 만한 메뉴(상품)가 있어야 하고, 그 가치에 납득할 만한 가격이 매겨져야 하며, 손님이 이용하기 편한 환경(유통)이 갖춰져야 합니다. 그리고 나서야 우리 가게를 알리는(촉진) 활동이 뒤따라야 하는 것이죠.

이 네 박자가 톱니바퀴처럼 맞물려 돌아가는 시스템 자체가 바로 마케팅입니다. 음식이 맛없는데 광고만 많이 한다고 단골이 생길까요? 가격이 터무니없이 비싼데 친절하다고 해서 손님이 다시 올까요? 전체적인 균형이 깨지면 아무리 비싼 광고비를 써도 효과는 일시적일 수밖에 없습니다.

모두를 위한 곳은 없다

20년 경력의 베테랑 미용실 원장님이 있다고 가정해 보겠습니다. 20년의 내공이 있으니 퍼머부터 커트까지, 아이부터 어르신까지 어떤 스타일이든 완벽하게 소화할 수 있습니다. 원장님 입장에서는 "나는 모든 머리를 다 잘하니까, 남녀노소 누구나 내 고객이야"라고 생각하실 수 있습니다.

하지만 고객의 관점에서 바라보면 어떨까요? 동네 미용실은 흔히 동네 주부님들 서너 분이 모여앉아 이런저런 이야기를 나누는 사랑방 역할을 하곤 합니다. 그런데 이런 분위기의 미용실에 40대 남성이 커트를 하러 혼자 문을 열고 들어갈 수 있을까요? 불가능하진 않겠지만, 쏟아지는 시선이 부담스러워 다시 방문하기는 쉽지 않을 것입니다.

기술이 부족해서가 아닙니다. 매장의 분위기와 환경이 특정 고객층에게 맞춰져 있기 때문에, 다른 고객층에게는 진입 장벽이 되는 것입니다. 결국 '모두에게 팔 수 있다'는 것은 사장님의 희망 사항일 뿐, 현실에서는 불가능한 이야기입니다.

사장님들의 자원은 한정적입니다. 돈도, 시간도, 체력도 무한하지 않습니다. 모든 사람을 만족시키려다가는 아무도 만족시키지 못하는, 색깔 없는 평범한 가게가 되기 십상입니다. 그래서 '누구에게 팔 것인가'를 정하는 '선택과 집중'이 반드시 필요합니다.

점심시간에 쫓기듯 식사하는 직장인이 주 고객인지, 아이를 등원시키고 여유롭게 브런치를 즐기는 주부가 주 고객인지에 따라 메뉴 구성도, 가격도, 서비스의 속도와 접객 방식도 완전히 달라져야 합니다.

이것을 마케팅 교과서에서는 타겟팅(Targeting)과 포지셔닝(Positioning)이라고 부릅니다. 예시를 들자면 '누가 진짜 우리 단골이 될 사람인지 콕 집어 정하고, 그 사람 기억 속에 우리 가게를 어떤 곳으로 남길지 결정하는 것'입니다.

이 과정은 손님에 대한 깊은 이해 없이는 불가능합니다. 요즘 손님들은 무엇을 좋아하고, 왜 지갑을 여는지, 우리 가게 주변 경쟁자들은 무엇을 잘하고 있는지 꼼꼼히 살피는 것. 이것이 마케팅의 출발점입니다.

상권보다 중요한 것은?

경기가 어렵고 상권이 침체된 것은 사실입니다. 하지만 그런 악조건 속에서도 줄 서는 식당은 여전히 존재합니다. 그 가게들은 단순히 운이 좋거나 광고를 잘해서 잘되는 걸까요?

아닐 겁니다. 고객이 지불한 돈이 아깝지 않게 만드는 확실한 무기가 있기 때문입니다. 그것은 압도적인 맛일 수도 있고, 누구도 흉내 낼 수 없는 독특한 컨셉일 수도 있으며, 혹은 철저한 원가 관리를 통해 만들어낸 가성비일 수도 있습니다.

많은 사장님이 장사가 안될 때 외부로 눈을 돌려 광고 대행사를 찾습니다. 하지만 마케팅의 본질은 포장지를 화려하게 만드는 것이 아니라 알맹이를 단단하게 만드는 데 있습니다. 좋은 제품과 서비스, 그리고 다시 오고 싶은 매력(컨셉)이 없다면, 마케팅 활동은 밑 빠진 독에 물 붓기가 될 뿐입니다.

기술이 발전하고 트렌드가 아무리 빨리 변해도 장사의 본질은 변하지 않습니다. 유행하는 릴스(Reels)를 찍고 이벤트를 여는 것보다 중요한 것은, 우리 가게가 손님에게 '제값 하는 가게', '일부러 찾아올 만한 가치가 있는 가게'가 되는 것입니다. 그 기본이 튼튼할 때, 비로소 광고도 힘을 발휘합니다.

바꿀 수 있는 것에 집중하는 것

상권이 축소되고 거리에 사람이 줄어드는 것은 거대한 시대적 흐름이라 혼자 힘으로는 어쩔 수 없는 일입니다. 이것은 나의 통제 범위를 벗어난 영역이기도 합니다. 물론 상권 활성화를 위해 노력하는 곳들도 많지만 오랫동안 지속되지는 못하고 있는 것이 현실입니다.

하지만 시선을 가게 안으로 돌려보면, 우리가 바꿀 수 있는 일들은 생각보다 무수히 많습니다. 손님이 문을 열고 들어올 때 건네는 인사의 목소리 톤을 조금 더 밝게 높이는 것, 테이블 위 물컵에서 혹시 모를 냄새가 나지 않도록 한 번 더 닦는 것, 매장의 배경음악 볼륨을 대화하기 좋은 정도로 조절하는 것 등은 사장님의 의지에 달려 있습니다. 수천만 원이 드는 인테리어 공사가 아니더라도, 정갈하게 담아낸 반찬 그릇의 방향 하나가 고객에게는 대접받는다는 느낌을 줍니다. 이런 사소한 디테일들이 모여 우리 가게만의 컨셉이 만들어지는 것입니다.

이렇게 내실을 다지는 것이야말로 가장 확실한 마케팅이 됩니다. 고객은 바보가 아닙니다. 매장의 공기 속에 배어있는 사장님의 정성과 진심을 본능적으로 알아챕니다. 감동한 고객은 시키지 않아도 스마트폰을 꺼내 사진을 찍고, 포털 사이트에 정성스러운 영수증 리뷰를 남깁니다. 진짜 맛집은 사장님이 확성기를 들고 홍보하는 곳이 아니라, 다녀간 손님이 내 일처럼 대신 홍보해 주는 곳입니다. 결국 우리가 통제 가능한 내부의 품질을 끌어올릴 때, 통제 불가능해 보였던 외부의 평판까지 움직일 수 있게 되는 것입니다.

마케팅은 죽어가는 상권을 되살리는 마법이 아닙니다. 마케팅은 좋은 제품과 서비스라는 단단한 기본기 위에, 고객이 기꺼이 지갑을 열고 싶게 만드는 가치를 덧입히는 활동입니다. 외부 환경을 탓하기보다 지금 당장 내가 바꿀 수 있는 우리 가게 안의 일들에 집중하는 것. 그것이 가장 강력한 마케팅의 시작입니다.

남는 구조를 만드는 것

위기감이 찾아오면 사장님의 시선이 외부로 향하는 경우가 많습니다. 광고가 부족한 건 아닌지, 요즘 유행하는 마케팅 트렌드를 놓치고 있는 건 아닌지 등을 고민하는 것인데요. 하지만 마케팅은 만병통치약이 아닙니다. 밑 빠진 독에 물 붓기가 되지 않으려면, 마케팅을 시작하기 전에 가게의 기초 체력부터 점검해야 합니다. 중요한 것은 인스타그램이나 블로그를 하는 것이 아니라, 팔아서 얼마나 남을 수 있는지 실질적인 '수익 구조'를 만드는 것입니다. 돈을 벌 수 있는 구조가 만들어지지 않은 상태에서 마케팅에만 집중한다면, 매출은 커질지 몰라도 결국 곳곳에서 문제가 발생하기 시작할 것입니다.

원가를 줄인다고 하면 여전히 '식재료를 더 싸게 사야 한다'는 생각부터 떠올리시는 경우가 많습니다. 하지만 수익 구조를 개선하는 방법은 더 싼 재료에만 있지 않습니다. 관점을 바꿔서 무엇을 얼마나 팔고 있는지를 정확히 알고, 그에 맞게 메뉴와 재고를 정리하는 것이 필요합니다.

물론 이 작업을 위해서는 POS 데이터와 엑셀 정도는 있어야 합니다. 감이 아닌 데이터에 기반해야 하기 때문인데요. 지난 3개월에서 6개월 정도의 데이터를 기준으로 메뉴별 판매량과 원가율을 정리해 보면, 지금까지 보이지 않던 구조가 드러나기 시작할 것입니다.

네 가지 유형의 상품군

판매 데이터로 메뉴를 정리해보면, 대부분의 매장은 자연스럽게 네 가지 유형으로 나뉘게 됩니다.

첫 번째는 효자 메뉴입니다. 판매량도 높고 마진도 안정적인 메뉴입니다. 이 메뉴는 매장의 중심이 되는 메뉴이기 때문에, 메뉴판에서 가장 눈에 잘 띄는 위치에 두고 사진과 설명도 가장 공을 들여야 합니다. 재료 품질이나 조리 방식도 쉽게 바꾸지 않는 것이 좋습니다. 효자 메뉴는 건드리지 않는 것이 아니라, 지켜야 할 메뉴입니다.

두 번째는 많이 팔리지만 남지 않는 메뉴입니다. 손님들은 자주 찾지만, 막상 계산해보면 남는 것이 적은 메뉴입니다. 이런 메뉴는 없애기보다는 조정의 대상으로 보셔야 합니다. 가격을 한 번에 크게 올리기보다는 소폭 인상하거나, 곁들임 재료의 양을 조정 조금 줄이고, 재료 구성을 미세하게 조정하는 방식이 현실적입니다. 맛의 인상은 유지하면서 원가율만 낮추는 것이 핵심입니다.

세 번째는 잘 안 팔리지만 남는 메뉴입니다. 마진은 좋은데 주문이 적은 메뉴입니다. 이 경우 메뉴 자체의 문제가 아니라, 보여지는 방식의 문제인 경우가 많습니다. 메뉴판에서 잘 보이지 않는 위치에 있거나, 사진과 설명이 매력적이지 않을 가능성이 큽니다. 이런 메뉴는 메뉴판에서 손님의 시선이 가장 먼저 닿는 위치로 옮기고, "왜 이 메뉴를 먹어야 하는지"를 설명하는 한 줄 문구를 추가하시는 것이 좋습니다.

네 번째는 정리 대상 메뉴입니다. 판매도 잘 되지 않고 마진도 낮은 메뉴입니다. 아쉽더라도 이런 메뉴는 과감하게 정리하시는 것이 좋습니다. 메뉴 수를 줄이는 것은 선택지가 줄어드는 것이 아니라, 운영 부담이 줄어드는 것에 가깝습니다.

어떻게 표기할 것인가?

상품의 옥석을 가렸다면, 이제 그 상품을 손님에게 어떻게 소개하고 있는지 점검해야 합니다. 메뉴판이나 가격표, 진열대의 설명 카드는 사장님을 대신해 손님을 설득하는 가장 성실한 영업사원입니다. 하지만 많은 매장에서 이 영업사원을 훈련시키지 않고 방치합니다. 단순히 '아메리카노', '기본 손관리', '원피스'라고만 적혀 있는 건조한 이름표는 손님의 마음을 움직이지 못합니다. 손님은 상품 그 자체보다, 그 상품이 줄 가치와 기분을 소비하기 때문입니다.

네일숍을 예로 들어볼까요? 단순히 '손 관리 15,000원'이라고 적는 대신, '거칠어진 손을 위한 큐티클 정리와 보습 영양 케어'라고 적어보는 것입니다. 꽃집이라면 '꽃다발 A' 대신 '사랑을 고백하는 로맨틱 파스텔 꽃다발'이라고 이름을 붙여주는 것이죠. 구체적인 효능이나 상황을 묘사하는 문구는 고객의 상상력을 자극하기 마련입니다. "이걸 사면 내 손이 부드러워지겠구나", "이 꽃을 받으면 여자친구가 좋아하겠구나"라는 기대감을 심어주는 것이죠.

가격표를 붙이는 방식도 섬세한 설계가 필요합니다. 매출이 떨어지면 가격 인하부터 고민하지만, 섣부른 가격 인하는 마진만 갉아먹을 뿐입니다. 가격을 내리는 대신, 손님이 가격을 덜 부담스럽게 느끼도록 만드는 심리적 기술을 활용하는 것이 필요합니다. 예를 들어 가격표에서 '원'이라는 글자나 쉼표(,)를 빼고 숫자만 간결하게 표기하는 것만으로도 손님이 느끼는 지불의 고통이 줄어든다는 연구 결과가 있습니다. 중요한 건 가격을 속이는 것이 아니라, 가격이라는 숫자에 가로막혀 상품의 가치를 못 보는 일이 없도록 심리적 문턱을 낮춰주는 것입니다.

마케팅의 기본은 선택과 집중

마케팅에서 끊임없이 강조하는 원칙이 바로 '선택과 집중'입니다. 하지만 현장에서 지켜보면 정말 어려운 것은 집중이 아니라, 무엇을 포기할지 결정하는 '선택'입니다.

가령 김치찌개 전문점을 운영한다고 가정해 보겠습니다. 혹시나 면 요리를 찾는 손님을 놓칠까 봐 점심에 칼국수를 팔고, 저녁에는 단골손님이 술안주를 찾는다는 이유로 파전까지 메뉴판에 올리게 되면 과연 어떻게 될까요?

운이 좋다면 오늘 저녁 매출은 조금 더 만들어낼 수 있을지 모릅니다. 하지만, 머지않아 가게를 지탱하던 진짜 고객들은 떠나고 말 것입니다. 고객이 그 가게에 기대한 것은 맛있게 끓여낸 김치찌개였지, 정체성을 잃고 이것저것 다 파는 평범한 식당이 아니었기 때문입니다.

선택과 집중이 가져다주는 이점은 비단 가게의 정체성을 지키는 데에만 그치지 않습니다. 더 실질적인 이점은 바로 재고 관리의 효율성에 있습니다. 취급하는 상품이나 서비스가 단순해진다는 것은, 사장님이 매일 신경 써야 할 식자재와 부품의 가짓수가 줄어든다는 것을 의미합니다.

이것은 단순히 몸이 편해지는 문제가 아닙니다. 핵심 메뉴에 집중하면 식자재의 회전율이 빨라지고, 이는 곧 원활한 자금 흐름으로 직결됩니다. 장사에서 재고는 곧 창고에 묶여있는 현금과 같습니다. 안 팔리는 메뉴를 위해 쌓아둔 재료는 자금을 갉아먹는 주범이 되지만, 잘 팔리는 메뉴에 집중된 재료는 빠르게 소진되며 다시 현금이 돌아오게 됩니다.

재고 관리 또한 사장님의 막연한 감이 아닌 명확한 기준이 필요합니다. 궂은 날씨, 월말, 혹은 특정 요일에 따라 판매량은 분명한 패턴을 보이기 마련입니다. 이 데이터를 바탕으로 적정 재고량을 산정해야 불필요한 사입을 줄이고 낭비를 막을 수 있습니다.

깊게 파고들면 통제력이 생긴다

장사의 불확실성을 줄이고 통제력을 높이는 방법을 경영학에서는 '수직적 통합'이라고 부릅니다. 말이 조금 어렵지만, 원리는 간단합니다. 남의 손을 빌리던 과정을 내 손안으로 가져오는 것입니다.

먼저 '후방 통합'은 내 뒤에 있는 공급망을 흡수하는 것입니다. 카페를 예로 들면, 원두를 납품받아 쓰다가 직접 로스팅 기계를 들여와 볶는 것이죠. 옷가게라면 도매상에서 떼어오던 옷을 직접 디자인해서 자체 제작하는 것입니다. 이렇게 하면 원가를 획기적으로 낮출 수 있을 뿐만 아니라, 거래처 사정에 휘둘리지 않고 내가 원하는 품질을 일정하게 유지할 수 있습니다. 이것이 곧 경쟁자가 흉내 낼 수 없는 우리 가게만의 무기가 됩니다.

반대로 '전방 통합'은 고객과 더 가까워지는 것입니다. 매장에 오는 손님을 기다리는 것이 아니라, 스마트스토어를 열어 직접 판매하거나 배달 채널을 독자적으로 구축하는 것이죠. 중간 유통 단계를 없애면 마진이 좋아지는 것은 물론이고, 고객의 반응을 확인하며 빠르게 대응할 수 있습니다. 위로는 원재료를 통제하고 아래로는 판매 채널을 장악할 때, 수익률은 자연스럽게 올라갑니다.

전방 통합의 대표적인 사례로 대전의 유명한 로컬 맛집인 'OO 소국밥'을 들 수 있습니다. 줄 서서 먹는 맛집으로 유명한 이곳은 매장 장사에만 안주하지 않고, 스마트스토어를 개설해 전국으로 국밥을 판매하고 있습니다. 온라인 쇼핑몰의 매출을 확인해볼 수 있는 아이템 스카우트(itemscout.io)를 기준으로 보면 온라인에서만 월 6천만 원 이상의 매출이 발생하는 것으로 추정됩니다. 어지간한 오프라인 매장 하나의 매출이 온라인에서 덤으로 나오는 셈입니다.

원조OO소국밥

베스트　식품　전체상품　FOR YOU　묻고 답하기　공지사항　리뷰이벤트　쇼핑스토리　판매자정보

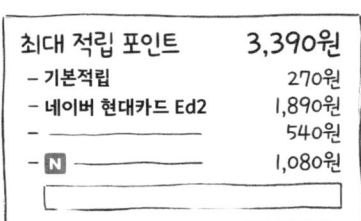

원조OO소국밥 소국밥(550g) 3개

27,000원

배송비 4,000원

최대 적립 포인트	3,390원
- 기본적립	270원
- 네이버 현대카드 Ed2	1,890원
-	540원
- N	1,080원

중요한 것은 효율성입니다. 국밥을 끓이는 시설과 장비, 인력은 기존 매장의 것을 그대로 활용하거나 추가하는 수준일 것입니다. 즉, 추가적인 고정비 부담은 거의 없이 포장과 배송 시스템만 얹어 새로운 수익 모델을 만든 것입니다. 이것이 바로 전방 통합의 힘입니다. 단순히 앉아서 손님을 기다리는 것이 아니라, 온라인이라는 내 가게를 하나 더 열어 직접 고객을 찾아가면, 매장의 물리적 한계를 넘어 매출의 천장을 뚫을 수 있습니다. 위로는 원재료를 통제하고 아래로는 판매 채널을 장악할 때, 수익률은 자연스럽게 올라갑니다.

일관된 고객 경험을 위해서는?

수직적 통합이 중요한 이유는 돈 때문만은 아닙니다. 바로 '일관된 고객 경험'을 제공할 수 있기 때문입니다. 만약 납품받은 케이크를 파는 카페라면, 거래처가 바뀌거나 배송 중 문제가 생겼을 때 그 피해는 고스란히 손님의 실망으로 이어지기 마련입니다. 사장님이 아무리 친절해도, 제품의 품질을 100% 보장할 수 없다면 브랜드가 될 수 없는 것입니다.

하지만 직접 만들고 직접 팔면 이야기가 달라집니다. 재료 선정부터 조리, 포장, 판매까지 모든 과정에 사장님의 철학을 담을 수 있습니다. 손님들은 "이 집은 뭐가 달라도 다르다"는 느낌을 받게 되는데, 그 '다름'은 바로 이런 디테일한 통제력에서 나옵니다. 내가 책임질 수 있는 영역이 넓어질수록, 고객이 느끼는 신뢰의 깊이도 깊어집니다.

물론 처음부터 모든 것을 다 직접 할 수는 없습니다. 하지만 우리 가게의 핵심 경쟁력이 되는 부분만큼은 반드시 내 손안에 쥐고 있어야 합니다. 그것이 외부 환경이 변해도 흔들리지 않고 우리 가게의 맛과 멋을 지키는 가장 확실한 방파제가 되어줍니다.

객단가를 높이기 위한 수평적 확장

수직적 통합을 통해 우리 가게만의 색깔이 확실해지고 단골이 쌓였다면, 그때는 시야를 옆으로 돌려볼 차례입니다. 이를 '수평적 확장'이라고 합니다. 이미 우리를 신뢰하는 고객에게 그와 연관된 다른 상품이나 서비스를 제안하여, 고객이 우리 가게에서 해결할 수 있는 영역을 넓혀주는 것입니다.

가장 쉬운 방법은 객단가를 높이는 구성(크로스셀링)입니다. 동네 중국집을 예로 들어보겠습니다. 짜장면 한 그릇을 먹으러 온 손님에게 군만두나 미니 탕수육을 묶은 '1인 세트'를 제안하는 것입니다. 손님 입장에서는 고민 없이 더 풍성한 식사를 할 수 있어 좋고, 사장님 입장에서는 짜장면 하나 팔 때보다 훨씬 높은 매출을 올릴 수 있습니다. 가전제품 매장의 '신혼부부 패키지'도 마찬가지입니다. 냉장고를 보러 온 고객에게 세탁기, 건조기, TV를 묶어 '신혼 살림의 완성'을 제안하는 것이죠. 이는 단순히 물건을 더 파는 게 아니라, 고객의 고민을 통째로 해결해 주는 솔루션이 됩니다.

미용실도 그렇습니다. 머리 잘하는 원장님에게 신뢰가 생긴 고객은, 원장님이 추천하는 샴푸나 헤어 에센스도 믿고 구매하게 됩니다. 이때 매장에서 전문가용 헤어 제품을 판매하는 것이 바로 수평적 확장입니다. 고객은 마트에서 어떤 샴푸를 살지 고민할 필요가 없어 좋고, 매장은 추가적인 수익을 얻어 좋습니다. 필라테스 학원에서 운동복을 팔거나, 베이커리에서 빵과 가장 잘 어울리는 수제 잼을 파는 것도 모두 같은 맥락입니다.

여기서 중요한 원칙은 맥락입니다. 돈이 된다고 해서 미용실에서 갑자기 쌀을 팔거나, 카페에서 양말을 팔면 곤란합니다. 고객은 혼란을 느끼고, 오히려 기존에 쌓아둔 전문성마저 의심하게 됩니다. 기존의 고객 경험을 해치지 않으면서, 고객이 "어차피 필요했던 건데 여기서 사니 더 믿음이 가네"라고 느낄 수 있는 자연스러운 확장이어야 합니다. 그래야 추가적인 마케팅 비용 없이도 매출을 덩어리째 키울 수 있습니다.

확장에도 순서가 있다

많은 사장님이 범하는 실수 중 하나는, 내실이 다져지지 않은 상태에서 무리하게 확장을 시도하는 것입니다. 수직적 통합(내실)이 뿌리를 깊게 내리는 과정이라면, 수평적 확장(성장)은 가지를 넓게 뻗는 과정입니다. 뿌리가 얕은 나무는 가지가 무거워지면 쓰러지고 맙니다.

먼저 우리 가게의 핵심인 상품과 서비스의 품질을 완벽하게 통제할 수 있어야 합니다. 그 과정에서 수익률이 개선되고 여유 자금이 생겼을 때, 그때 비로소 옆으로 눈을 돌려야 합니다. 단단한 구조 없이 메뉴만 늘리고 사업만 벌리면, 결국 사장님의 시간과 체력만 갉아먹는 결과로 이어집니다.

'구조를 만든다'는 것은 결국 사장님이 없어도, 혹은 사장님이 덜 일해도 가게가 돌아가고 수익이 나는 시스템을 만드는 일입니다. 지금 당장은 번거롭고 투자가 필요해 보일 수 있습니다. 하지만 이 구조가 완성되면, 그때부터는 사장님의 노동력이 아닌 시스템의 힘으로 돈을 벌게 됩니다. 그것이 바로 장사를 넘어 사업으로 가는 길입니다.

본질과 매력으로 돌파구를 찾아야

월급보다 무서운 3고(高)와 플랫폼

동네 사장님들을 옥죄는 현실은 냉혹합니다. 숨만 쉬어도 나가는 돈이 너무 많아졌습니다. 환율이 오르면서 커피 원두나 밀가루 같은 수입 재료 가격이 2~3배나 뛰었고, 대출 이자 갚기도 빠듯한데 핫플레이스의 월세는 천정부지로 치솟고 있습니다. 열심히 일해서 번 돈을 건물주와 은행에 고스란히 바치는 꼴이라는 한탄이 절로 나옵니다. 설상가상으로 우리 경제의 허리이자 소비를 책임지던 40대의 지갑이 닫히면서, 가족 단위 외식이나 소비가 눈에 띄게 줄어든 것이 뼈아픕니다. 손님이 없다는 건 엄살이 아니라, 물건을 사줄 사람들이 진짜로 사라지고 있다는 뜻입니다.

여기에 배달 앱과 예약 앱 같은 플랫폼의 존재감은 공포스러울 정도입니다. 소비자에게는 '무료 배달'이라는 혜택을 주지만, 그 비용은 결국 소상공인들의 수수료 인상으로 돌아옵니다. 많이 팔아도 남는 게 없는 구조, 심지어 배달비와 수수료를 떼면 음식값의 절반도 못 가져가는 경우도 허다합니다. 울며 겨자 먹기로 앱을 쓰지만, 디지털 월세까지 꼬박꼬박 내야 하는 세상. 이제는 단순히 맛있는 음식을 파는 것만으로는 생존을 장담할 수 없는 구조적인 어려움에 직면했습니다.

하지만 이런 상황에서도 살아남는 가게들은 분명 존재합니다. 그들은 외부 환경 탓을 하며 웅크리기보다, 자신의 무기를 갈고닦아 고객이 기어이 찾아오게 만듭니다. 결국 답은 다시 기본으로 돌아가는 것입니다. 플랫폼에 의존하지 않고도 고객을 부를 수 있는 힘, 즉 우리 가게만의 대체 불가능한 매력을 갖추는 것만이 유일한 생존 전략입니다.

시골 햄버거집이 보여준 기적

다들 어렵다고 하지만, 경북 칠곡군의 작은 시골 마을에 연간 8만 명이 찾아오는 기적 같은 햄버거 가게가 있습니다. 바로 '므므흐스'입니다. 이곳은 유동 인구도 없고 버스도 잘 다니지 않는 외진 곳에 있지만, 사람들은 기꺼이 차를 타고 먼 길을 달려옵니다. 도대체 무엇이 사람들을 이끄는 걸까요? 그 비결은 화려한 인테리어나 비싼 광고가 아니라, 진정성 있는 스토리에 있습니다.

므므흐스의 시작은 아내의 임신 중 '먹덧'에서 비롯되었습니다. 임신 중인 아내가 "정말 안심하고 먹을 수 있는, 맛있는 버거가 먹고 싶다"는 말을 자주 했고, 이를 계기로 남편이 직접 재료를 고르고 햄버거를 만들어주기 시작했습니다. 시중의 햄버거가 아니라, 가족에게 먹인다는 마음으로 만든 버거였습니다.

그렇게 만들어진 햄버거를 먹어본 아내가 "이 정도면 가게를 해도 되겠다"고 권유를 했고, 이것이 므므흐스가 된 것입니다. 여기에 칠곡에서 나는 신선한 농산물을 사용하고, 동네 사람들과 협업하며 지역의 색깔을 더했습니다. 므므흐스는 단순한 햄버거 가게가 아니라, 가족의 경험에서 출발해 지역의 자연과 문화를 함께 담아낸 로컬 크리에이터 브랜드가 된 것입니다.

사람들은 므므흐스가 가진 토리와 시골의 정취, 그리고 건강한 음식을 먹는다는 경험을 소비하러 오는 것입니다. 입지가 나빠도 콘텐츠가 확실하면 고객들은 찾아옵니다. 우리만의 스토리를 찾아야 하는 이유라고 할 수 있습니다

투명한 재료와 서사가 만드는 가치

고객은 이제 메뉴판의 가격만큼이나 원산지를 꼼꼼하게 따집니다. 단순히 '국산'이라고 적힌 것과 '해남 배추', '의성 마늘'이라고 적힌 것의 차이는 큽니다. 므므흐스가 칠곡의 수미감자와 미나리를 사용한다고 명시했을 때, 고객은 햄버거가 아닌 칠곡의 자연을 먹는다고 느낍니다. 이처럼 식재료의 출처를 구체적으로 밝히는 것은 고객에게 신뢰를 주는 동시에 메뉴의 가치를 높이는 가장 쉬운 방법입니다.

이는 단순히 정보를 제공하는 것을 넘어, 일종의 '내러티브 (Narrative, 서사)'를 만드는 과정입니다. 우리 가게가 어떤 농부의 땀이 서린 재료를 쓰는지, 어떤 철학으로 음식을 만드는지 이야기해 주세요. 재생 농업이나 지역 농부와의 상생을 중시하는 요즘 소비자들의 가치관과도 딱 맞아떨어집니다.

가게의 작은 실수 하나가 SNS를 타고 전국으로 퍼져 나락을 가는 세상입니다. 제주도의 비계 삼겹살 사건처럼, 진정성 없는 눈속임은 금방 들통납니다. 반대로 사장님이 직접 고기를 굽고 시장을 보는 진솔한 모습을 숏폼 영상으로 보여주면, 억대 광고보다 훨씬 큰 효과를 냅니다. 화려한 포장지보다 투명한 속살을 보여주는 정공법이 통하는 시대입니다.

기술의 역할과 사람의 역할

시대가 변하면서 기술을 받아들이는 것은 선택이 아닌 필수입니다. 키오스크나 서빙 로봇을 도입해 반복적이고 힘든 업무는 기계에 맡겨야 합니다. 하지만 기계가 대체할 수 없는 영역, 즉 사람의 온기는 더욱 강화해야 합니다. 고객이 매장에 들어서는 순간 눈을 맞추며 건네는 인사, 진심 어린 메뉴 추천, 나가는 길의 따뜻한 배웅은 오직 사람만이 할 수 있습니다.

비대면이 일상화될수록, 역설적으로 사람들은 따뜻한 접객에 더 목말라합니다. 직원의 복장, 말투, 태도는 매장의 분위기(Vibe)를 결정짓는 가장 중요한 인테리어입니다. 서비스는 단순히 친절한 것을 넘어, 우리 가게라는 브랜드의 성격을 보여주는 퍼포먼스여야 합니다.

결국 위기를 극복하는 힘은 균형에 있습니다. 본질적인 맛과 품질, 그리고 따뜻한 서비스라는 기본은 지키되, 숏폼 마케팅이나 디지털 도구 같은 새로운 변화의 흐름은 유연하게 받아들여야 합니다. 므므흐스처럼 자기만의 색깔을 가진 가게, 기술로 편리함을 주면서도 사람 냄새가 나는 가게. 그런 가게만이 이 구조적인 붕괴 속에서도 살아남아 단골들의 사랑을 받는 백년 가게가 될 것입니다.

공정과 구조를 만들어 내는 것

어떻게 대응해야 할까?

마케팅 과정에서 가장 많이 간과되는 것이 바로 공정과 구조입니다. 인스타그램을 열심히 하고, 블로그에 글을 꾸준히 올리면 손님은 조금 늘어날 수 있습니다. 검색 노출이 좋아지고, 지도 화면에서 눈에 띄면 방문 기회도 분명히 많아집니다. 그러나 그것만으로 가게의 체질이 바뀌지는 않습니다.

공정과 구조는 눈에 잘 보이지 않습니다. 사진처럼 공유하기도 어렵고, 숫자로 즉각적인 성과가 드러나지도 않습니다. 그래서 많은 사장님들이 홍보와 노출에는 힘을 쏟으면서도, 정작 매장을 어떻게 돌아가게 할 것인지, 어떤 방식으로 일을 반복 가능하게 만들 것인지는 뒤로 미뤄두곤 합니다.

그래서 반드시 짚어야 할 것이 효율성입니다. 홍보와 노출이 손님을 데려오는 일이라면, 효율성은 그 손님을 감당하는 방식에 대한 것입니다. 아무리 많은 사람이 가게를 찾아와도, 준비 과정이 복잡하고 사람 손이 과도하게 들어가며, 매번 같은 품질을 유지하기 어렵다면 매출 증가는 곧 피로와 혼란으로 바뀝니다.

즉, 마케팅 활동은 처음부터 실행 가능한 프로세스를 염두에 두고 설계되어야 합니다. 이 관점에서 프랜차이즈가 오랫동안 활용해 온 대표적인 방식이 바로 센트럴 키친입니다. 센트럴 키친(Central Kitchen)이란 본사가 핵심 식재료의 손질, 가공, 소스 제조 등 복잡한 조리 과정을 중앙 시설에서 모두 마친 뒤, 각 가맹점에는 완제품에 가까운 반조리 상태로 공급하는 시스템을 말합니다. 이를 통해 가맹점은 전문 주방 인력 없이도 통일된 맛과 품질을 유지할 수 있으며, 대량 구매를 통한 원가 절감 효과도 누릴 수 있습니다.

그러나 센트럴 키친의 기본 전제는 규모의 경제입니다. 대부분의 동네 사장님들 에게는 적용에 한계가 있습니다. 거대한 자본을 투입해 공장을 짓고, 수많은 가맹점에 물류를 공급해야만 비로소 시스템이 작동하기 때문입니다. 따라서 동네 사장님들에게 필요한 것은 이 시스템을 그대로 모방하는 것이 아니라, 그 안에 담긴 운영의 시스템화라는 핵심 원리를 자신의 작은 가게에 맞게 적용하는 방안일 것입니다.

여기서 반드시 짚고 넘어가야 할 중요한 원칙이 있습니다. 운영의 효율화는 철저히 공급자, 즉 사업주 관점의 혁신이어야 하며, 그 결과가 고객 경험의 가치를 훼손해서는 안 된다는 점입니다. 예를 들어 가족과의 저녁 식사 자리에서 나온 파스타가 식자재 마트에서 누구나 살 수 있는 기성품 소스로 만들어졌다는 사실을 알게 되는 순간, 고객이 느꼈던 모든 긍정적인 경험은 무너지고 맙니다. 이는 비용을 아꼈을지는 몰라도, 고객의 신뢰라는 가장 중요한 자산을 잃는 나쁜 효율화의 전형입니다.

그렇다면 고객이 감동하는 압도적인 가치와 사업주의 수익성을 보장하는 철저한 운영 시스템을 어떻게 하나로 엮어낼 수 있을까요? 진정한 혁신은 고객이 눈치채지 못하는 영역에서 효율을 극대화하고, 그 혜택을 온전히 고객에게 돌려주는 좋은 효율화에 있습니다. 그 해답의 실마리는 일본의 저가 이탈리안 레스토랑 사이제리야(サイゼリヤ)의 이야기에서 찾을 수 있습니다.

사이제리야의 공정 혁신

지금의 사이제리야 역시 처음부터 순탄했던 것은 아닙니다. 창업자 쇼가키 야스히코(正垣泰彦)가 운영하던 작은 서양식 레스토랑은 손님이 없어 파리만 날리던, 폐업 직전의 가게였습니다. 이공계 출신이었던 그는 이 문제를 감정이 아닌 가설로 접근했습니다.

"우리 가게 음식은 맛있다. 그렇다면 손님이 없는 이유는 단 하나, 가격 때문이다." 이 가설을 증명하기 위해 그는 주변의 만류를 뿌리치고 전 메뉴 70% 할인이라는 상식 밖의 실험을 감행합니다. 결과는 놀라웠습니다. 가게 앞에는 매일같이 긴 줄이 늘어섰고, 가설은 명확히 증명되었습니다.

하지만 성공의 기쁨도 잠시였습니다. 주문이 폭주하자 주방은 마비되었고, 기존 방식으로는 더 이상 손님을 감당할 수 없는 상황에 직면하게 됩니다. 성공이 또 다른 위기를 불러온 셈입니다.

바로 이 순간이 사이제리야 시스템이 만들어지는 지점이 되었습니다. 쇼가키 야스히코는 살아남기 위해 모든 것을 바꿔야 했는데요. 어떻게 하면 1초라도 더 빨리 음식을 낼 수 있을지, 어떻게 하면 아르바이트생도 즉시 조리할 수 있을지를 고민한 것입니다.

이 질문에 대한 답을 찾는 과정에서 비효율적인 요소는 걷어내고, 조리 과정은 단순화되었으며, 주방 동선은 재설계되었습니다. 처음부터 거창한 시스템을 기획한 것이 아니라, 넘쳐나는 고객을 감당하기 위한 몸부림이 오늘날 사이제리야 시스템의 근간이 된 것입니다.

이러한 효율화의 사고방식은 오늘날 사이제리야의 강력한 원가 우위 전략으로 구체화되었습니다. 사이제리야의 출발점은 메뉴나 마케팅이 아니라, "어떻게 하면 같은 품질의 음식을 더 적은 비용과 인력으로 제공할 수 있을까"라는 질문이었습니다.

핵심은 자체 농장 운영과 수직계열화를 통해 양질의 식재료를 누구도 따라올 수 없는 가격으로 조달하는 구조를 만든 데서 시작된 것입니다. 이렇게 확보한 식재료는 센트럴 키친에서 완벽하게 가공되고, 각 매장에서는 복잡한 조리 과정이 필요 없는, 이른바 '칼이 필요 없는 주방'이 구현되었습니다.

이러한 결과로 점포당 정직원 수를 최소화하고, 파트타이머의 동선과 업무까지 세밀하게 나누어 설계함으로써, 최소 인원으로도 안정적인 운영이 가능해진 것입니다

스스로 브랜드가 될 수 있어야

운영 효율화 기반의 원가우위 전략에도 시간이라는 변수 앞에서 영원한 것은 없습니다. 경쟁자를 압도하기 위해 만들어낸 차별화는 필연적으로 동질화(Homogenization)와 진부화(Obsolescence)의 과정을 겪게 되기 때문인데요. 우리가 힘들게 만들어낸 것은 생각보다 빠르게 모방되고, 한때 특별했던 차별점은 어느새 당연한 것이 됩니다. 고객의 인식 역시 마찬가지입니다. 처음에는 혁신적이던 요소도 시간이 지나면 익숙하고 평범해지곤 합니다.

따라서 운영 효율화를 통한 원가 경쟁력 확보는 선택이 아니라 생존을 위한 기본 조건으로 받아들여야 합니다. 여기에 더해 우리만이 가진 고유한 스토리와 고객 경험을 통해 강력한 팬덤을 만들어가는 것이 필요합니다. "우리의 제품이 이렇게나 좋습니다", "우리는 정직하게 만듭니다"라는 주장만으로는 부족합니다. 경쟁자의 제품 역시 충분히 좋고, 그들 또한 정직하다고 말합니다.

이제 소비자들은 단순히 가격이 저렴하고 품질이 좋다는 이유만으로 지갑을 열지 않습니다. 그들은 제품과 서비스를 구매하는 행위를 통해 자신의 가치관을 표현하고, 상징적인 의미를 얻고자 합니다.

이러한 상징성을 만들어내는 가장 강력한 도구가 바로 스토리입니다. 특히 해당 매장에서만 경험할 수 있는 로컬 스토리는 최근 더욱 주목받고 있습니다. 너무 자주 언급되어 식상하게 느껴질 수도 있지만, 그렇다고 사례로 언급하지 않을 수 없는 곳이 바로 대전의 성심당입니다.

성심당의 힘은 재무제표에서 확인할 수 있습니다. 성심당은 최근 몇 년간 연간 50% 이상 성장하고 있으며, 영업이익은 대형 프랜차이즈 기업을 넘어서고 있습니다. 이러한 차이는 비용 구조에서 명확히 드러납니다. 성심당의 비즈니스 모델은 좋은 효율화가 무엇인지를 보여주는 교과서와 같습니다.

성심당의 매출원가율은 약 53% 수준입니다. 이는 일반적인 베이커리의 원가율인 약 30%를 훌쩍 뛰어넘는 수준으로, '좋은 재료를 아낌없이 사용한다'는 브랜드 스토리가 단순한 마케팅 문구가 아니라 실제 운영 원칙임을 숫자로 증명하고 있습니다. 고객이 한 입 베어 무는 빵 속에 가득 찬 재료는, 높은 원가율이라는 지표를 통해 기업의 진정성을 직접 경험하게 하는 매개체가 됩니다.

낮은 판매관리비 비중 또한 눈여겨볼 부분입니다. 성심당은 광고를 하지 않는 기업으로 잘 알려져 있습니다. 대규모 광고나 마케팅 활동 없이 오직 제품력과 입소문만으로 지금의 명성을 쌓아왔습니다. 주목할 점은 이러한 비용 절감이 결코 직원에 대한 투자 축소로 이어지지 않았다는 사실입니다. 성심당은 업계 평균보다 높은 수준의 임금과 복지를 제공하는 것으로 알려져 있으며, 낮은 판매관리비는 광고비를 아껴 그 이익을 직원과 고객에게 환원하는 선순환 구조를 만들어냈음을 시사합니다.

지속 가능한 생존법칙은?

지속 가능한 생존을 위해 우리는 사이제리야와 성심당의 사례를 주목할 필요가 있습니다.

먼저 사이제리야는 메뉴를 과학적으로 재설계하고 '칼이 필요 없는 주방'을 구현함으로써 운영의 비효율을 걷어냈습니다. 여기서 우리가 배워야 할 점은 단순히 규모의 경제만은 아닙니다. 동네 가게일수록 내 동선을 점검하고, 업무를 표준화하여 불필요한 단계를 줄이려는 시도가 필수적이라는 사실입니다. 물류와 재고, 인력 운영에서의 비효율을 제거하는 것, 그것이 바로 수익을 남기는 시스템의 기초가 되기 때문입니다.

반면 성심당은 재료비에 아낌없이 투자하며, 지역의 이야기를 담은 독창적인 제품으로 강력한 팬덤을 구축했습니다. 이는 동네 매장이 가격 경쟁이나 플랫폼에 휘둘리지 않고도 스스로 브랜드가 될 수 있음을 보여주는 것입니다. 고객이 지갑을 여는 이유는, 그 가게만이 줄 수 있는 대체 불가능한 경험과 가치에 있는 것입니다.

소상공인 업종의 구조적 어려움은 부인할 수 없는 현실입니다. 한국의 자영업 비중이 선진국 대비 기형적으로 높고, 월 소득 100만 원 미만의 자영업자가 75.7%에 달한다는 통계는 우리를 움츠러들게 합니다. 하지만 냉혹한 현실 속에서도 방향성은 분명 존재합니다.

사이제리야의 '효율'로 기초 체력을 다지고, 성심당의 '팬덤'으로 대체 불가능한 매력을 만드는 것. 이 두 가지 축의 균형을 맞출 수 있다면, 과잉 경쟁의 파도 속에서도 흔들리지 않는 나만의 생존 전략을 만들 수 있을 것입니다. 화려한 기술이나 일시적인 유행을 좇기 전에, 내 가게의 비효율은 걷어내고 우리만의 차별점이 무엇인지를 고민하는 것. 바로 기본기에 충실한 것이야말로 외부 환경에 흔들리지 않는 가장 강력한 생존 전략이 될 것입니다. 지금까지의 내용을 바탕으로 지속 가능한 생존 원칙을 정리해 보겠습니다.

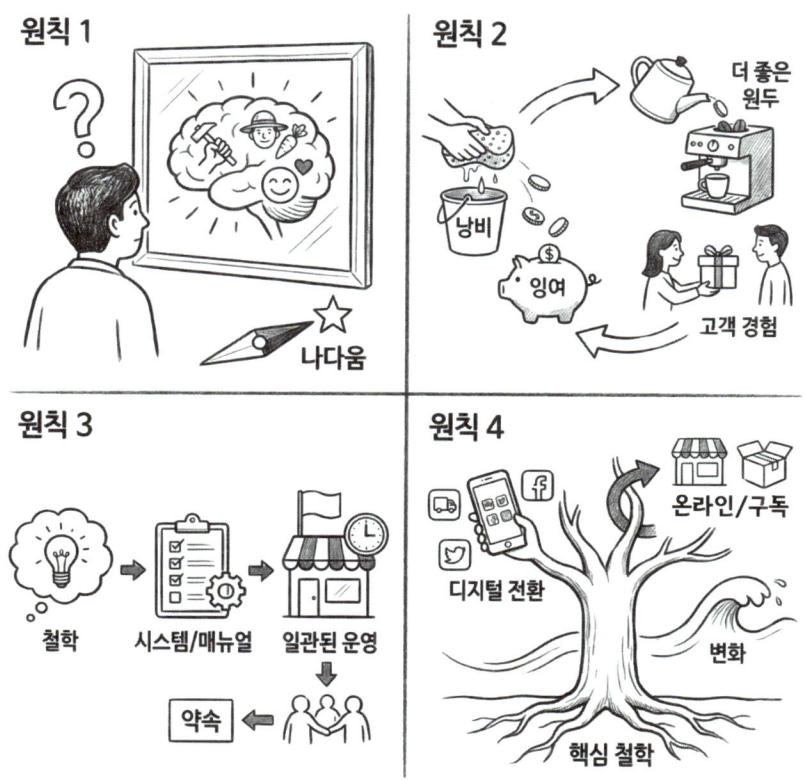

모방 불가능한 '다움'을 정의

전략의 출발점은 '무엇을 할 것인가'가 아니라 '나는 누구인가'를 정의하는 데에서 시작됩니다. 이것이 바로 경쟁자가 다른 사람들이 복제할 수 없는 자산, 즉 브랜드의 철학에 해당합니다. 성심당 하면 많이 회자되는 것이 '나눔'입니다. 그리고 사이제리야는 '과학적 합리성'을 중심으로 설명을 했습니다. 이러한 철학은 선택의 순간마다 모든 결정을 이끄는 기준점이 되어야 합니다.

이를 동네 사장님들에게 적용해보면 "내가 결코 타협할 수 없는 단 하나의 신념은 무엇인가요?" 그것은 지역 농산물에 대한 고집일 수도 있고, 특정 공예 기술에 대한 열정일 수도 있으며, 혹은 완벽한 고객 응대에 대한 집착일 수도 있습니다. 이 '당신 다움'이 명확해질수록 무엇을 해야 하고 무엇을 하지 말아야 할지가 분명해집니다. 그리고 브랜드의 모든 시각적·경험적 요소에 일관성을 부여하는 기준이 되기도 합니다,

잉여를 창출하고, 재투자

성공은 더 많은 자본에서 오는 것이 아니라, 스스로 자금을 만들어내는 선순환 구조를 구축하는 데서 시작됩니다. 동네 사장님들은 자신의 가게 안에 이 선순환을 만들어내는 작은 엔진을 마련해야 합니다.

먼저, 우리만의 '사이제리야'를 찾아야 합니다. 가게 운영의 뒷단, 즉 재고 관리, 주문, 예약, 재료 손질 등에서 효율화할 수 있는 지점을 점검해야 합니다. 거창할 필요는 없습니다. 우리 매장 수준에서 활용할 수 있는 다양한 서비스와 도구를 활용해 재고를 최적화하거나 동선을 개선하는 것만으로도, 작지만 지속적인 운영적 잉여, 즉 절약된 시간과 비용을 만들어낼 수 있습니다. 이는 정확한 원가 계산과 관리의 중요성과도 직결됩니다.

다음으로, 우리만의 '성심당'을 실행해야 합니다. 이렇게 만들

어진 잉여를 개인의 이익으로만 가져가는 대신, 원칙 1에서 정의한 '당신 다움'에, 그리고 고객이 인지할 수 있는 방식으로 재투자해야 합니다.

예를 들어, 작은 카페가 재고 관리 개선을 통해 월 5만 원의 재료 폐기 비용을 줄였다고 가정해 보겠습니다. 그 5만 원으로 조금 더 비싸지만 공정무역 인증을 받은 원두를 구매하고, 그 원두의 스토리를 작은 안내판으로 소개하는 것입니다. 이처럼 운영 효율화를 통해 얻은 이익이 곧바로 브랜드의 철학과 스토리를 강화하는 데 사용될 때, 고객은 가격표 너머의 가치를 느끼게 됩니다. 이는 거대 플랫폼이나 대기업 프랜차이즈가 쉽게 모방할 수 없는 강력한 연결 고리를 만들어 줍니다.

철학을 시스템으로 전환

철학은 아이디어에 머무를 때는 힘이 없지만, 시스템이 될 때 현실을 변화시킵니다. 시스템이란 바쁘거나 힘든 날에도 예외 없이 철학이 실행되도록 보장하는 반복 가능한 프로세스를 의미합니다. 사이제리야와 성심당이 위기 속에서도 흔들리지 않는 이유는, 그들의 철학이 견고한 시스템으로 구현되어 있기 때문입니다.

어떤 사장님의 철학이 '효율'이라면, 사이제리야처럼 모든 프로세스를 문서화하고 체크리스트를 만들어 누구든 동일한 결과를 낼 수 있도록 해야 합니다. 반대로 어떤 사장님의 철학이 '커뮤니티'라면, 성심당처럼 그것을 명확한 규칙과 구조로 만들어야 합니다.

예를 들어 "매주 금요일 '동네 커피' 판매 수익의 10%는 지역

유기견 보호소에 기부됩니다"와 같은 기준을 정하는 것입니다. 이는 일회적인 선행이 아니라, 고객과 직원 모두가 인지하고 신뢰할 수 있는 약속이 됩니다. 이러한 시스템은 단순한 판매 공간을 넘어, 문화와 경험을 제공하는 플랫폼형 공간으로의 진화를 가능하게 합니다.

유연함이 필요한 시대

한 번 정해진 방식만을 고수하는 것은 스스로를 고립시키는 선택이 될 수 있습니다. 확고한 철학은 유지하되, 이를 구현하는 방식에서는 끊임없이 변화를 모색해야 합니다.

유연함의 첫 번째는 디지털 전환(Digital Transformation)에 대한 개방적인 태도입니다. 키오스크, 테이블 오더, 배달 앱, SNS 마케팅은 이제 선택이 아닌 필수 생존 도구가 되었습니다. 작은 가게라도 기술을 활용해 운영 효율을 높이고 새로운 고객 가치를 창출할 수 있습니다. 정부와 지방자치단체가 제공하는 소상공인 디지털 전환 지원 정책을 적극 활용하는 것 또한 중요한 전략입니다.

두 번째는 핵심 역량을 유지하면서 사업 모델을 전환하는 '피보팅(Pivoting)'입니다. 이는 단순히 업종을 바꾸는 것이 아니라, 시장 변화와 고객 요구에 맞춰 비즈니스의 방향을 조정하는 전략적 선택입니다. 예를 들어, 수제 맥주로 유명했던 매장이 배달 시장 성장에 맞춰 치킨 중심의 숍인숍 브랜드를 론칭하거나, 오프라인 매장 운영 경험을 살려 온라인 구독 서비스를 시작하는 사례가 이에 해당합니다.

중요한 것은 변화의 과정 속에서도 '당신 다움'이라는 핵심 철학을 잃지 않으면서, 고객이 진정으로 원하는 가치를 새로운 방식으로 제공하는 것입니다.

위기는 모두에게 동일하게 찾아오지만, 그 위기를 넘어 자신만의 길을 열어가는 것은 유연하게 적응하고 진화하는 자영업자의 몫일 것입니다.

2장. 고객 여정은 검색에서 시작된다

INTRO TOPIC

손님이 되어서 동네 맛집이나 가볼 만한 곳, 자동차 정비소를 찾는 상황을 한 번 떠올려보세요. 아마도 매장을 방문하기 전에 먼저 스마트폰을 켜고 검색부터 해볼 것입니다. 어디에 있는지 위치를 확인하고, 사진을 훑어보고, 별점과 리뷰를 몇 개 읽은 뒤에 '여기 괜찮은데' 하고 체크해둡니다. 그리고 나서 비슷한 곳을 몇 군데 더 찾아보며 비교합니다. 요즘 손님은 가게 문 앞에 서기 전에 이미 이 과정을 대부분 끝냅니다.

현장에서 많이 듣는 질문이 "블로그 대행을 맡겨야 하나요?", "인플루언서 마케팅은 어떤가요?"와 같은 것들입니다. 그런데 이런 질문보다 먼저 점검해야 할 것이 있습니다. 바로 손님이 처음 만나는 지도정보입니다. 지도에서 매장이 어떻게 보이는지, 기본 정보와 사진, 리뷰가 신뢰를 주고 있는지부터 꼼꼼히 정리되어 있어야 합니다.

그다음에야 블로그, 인스타그램, 유튜브, 당근 같은 채널을 고민하면 됩니다. 이때도 기준은 분명합니다. 요즘 뜨는 채널이 아니라, 목표로 하는 고객이 실제로 사용하는 채널인가입니다. 예를 들어 50대 남성이 주요 고객인 매장이 굳이 인스타그램까지 할 필요는 없습니다. 마케팅 채널은 고객에 따라 선택되는 것입니다.

가장 중요한 곳은 지도정보

가게보다 먼저 만나는 검색

고객이 우리 가게를 처음 만나는 곳은 어디일까요? 많은 사장님이 가게 앞 간판 이라고 생각하시지만, 진짜 첫 만남은 고객의 손바닥 위, 스마트폰 화면에서 이루어집니다.

지금 네이버에 '강남역 맛집'이나 '동네 미용실'을 검색해 보세요. 화면 가장 위에 무엇이 보이시나요? 블로그도, 뉴스도 아닌 '지도(플레이스)'가 가장 먼저 뜹니다. 고객은 이 지도 화면에 뜬 가게 이름, 별점, 대표 사진, 그리고 짧은 리뷰 몇 줄을 훑어보고 3초 만에 판단합니다. "여기 괜찮네, 가보자" 혹은 "여긴 별로네, 패스." 손님은 아직 우리 가게 문손잡이도 잡아보지 않았는데, 갈지 말지는 이미 지도 화면 안에서 결정나버린 것입니다. 그래서 저는 오프라인 매장이 온라인으로 연결되기 위해 가장 먼저 점검해야 할 곳은 지도정보라고 강조합니다. 지도정보는 고객 선택이 시작되는 첫 화면이기 때문입니다.

그렇다면 수많은 가게 중에서 내 가게는 어떻게 손님 눈에 띄게 될까요? 네이버에서 '강남역 회식'을 검색하면 수백 개의 가게가 뜹니다. 하지만 고객의 화면에 보이는 건 상위 몇 개뿐입니다. 여기서 네이버의 '알고리즘'이라는 것이 작동합니다. 쉽게 말해 '네이버가 어떤 가게를 추천할지 정하는 기준'입니다.

네이버는 아무 가게나 맨 위에 올려주지 않습니다. 사람들이 많이 찾아보고(트래픽), "여기 나중에 가야지" 하고 찜해두고(저장), 다녀간 뒤에 "좋았다"고 말해주는(리뷰) 가게를 '인기 있고 믿을 만한 곳'이라고 판단해 상단에 보여줍니다. 이것은 네이버가 정한 규칙이자 영업 방식입니다. 우리는 이 규칙을 이해하고, 내 가게가 네이버의 추천을 받을 수 있도록 준비해야 합니다.

예전의 지도는 목적지까지 가는 길을 알려주는 '나침반'이었습니다. 하지만 지금의 지도는 "여기가 요즘 뜨는 곳이야", "여기가 실패 없는 곳이야"라고 제안해 주는 '맛집 카탈로그'가 되었습니다. 고객은 지도 화면을 잡지책 넘기듯 휙휙 넘기며(스크롤) 가게를 비교합니다. 사진이 먹음직스럽지 않거나, 정보가 부실하면 고객은 가차 없이 다음 가게로 넘어갑니다.

이제 오프라인 매장의 첫 번째 경쟁 무대는 거리가 아닙니다. 손님의 스마트폰 속, 그 작은 검색 결과 화면입니다. 지도는 단순히 가게 위치를 찍어주는 점이 아니라, 우리 가게가 왜 선택받아야 하는지를 증명해야 하는 가장 치열한 영업 현장이 되었습니다.

더욱 커지는 지도정보의 영향력

음식점, 카페, 미용실, 학원처럼 바로 방문이 이루어지는 업종일수록 지도정보의 영향력은 매우 큽니다. 온라인 쇼핑처럼 오래 비교하지 않고, '지금 갈 수 있는 곳'을 빠르게 찾기 때문입니다.

특히 지역이 함께 붙는 검색어일수록 지도는 필수입니다. '회사 근처 맛집', '동네 미용실', '아이랑 갈만한 곳' 같은 검색은 지도 없이 성립되지 않습니다. 오프라인 매장의 상권은 이제 거리 기준이 아니라, 검색 기준으로 다시 정의되고 있습니다.

이런 환경에서 지도정보 관리가 되어 있지 않다는 것은, 온라인 상에서 존재하지 않는 것과 크게 다르지 않습니다. 아무리 내부 품질이 좋아도, 검색 결과에 보이지 않으면 선택의 대상이 되기 어렵습니다.

블로그 글이나 SNS 콘텐츠, 광고와 이벤트는 결국 고객을 '어디로 안내할 것인가'로 이어집니다. 그 도착 지점은 대부분 지도정보입니다. 검색하고, 지도에서 확인하고, 방문한 뒤 다시 리뷰로 남기는 흐름이 반복되기 때문입니다.

지도정보가 정리되어 있지 않으면 이후의 마케팅은 힘을 받기 어렵습니다. 반대로 지도정보가 잘 갖춰져 있으면, 하나의 콘텐츠가 자연스럽게 방문과 리뷰로 연결됩니다. 이는 일회성 홍보가 아니라, 시간이 쌓일수록 힘을 갖는 구조입니다.

SNS로 확장하는 지도

지도정보의 중요성은 단순히 "잘 보이느냐, 안 보이느냐"의 문제에 그치지 않습니다. 더 본질적인 변화는 지도라는 공간의 성격 자체가 바뀌고 있다는 점입니다. 과거의 지도는 정보를 담아두는 그릇에 가까웠습니다. 주소, 위치, 전화번호처럼 크게 변하지 않는 정보가 중심이었습니다.

하지만 정보가 계속 쌓이고, 그 축적 결과에 따라 장소의 위상이 달라지고 있습니다. 시간이 흐르면서 사진과 리뷰가 꾸준히 추가되는 매장이 있는 반면, 기본 정보만 남은 채 업데이트가 멈춘 매장도 있습니다. 그리고 이 차이가 검색 결과에 영향을 미치게 됩니다. 경쟁이 심하지 않은 일부 업종은 지도정보 등록만으로도 효과를 보고 있지만, 관리가 되지 않고 리뷰 등이 쌓이지 않는다면 머지 않아 다른 매장이 상단을 차지하게 될 것입니다.

특히 중요한 것은 방문 이후에 남겨지는 기록들입니다. 한 번의 방문이 아니라, 여러 번의 이용 경험이 반복적으로 축적된 장소는 검색과 추천 과정에서 더 자주 노출되고 있습니다. 지도 위의 장소들은 같은 조건에서 경쟁하는 것처럼 보이지만, 실제로는 기록이 축적된 곳과 그렇지 않은 곳 사이에 격차가 계속 벌어지는 구조로 작동하고 있는 것입니다.

이 흐름 속에서 네이버는 지도 서비스를 단순 기능이 아니라 플랫폼으로 확장하고 있습니다. 네이버 지도와 MY플레이스는 방문 이후의 경험이 개인 단위로 기록되는 구조를 갖고 있으며, 점차 SNS처럼 진화하는 모습도 보이고 있습니다. 특히 영수증 인증 기반 리뷰 체계는 "누가 다녀왔는가"가 확인된 경우에만 정보가 쌓이도록 설계되어 있습니다. 이는 지도에 축적되는 정보의 성격을 바꿔놓았습니다. 홍보성 후기나 감상 중심의 리뷰가 아니라, 실제 이용 경험이 반복되는 패턴이 데이터처럼 드러나기 시작한 것입니다.

그 결과 지도정보는 노출을 위한 수단을 넘어, 소비 흐름이 축적되는 공간으로 기능하고 있는 것입니다. 고객은 지도에서 장소를 탐색하고, 예약하고, 방문하고, 리뷰를 남기며 행동을 마무리합니다. 사용자는 플랫폼을 옮겨 다니지 않아도 되고, 지도는 단순한 참고 화면이 아니라 고객 행동이 정리되는 중심 플랫폼이 됩니다. 이제 지도는 가게를 "찾는 화면"이 아니라, 가게가 '선택되는 과정'이 누적되는 화면으로 바뀌고 있습니다.

지도 정보에는 목적이 포함되어 있다

지도정보가 실제 매출로 이어지는 이유는 사용자의 관심사 기반으로 노출되기 때문입니다. 포털 검색이나 SNS 광고는 사용자의 관심사를 추정해 노출되는 방식이라면, 지도는 사용자가 지금 어디에 있고, 어디로 이동 중인지라는 현실적인 상황을 기준으로 작동합니다. 이 차이로 인해 지도정보는 훨씬 즉각적인 반응을 만들어냅니다.

예를 들어 식당을 찾는 상황에서 노출되는 정보는 이미 '지금 먹을 곳'을 찾는 맥락 안에 있습니다. 이 상태에서 제공되는 추천이나 쿠폰은 단순 노출이 아니라, 선택을 도와주는 역할을 합니다. 지도정보가 가진 매출의 출발점은 바로 이 맥락의 정확성입니다.

이 구조가 가능해진 이유는 AI 기술 그 자체보다, 이동 경로·방문 기록·검색 패턴 같은 데이터가 지도 안에 축적되었기 때문입니다. 지도는 광고를 보여주는 화면이 아니라, 행동 직전의 순간을 포착하는 채널로 진화하고 있습니다.

지도정보에 AI가 접목되다

지도정보와 AI가 결합되면서 광고 방식도 달라지고 있습니다. 이제 광고는 많은 사람에게 동시에 노출되는 구조가 아니라, 특정 조건을 만족하는 사람에게만 보여지는 방식으로 정교해지고 있습니다. 지역, 시간대, 방문 이력, 업종 선호도가 함께 고려되기 때문입니다.

이런 방식은 동네 사장님 입장에서 특히 중요합니다. 예산이 한정된 상황에서 불필요한 노출을 줄이고, 실제 방문 가능성이 있는 고객에게만 메시지를 전달할 수 있기 때문입니다. 지도 기반 광고는 규모의 경쟁이 아니라, 적합성의 경쟁에 가깝습니다.

결과적으로 지도정보는 광고비를 많이 쓰는 곳이 유리한 구조가 아니라, 업종과 상권에 맞는 전략을 세운 곳이 성과를 내기 쉬운 구조를 만들고 있습니다.

지도 서비스는 이제 길 안내를 넘어서, 검색·예약·방문·결제·리뷰까지 하나의 흐름으로 연결되고 있습니다. 특히 네이버는 지도 안에 예약, 포장, 영수증 인증, 커뮤니티 기능을 단계적으로 통합해 왔습니다. 이 구조는 사용자가 여러 앱을 옮겨 다닐 필요 없이, 지도 안에서 행동을 마무리할 수 있다는 특징이 있습니다. 네이버 지도정보 상위에 노출되기 위해서는 네이버의 여러 서비스를 연계해서 사용해야 한다는 의미이기도 합니다.

지도 위에 쌓이는 리뷰와 사진은 더 이상 단순 후기 콘텐츠가 아니라, 다음 고객을 끌어오는 자산으로 작동하고 있습니다. 지도는 점점 장소 중심의 SNS에 가까운 형태로 확장하고 있는 중입니다.

지도 서비스는 여러 플랫폼이 존재하지만, 목적은 서로 다릅니다. 카카오맵과 티맵은 이동과 길 안내에 강점이 있고, 인스타그램은 특정 연령대와 취향 중심의 탐색에 유리합니다. 당근은 동네 기반의 충동적 탐색과 커뮤니티에 강점을 갖고 있습니다.

반면 네이버 지도는 어디를 갈지 정하는 순간에 가장 많이 사용되는 채널입니다. 맛집을 찾거나, 주말에 가볼 만한 곳을 검색할 때 네이버 검색과 지도는 자연스럽게 이어집니다.

이 차이로 인해 지도정보를 통한 매출 연결 가능성 역시 네이버 쪽이 가장 큽니다. 단순 노출이 아니라, 실제 방문과 결제까지 이어지는 구조를 갖고 있기 때문입니다.

네이버 지도의 가장 큰 차별점은 영수증 인증을 기반으로 한 MY플레이스 구조입니다. 실제 결제가 이루어진 경우에만 리뷰가 남도록 설계되어 있어, 정보의 신뢰도가 높습니다. 이 덕분에 지도에 쌓이는 데이터는 단순 의견이 아니라, 실제 소비 기록에 가깝습니다.

앞으로 한동안 지도정보 영역에서 네이버의 영향력은 유지될 가능성이 큽니다. 동네 사장님 입장에서는 '어디에 광고를 할 것인가'보다, '네이버가 어떤 방향으로 지도정보를 확장하고 있는가'를 이해하는 것이 더 중요해지고 있는 것입니다.

네이버 지도정보 알고리즘은?

네이버 스마트플레이스의 상위 노출 구조는 네이버 쇼핑 검색에서 사용하는 기준과 크게 다르지 않습니다. 핵심은 적합도, 인기도, 신뢰도입니다. 다만 현재 네이버의 알고리즘은 단순히 클릭 수나 리뷰 개수를 늘리는 방식보다, 사용자가 실제로 얼마나 오래 머무는지, 그리고 어떤 행동을 했는지를 더 중요하게 보고 있습니다.

즉, 검색 후 플레이스를 클릭한 사용자가 메뉴를 보고, 사진을 넘겨보고, 저장하거나 길찾기·예약 같은 행동으로 이어졌는지가 핵심 지표가 됩니다. 지도정보 관리는 단순 노출 경쟁이 아니라, 검색 이후의 행동을 어떻게 설계하느냐의 문제로 바뀌고 있습니다.

업체명과 기본 정보는 상위 노출을 판단하는 가장 기초적인 기준입니다. 업체명은 반드시 사업자등록증과 간판에 적힌 이름과 동일하게 입력해야 합니다. 상호 뒤에 지역명이나 홍보 문구를 인위적으로 붙이는 경우, 어뷰징으로 판단되어 노출에서 불리해질 수 있으므로 주의해야 합니다.

전화번호는 지역번호를 사용해도 되지만, 네이버에서 제공하는 0507 스마트콜 번호를 사용하는 것이 상대적으로 유리합니다. 스마트콜은 실제 통화 연결 기록이 데이터로 쌓이기 때문에, 네이버 입장에서는 실제로 운영 중이고, 고객 반응이 있는 매장이라는 신호로 인식되기 때문입니다.

주소와 업종 카테고리 역시 중요합니다. 업종은 경쟁 매장들이 어떤 카테고리로 등록되어 있는지 살펴보고, 검색량이 많은 항목으로 설정하는 것이 좋습니다. '찾아오는 길' 설명란에는 인근 지하철역이나 건물 이름 같은 기준점을 텍스트로 적어두면, 검색 연관성 판단에도 도움이 됩니다. 영업시간은 가능한 한 구체적으로 입력하고, 공휴일 휴무 여부도 미리 반영해 두는 것이 매장의 신뢰도를 높이는 데 유리합니다.

체류 시간을 높이는 메뉴 사진과 가격정보

메뉴 사진과 가격 정보는 고객이 페이지를 오래 머무르게 만드는 핵심 요소입니다. 단순히 메뉴판을 찍어 올리는 것보다, 음식이 가장 맛있어 보이는 사진이나 현장감 있는 컷을 활용하는 편이 효과적입니다. 식당이라면 조리 직후 모습이나 김이 오르는 장면처럼 시선을 붙잡는 이미지가 도움이 됩니다.

미용실이나 네일샵 같은 뷰티 업종의 경우, 매장 전경보다 디자이너 개인의 시술 결과 사진이 더 중요해졌습니다. 최근 로직에서는 비포·애프터 사진처럼 결과가 명확하게 보이는 콘텐츠가 상위 노출에 긍정적인 영향을 주는 경향이 있습니다.

가격 정보는 가능한 한 투명하게 공개하는 것이 좋습니다. '변동'이나 '문의'로만 표기할 경우, 고객은 부담을 느끼고 페이지를 바로 이탈하는 경우가 많습니다. 정찰제가 어려운 업종이라도 '○○원부터'처럼 기준 가격을 제시해 두는 것이 체류 시간과 클릭 유지에 도움이 됩니다.

지도정보의 상세설명 작성 방법

상세설명은 첫 영업 화면

스마트플레이스 상세설명은 고객이 지도에서 매장을 클릭한 뒤, 머무를지 나갈지를 결정하는 첫 화면입니다. 이 공간에서 고객은 여길 갈 이유가 있는지를 판단합니다.

그래서 상세설명은 사장님 입장에서의 설명이 아니라, 고객이 궁금해할 질문에 답하는 구조로 작성해야 합니다. 무엇을 파는지보다, 왜 이 매장을 선택해야 하는지가 먼저 보이도록 설계해야 합니다.

그리고 스마트폰에서는 상세설명 전체가 보이지 않습니다. 처음 노출되는 첫 3줄이 사실상 전부라고 보셔도 됩니다. 이 구간에서 고객의 시선을 붙잡지 못하면, 더보기를 누르지 않고 바로 이탈합니다.

이 첫 부분에는 가게의 연혁, 인사말보다 몇 년 운영했는지, 무엇이 가장 다른지, 고객이 얻는 이점이 무엇인지 같은 명확한 강점이 들어가야 합니다. 첫 3줄은 설명이 아니라, 선택 이유를 압축하는 구간이라고 할 수 있습니다.

매장의 차별점은 문단 단위로 적는 것을 추천합니다. 상세설명 2,000자는 길어 보이지만, 구조 없이 쓰면 금방 흐트러집니다. 그래서 차별점은 반드시 문단 단위로 나누어 설명하는 것이 좋습니다. 예를 들어 왜 이 지역에서 오래 운영할 수 있었는지, 어떤 고객에게 특히 잘 맞는 매장인지, 다른 매장과 비교했을 때 어떤 점이 다른지를 각각 하나의 문단으로 풀어내는 방식입니다. 이렇게 하면 고객도 읽기 편하고, 검색 알고리즘 역시 매장의 특징을 명확히 이해할 수 있습니다.

상세설명은 검색엔진최적화도 고려해야 합니다. 다만 키워드를 나열하면 오히려 역효과가 날 수 있습니다. 중요한 것은 문맥 안에 자연스럽게 포함시키는 것입니다. 예를 들어 OO시 OO동, OO빌딩 인근, OO차량 접근 편리 같은 정보는 따로 적기보다, 찾아오는 방법이나 위치 설명 문단에 자연스럽게 녹여 쓰는 것이 좋습니다. 이렇게 하면 고객에게는 안내가 되고, 검색엔진에는 위치와 맥락 정보가 동시에 전달됩니다.

고객 상황을 기준으로 매장을 설명하는 것도 중요합니다. 좋은 상세설명은 '우리는 이런 가게입니다'로 시작하지 않습니다. 대신이런 상황일 때 오기 좋은 곳, 이런 분들에게 잘 맞는 매장이라는 식으로 고객의 이용 상황을 기준으로 설명하면 좋습니다. 혼밥, 회식, 가족 방문, 데이트, 차량 방문 등 고객이 실제로 검색하는 상황을 떠올리며 문단을 구성하면, 설명이 훨씬 설득력을 갖게 됩니다.

상세설명은 읽고 끝나는 글이어서는 안됩니다. 마지막에는 반드시 고객이 다음에 할 행동을 떠올릴 수 있도록 안내하는 문장이 들어가야 합니다. 예약이 가능한지, 알림받기를 해두면 어떤 이점이 있는지, 쿠폰이나 이벤트가 있는지 등 이런 정보를 자연스럽게 안내하면, 상세설명은 소개글이 아니라 전환을 만드는 도구가 됩니다.

형식과 규칙을 지키는 것도 필요합니다. 네이버 스마트플레이스는 -_():&![],.%+~@*^'/?²캜※⟨⟩ 외의 특수 문자는 허용하지 않습니다. 이모지나 다른 기호를 넣으면 등록이 되지 않습니다. 또한 단락은 1. 2. 3. 처럼 번호를 붙여 구분하고, 각 단락마다 고객 관점의 소제목을 먼저 제시하는 것이 좋습니다. 이 구조는 가독성을 높일 뿐 아니라, 매장의 강점을 빠르게 파악하도록 돕습니다.

이해를 돕기 위해 몇 개의 사례를 제시해봅니다. 이를 참고하여 사장님 매장에도 적용해보시기 바랍니다.

요식업(식당 등) 상세설명 예시

강남역 11번 출구 도보 3분, 월 3,000명이 선택한 숙성 고기 전문점입니다. 366시간 저온 숙성(Wet-aging)으로 완성된 3cm 두께의 목살과 전문 그릴러가 직접 구워드리는 서비스를 경험해보세요. 네이버 예약 시 된장찌개 무료 쿠폰을 드립니다.

1. 고기에 대한 집착, 336시간의 기다림
저희 매장의 모든 원육은 상위 1% 프리미엄 한돈만을 선별합니다. 단순히 좋은 고기를 넘어 14일(336시간) 동안의 교차 숙성을 거쳐 육즙은 가두고 풍미는 극대화했습니다. 겉은 바삭하고 속은 촉촉한(겉바속촉)

식감의 정수를 보여드립니다.

2. 대화에만 집중하세요, 굽는 건 저희가 합니다.
회식이나 데이트 중 고기 굽느라 대화가 끊긴 경험 있으신가요? 저희 매장은 전문 교육을 이수받은 그릴링 마스터가 고기를 가장 맛있는 온도로 구워드립니다. 옷에 냄새가 배지 않는 하향식 로스터를 사용하여 쾌적한 환경에서 식사를 즐기실 수 있습니다.

3. 실패 없는 모임을 위한 프라이빗 룸 완비
최소 4인부터 최대 20인까지 수용 가능한 단독 룸이 준비되어 있습니다. 강남역 회식, 청첩장 모임, 가족 외식 등 중요한 자리에 적합합니다. 네이버 예약으로 미리 룸을 선점하세요. (단체 예약 시 콜키지 프리 혜택 제공)

4. 곁들임 메뉴의 미학
고기와 환상의 궁합을 자랑하는 특제 멜젓, 명이나물, 그리고 매일 아침 담그는 파김치가 기본으로 제공됩니다. 식사 메뉴인 한우 된장술밥과 살얼음 물냉면은 고기의 기름진 맛을 깔끔하게 잡아주는 필수 코스입니다.

5. 주차 및 찾아오시는 길
강남역 11번 출구에서 CGV 골목으로 직진 100m (우리빌딩 2층). 건물 내 기계식 주차장 이용 가능하며(SUV 불가), 만차 시 인근 공영주차장 이용을 권장드립니다.

[검색 방문자님을 위한 혜택]
플레이스 상단 쿠폰 탭에서 알림받기를 눌러주세요. 시크릿 혜택과 할인 쿠폰을 즉시 보내드립니다. 웨이팅이 발생할 수 있으니 가급적 네이버 예약을 이용해주시면 기다림 없이 입장 가능합니다.

카페(커피/디저트/베이커리) 상세설명 예시

성수동 핫플레이스 선정, 프랑스산 고메버터로 매일 아침 구워내는 소금빵 맛집입니다. 높은 층고와 통유리창으로 들어오는 자연광(햇살맛집)에서 인생샷을 남겨보세요. 평일 12시 이전 방문 시 모든 음료 10% 할인해드립니다.

1. 매일 아침 3번 구워내는 신선함
저희는 당일 생산, 당일 폐기를 원칙으로 합니다. 프랑스 AOP 인증 레스큐어 버터와 게랑드 소금을 사용하여 겉은 바삭하고 속은 버터 풍미가 가득한 소금빵이 시그니처입니다. 빵 나오는 시간(11:00 / 14:00 / 17:00)에 맞춰 오시면 갓 구운 빵의 따뜻함을 즐기실 수 있습니다.

2. 공간의 미학, 머물고 싶은 곳
단순히 커피만 마시는 곳이 아닙니다. 모던 미드센추리 가구와 곳곳에 배치된 식물들이 어우러진 인테리어는 어디서 찍어도 화보 같은 사진을 만들어줍니다. 좌석 간 간격이 넓어 대화에 방해받지 않으며, 전 좌석 콘센트가 구비되어 있어 카공(카페 공부)이나 간단한 업무를 보기에도 최적화되어 있습니다.

3. 커피, 그 이상의 경험

국가대표 바리스타가 직접 로스팅한 스페셜티 원두 2종(산미/고소함) 중 취향에 맞게 선택 가능합니다. 시그니처 메뉴인 아몬드 크림라떼는 100% 동물성 생크림을 사용하여 쫀쫀하고 부드러운 맛을 자랑합니다. 디카페인 옵션과 오트밀크 변경도 가능합니다.

4. 반려동물 동반 가능 (Yes, Pet Zone)

사랑하는 반려견과 함께 테라스 좌석을 이용하실 수 있습니다. 강아지용 물그릇(퍼푸치노 제외)이 준비되어 있으니 산책 중 편하게 들러주세요.

5. 특별한 날을 위한 홀케이크 예약

기념일을 더욱 특별하게 만들어줄 딸기 생크림 케이크, 바스크 치즈 케이크 주문 제작이 가능합니다. 최소 2일 전 네이버 예약 혹은 전화로 문의주세요. 레터링 서비스도 무료로 제공해드립니다.

뷰티(헤어샵/피부관리) 상세설명 예시

홍대 입구 15년 경력, 퍼스널 컬러 진단 기반의 맞춤형 헤어 컨설팅 전문. 얼굴형과 두상을 보완하는 레이어드펌, 복구펌으로 손상 없이 아름다움을 찾아드립니다. 첫 방문 펌/염색 30% 할인(Npay 결제 시) 이벤트 진행 중입니다.

1. 당신만의 무드(Mood)를 찾아드립니다

유행을 무작정 쫓기보다 고객님의 얼굴형, 모질, 라이프스타일을 분석하여 가장 잘 어울리는 디자인을 제안합니다. 시술 전 1:1 정밀 상담 (15분 소요)을 통해 평소 손질의 어려움을 파악하고, 집에서도 미용실처럼 스타일링할 수 있는 손질 편한 머리를 지향합니다.

2. 손상 없는 시술, 프리미엄 약제 사용

저희 샵은 저가 약제를 절대 사용하지 않습니다. 시세이도, 밀본 등 프리미엄 정품 약제만을 사용하며, 모든 화학 시술 시 단백질 앰플 케어를 기본으로 포함하여 모발 손상을 최소화합니다. 극손상모 고객님들을 위한 신데렐라 클리닉, 복구 매직 프로그램도 준비되어 있습니다.

3. 프라이빗하고 편안한 힐링 공간

경대 간격이 넓고 예약제로 운영되어 북적거리지 않고 조용하게 시술 받으실 수 있습니다. 장시간 시술에도 불편함이 없도록 최고급 리클라이너 샴푸대와 다과 서비스(프리미엄 커피/허브티)를 제공합니다.

4. 투명한 가격 정찰제

기장 추가 비용이나 옵션 비용으로 스트레스 받지 않으시도록, 상담 시 최종 금액을 명확하게 안내해드리고 시술을 시작합니다. 네이버 플레이스 메뉴판에 공개된 가격 그대로 정직하게 운영합니다.

5. 예약 및 주차 안내

디자이너 1:1 책임 시술제로 운영되므로 네이버 예약은 필수입니다. 네이버 페이 매장 결제 시 최대 7% 포인트 적립 혜택이 있습니다. 건물 뒷편 전용 주차장에 무료 주차 가능합니다. (만차 시 인근 공영주차장 주차비 지원)

로컬 매장(꽃집/공방/소매점) 상세설명 예시

송파구 당일 꽃배달 전문, 플로리스트가 매일 새벽 꽃시장에서 엄선한 싱싱한 꽃으로 제작합니다. 프로포즈, 어버이날, 기념일 꽃다발 전문. 네이버 톡톡으로 원하시는 색감과 가격대를 말씀해주시면 맞춤 제작해드립니다. (알림받기 시 3,000원 할인 쿠폰)

1. 마음을 전하는 가장 아름다운 방법
단순한 상품이 아닌 감동을 선물합니다. 1급 플로리스트 자격증을 보유한 대표가 직접 컨디셔닝부터 포장까지 꼼꼼하게 작업합니다. 촌스럽지 않은 세련된 색감 조합(파스텔톤, 비비드톤)과 고급스러운 포장으로 받으시는 분의 만족도가 매우 높습니다.

2. 24시간 무인 픽업 서비스 (냉장 보관)
영업시간이 끝나도 걱정하지 마세요. 미리 예약해주시면 매장 앞 무인 픽업함에서 언제든지 찾아가실 수 있습니다. 급하게 꽃이 필요하실 때, 퇴근이 늦으실 때 유용하게 이용하실 수 있습니다.

3. 특별한 원데이 클래스 (Healing Class)
꽃을 처음 접하시는 분들도 쉽게 따라 할 수 있는 원데이 클래스를 운영합니다. 핸드타이드(꽃다발), 플라워박스, 리스 만들기 등 계절에 맞는 커리큘럼이 준비되어 있습니다. 친구, 연인, 혹은 나를 위한 취미 생활로 추천드립니다. (최대 4인 소규모 진행)

4. 식물 인테리어(플랜테리어) 상담 환영

집들이 선물이나 개업 화분으로 좋은 공기정화 식물, 희귀 식물들도 다양하게 구비되어 있습니다. 놓으실 공간의 채광과 통풍 조건을 알려주시면 가장 잘 자랄 수 있는 식물을 추천해드리고, 관리법까지 상세하게 적어드립니다.

5. 주문 및 배송 안내
서울/경기 전 지역 퀵 배송 가능합니다. 특정 꽃이나 원하시는 디자인이 있으실 경우 최소 2~3일 전 예약 부탁드립니다. 당일 주문도 가능하나, 매장 상황에 따라 보유 중인 꽃으로 예쁘게 제작해드립니다. 리뷰 약속 시 메시지 카드 무료 제작 혜택을 드립니다.

타이어/자동차정비 상세설명 예시

OO시 금호타이어 공식 대리점, 타이어프로 OO점입니다.과잉 정비 없는 정직한 가격, 3D 휠 얼라인먼트 전문점으로서 고객님의 안전한 드라이빙을 책임지겠습니다. 네이버 예약 방문 시 [휠 밸런스 무료/워셔액 보충/추가 할인] 혜택을 드립니다.

1. 타이어, 왜 타이어프로 OO점이어야 할까요?
타이어는 단순한 소모품이 아니라, 나와 내 가족의 생명을 지키는 안전 부품입니다. 저희는 금호타이어 본사가 인증한 공식 A/S 지정점으로, 유통 마진을 최소화한 합리적인 가격에 100% 정품 타이어만을 공급합니다. 최근 6개월 이내 생산된 타이어 장착을 원칙으로 하며, 장착 후 정품 보증서 등록까지 현장에서 도와드립니다.

2. 타이어 가격, 더 이상 걱정하지 마세요.

전화로 문의했을 때와 방문했을 때 가격이 달라서 당황하셨나요? 저희 매장은 '투명한 가격 정찰제'를 운영합니다. 국산차(그랜저, 쏘나타, 아반떼, 싼타페, 쏘렌토 등)부터 수입차(벤츠, BMW, 아우디, 테슬라 등)까지 차종별 표준 공임과 타이어 가격을 명확히 안내해 드립니다. '마제스티9', '크루젠', '솔루스' 등 금호타이어의 베스트셀러 모델을 OO시 최저가 수준으로 만나보세요.

3. 장비의 차이가 승차감의 차이를 만듭니다.

좋은 타이어를 끼우는 것만큼 중요한 것은 어떻게 장착하느냐입니다.
- 헌터(Hunter)사 3D 휠 얼라인먼트: 수입차/고급 세단 전용 장비를 보유하여, 미세한 틀어짐까지 잡아냅니다. 편마모 방지와 연비 향상 효과를 경험하세요.
- 고속 진동 밸런스: 주행 중 핸들 떨림을 완벽하게 잡아드려 구름 위를 걷는 듯한 정숙성을 되찾아 드립니다.
- 레버리스 탈착기: 고가의 휠에 기스가 나지 않도록, 휠과 타이어를 손상 없이 안전하게 교체합니다.
- 전기차(EV) & SUV 타이어 전문 매장전기차는 일반 내연기관차보다 무겁고 초반 가속력이 좋아 전용 타이어가 필수입니다. 테슬라, 아이오닉, EV6 등 전기차 특성에 맞춘 '이노뷔(EnnoV)' 및 전기차 전용 타이어 재고를 상시 보유하고 있습니다. 또한 차박과 캠핑을 즐기시는 SUV 오너분들을 위한 사계절 전천후 타이어 및 윈터 타이어(스노우 타이어) 예약 보관 서비스도 운영 중입니다.

4. 여성 운전자도 안심하고 방문하는 곳

정비소가 낯설고 어렵게 느껴지시나요? 저희 OO점은 알기 쉬운 눈높이 설명으로 현재 타이어 상태(마모도, 공기압, 갈라짐)를 고객님과 함께 확인한 후 교체 여부를 결정합니다. 불필요한 교체를 권하지 않으며, 타이어 교체 시공이 진행되는 동안 쾌적한 고객 휴게실에서 안마 의자와 프리미엄 원두커피를 즐기며 편안하게 대기하실 수 있습니다.

5. 철저한 사후 관리 시스템 (타이어 케어)
타이어는 교체하고 끝이 아닙니다. 저희 매장에서 교체하신 고객님께는 10,000km 주행 시마다 '위치 교환 서비스'와 '공기압 점검', '펑크 수리'를 무상으로 제공합니다. 정기적인 문자를 통해 관리 시기를 알려드리니, 차계부 관리는 저희에게 맡기시고 안전운전만 하세요.

[찾아오시는 길]
- 내비게이션: 도로명 주소 또는 OOO건물 맞은편을 검색하세요.
- 대중교통: 지하철 OO호선 OO역 O번 출구에서 도보 3분 거리입니다.
- 주변 랜드마크: OO마트 OO병원 인근에 위치해 있어 장보시거나 볼일 보시는 동안 작업이 가능합니다.

[영업 시간 안내]
- 평일: 09:00 ~ 19:00
- 토요일: 09:00 ~ 17:00
- 일요일/공휴일: [휴무/예약제 운영](직장인 분들을 위해 평일 야간 예약 작업도 가능하니 미리 전화 주시면 대기하겠습니다.)

고객님의 안전한 퇴근길, 즐거운 여행길을 위해 타이어프로 OO점 전 직원은 항상 볼트 하나까지 꼼꼼하게 체결하겠습니다.

지금 바로 아래 전화 버튼을 누르시거나 네이버 예약을 통해 원하시는 시간에 대기 없이 상담받으세요. 타이어 점검은 돈이 들지 않습니다. 부담 없이 들러주세요!

콘텐츠 운영으로의 전환

최근 네이버 플레이스 로직은 계속해서 변화하고 있습니다. 과거에는 정확한 위치 정보, 운영 시간, 메뉴판 사진만 잘 등록해도 기본적인 노출이 가능했지만, 지금은 단순 정보 등록만으로는 상위 노출을 기대하기 어렵게 되었습니다. 최근에는 정적인 사진보다 '네이버 클립(숏폼)'이 검색 결과에 영향을 주고, 별점보다 '키워드 리뷰'가 매장의 정체성을 결정하며, 고객이 얼마나 오래 머무는지, 즉 체류 시간 역시 중요한 지표로 작동하고 있습니다.

네이버 알고리즘의 핵심은 정보 창구에 머물지 않겠다는 것입니다. 고객은 매장에 방문하기 전 이미 온라인에서 가게의 분위기, 메뉴, 서비스 수준까지 대부분 파악합니다. 그리고 요즘 고객은 텍스트보다 이미지에, 이미지보다 짧고 강렬한 영상에 훨씬 더 민감하게 반응합니다. 이러한 콘텐츠 소비 방식의 변화가 곧 방문 여부를 결정하는 기준으로 작용하고 있습니다.

네이버는 유튜브 쇼츠나 인스타그램 릴스와 같은 숏폼 소비 흐름에 대응하기 위해 '네이버 클립'을 플레이스 영역과 연동했습니다. 이제 스마트 플레이스 상단에는 대표 사진뿐 아니라, 음식이 조리되는 소리와 매장의 분위기가 담긴 15초 내외의 영상이 함께 노출됩니다. 정적인 사진이 정보를 전달한다면, 영상은 방문 욕구를 자극합니다. 검색 결과 화면에서 영상이 노출되는 매장과 그렇지 않은 매장의 클릭률 차이는 점점 더 벌어지고 있습니다.

키워드 리뷰와 체류 시간

네이버는 별점 테러와 같은 부작용을 줄이고, 보다 객관적인 정보를 제공하기 위해 별점 중심 구조를 정리하고 키워드 리뷰 시스템을 도입했습니다. 이제 고객은 '음식이 맛있어요', '뷰가 좋아요', '혼밥하기 좋아요', '주차가 편리해요'처럼 구체적인 표현을 선택해 리뷰를 남기고 있습니다. 이 키워드들이 모여 매장의 이미지를 데이터로 정의하게 됩니다.

리뷰 운영은 신뢰도를 높이는 동시에, AI 검색 환경에 대응하는 핵심 요소가 되고 있습니다. 예전처럼 방문자 리뷰(영수증 리뷰)나 블로그 리뷰만으로 상위 노출이 점점 어려워지고 있습니다. 대신 리뷰 안에 어떤 내용이 담겨 있는지가 더 중요해지고 있습니다.

영수증 리뷰를 받을 때는 고객에게 단순히 요청만 하기보다는, '맛있어요', '친절해요', '분위기가 좋아요' 같은 키워드를 선택하도록 안내하는 것이 좋습니다. 이런 키워드가 많이 쌓이면, 네이버의 AI 브리핑이나 요약 영역에서 매장을 소개할 때 핵심 특징으로 활용될 수 있습니다.

이벤트를 진행할 때도 "리뷰 써주세요"보다는, "사진과 함께 느낀 점을 남겨주시면 감사하겠습니다"처럼 구체적인 안내가 효과적입니다. 사장님의 답글 역시 중요합니다. 모든 리뷰에 성의 있게 답변을 달면 소통 지수가 올라가고, 답글에 포함된 자연스러운 키워드도 검색 노출에 긍정적인 영향을 줄 수 있습니다.

최근 네이버 검색 알고리즘에서 특히 중요하게 보는 지표는 고객의 체류 시간입니다. 검색을 통해 플레이스에 들어온 고객이 바로 나가지 않고, 메뉴를 보고 사진을 넘기며 정보를 탐색하는 시간이 길수록 매장의 인기도가 높다고 판단됩니다.

체류 시간을 늘리기 위한 가장 효과적인 방법은 쿠폰과 스마트 기능의 결합입니다. 예를 들어 플레이스 메인 화면에 알림 받기 시 할인 쿠폰이나 서비스 증정 쿠폰을 배치하면, 고객은 혜택을 받기 위해 자연스럽게 페이지에 머무르게 됩니다. 메뉴 설명 역시 단순한 가격 안내가 아니라, 먹는 방법이나 재료 이야기를 함께 담아두면 체류 시간은 자연스럽게 늘어납니다. 이 모든 과정은 검색 알고리즘에 긍정적인 신호로 작용합니다.

결제와 리뷰, 키워드 브랜딩의 연결

네이버 앱 안에서 예약하고 테이블에서 바로 결제하는 방식을 선호

합니다. 네이버 페이 결제는 포인트가 적립되기 때문에 고객 측면에서도 장점이 있습니다. 다만 기존의 신용 카드 결제와 같은 습관을 바꾸는데는 더 많은 시간이 걸리기는 할 것입니다. 아직은 일부이지만 네이버 페이로 결제를 하면 동시에 실제 방문이 확인된 영수증 리뷰가 자동으로 쌓이는 구조를 만들 수 있습니다.

이러한 환경은 사장님에게 단순한 경쟁이 아니라, '우리 가게를 어떤 키워드로 기억하게 할 것인가'라는 브랜딩 전략을 요구하는 것이기도 합니다. 분위기가 좋은 카페라면 사진을 찍고 싶어지는 공간을 강화해 "인테리어가 멋져요"라는 키워드가 쌓이도록 해야 하고, 가성비가 강점인 식당이라면 넉넉한 양과 구성을 통해 "양이 많아요"라는 평가가 반복되도록 설계해야 합니다. 매장의 강점이 리뷰 통계로 증명될 때, 검색 고객을 설득할 수 있습니다.

리뷰에 대한 사장님의 답글 관리 역시 중요해졌습니다. 단순한 감사 인사가 아니라, 고객의 내용에 반응하는 답글은 그 자체로 신뢰를 만드는 콘텐츠가 됩니다. 잠재 고객은 리뷰뿐 아니라, 불만 리뷰에 대응하는 사장님의 태도를 통해 매장의 수준을 판단합니다. 키워드 리뷰 데이터가 쌓일수록 네이버는 해당 특성을 선호하는 사용자에게 매장을 더 자주 추천하게 되며, 리뷰 관리는 이제 선택이 아닌 데이터 기반 마케팅의 영역이 되고 있습니다.

네이버 스마트플레이스 운영의 핵심은 단순히 노출을 늘리는 것이 아니라, 검색으로 들어온 고객이 머무르고, 이해하고, 행동하도록 만드는 구조를 만드는 것입니다. 이 흐름을 잘 관리하는 매장이 지도정보 경쟁에서 유리한 위치를 차지하게 됩니다.

지도정보에는 많은 데이터가 있다

장사를 하다 보면 조금은 억울할 때가 있습니다. 재료도 더 좋은 걸 쓰고, 새벽부터 나와 준비하는데 매출은 제자리걸음일 때죠. 경쟁 가게에 손님으로 몰래 가서 먹어보기도 하는 일명 발품을 팔아봐도, 도무지 그 이유를 알 수 없을 때가 많습니다.

혹시 경쟁 업체의 네이버 리뷰를 꼼꼼히 읽어보신 적 있으신가요? 단순히 "영수증 리뷰가 많네, 부럽다"라고만 넘기시지는 않으셨나요? 그러셨다면 지금 중요한 마케팅 정보를 발로 차버린 것과 같습니다.

과거에 경쟁 업체를 분석하려면 모자를 눌러쓰고 손님으로 위장해 직접 가서 먹어보고, 분위기를 살피는 이른바 발품을 팔아야 했습니다. 하지만 지금은 스마트폰 하나면 그 가게의 강점은 물론, 사장님이 감추고 싶어 하는 치명적인 약점까지 10분 만에 파악할 수 있는 손품의 시대입니다. 이미 공개된 정보만으로도 충분히 깊이 있는 시장 조사가 가능해졌기 때문입니다.

하지만 단순히 경쟁사의 플레이스를 보며 "여기는 리뷰가 천 개나 되네", "블로그 리뷰도 많네! 광고를 맡기고 있는 건가?"하면서 부러워만 해서는 내 가게의 매출은 1원도 오르지 않습니다. 중요한 것은 데이터 속에 숨겨진 남의 약점을 찾아 내 무기로 만들고, 나의 약점을 찾아 방패를 단단히 하는 실전 분석입니다.

불편함을 해결해 주는 곳이 이긴다

경쟁사를 조사할 때 범하기 쉬운 실수가 바로 맛에만 집착하는 것입니다. "저 집보다 우리 커피 원두가 더 좋은데 왜 손님은 저기로 갈까?"라고 한탄하시죠. 하지만 냉정하게 말해, 고객이 경쟁 매장에 발길을 끊는 이유는 맛 때문이 아닐 확률이 훨씬 높습니다.

네이버 플레이스 리뷰는 추천순과 최신순으로 보여집니다. 기본 설정인 추천순은 잘 찍은 사진과 정성스러운 글 위주로 보여주는 것이고, 최신순은 말 그대로 가장 최근의 글을 볼 수 있는 것입니다. 따라서 일주일에 한 번, 경쟁 매장의 리뷰를 최신순으로 훑어보며 그들이 놓치고 있는 것(화장실, 소음, 친절도 등)을 찾아서 우리 매장 운영에 참고해야 합니다. 물론 우리 매장의 리뷰글은 매일 매일 확인해야 합니다.

리뷰는 기본적으로 주어진 것을 선택하는 것이지만, 직접 의견을 남길 수도 있습니다. 보통 제품과 서비스에 만족했을 때는 적당한 것을 선택하게 되지만, 불만이 있는 경우에는 "테이블 간격이 너무 좁아서 옆 사람 대화가 다 들려요", "화장실이 건물 밖에 있고 관리가 안 돼요", "직원을 아무리 불러도 대답이 없어요."와 같이 의견을 남기곤 합니다. 이런 리뷰들이 보인다면 바로 그 지점이 우리가 팔고들어야 할 빈틈인 것입니다.

경쟁사의 약점을 확인했다면 우리 가게 플레이스 소개글에 "옆 테이블 방해받지 않는 쾌적하고 넓은 간격", "매장 내 남녀 분리 화장실 완비", "테이블 오더로 기다림 없는 주문 가능"이라고 적으시길 바랍니다. 경쟁사에서 불편함을 느꼈던 고객들이 우리 가게의 소개글을 보는 순간, 자연스럽게 발길을 돌리게 만드는 요인이 될 것입니다.

가격 투명성과 편안함으로

미용실이나 네일샵 같은 뷰티 업종은 고객과 대면하는 시간이 길고, 상대적으로 고가의 비용을 지불해야 하는 경우가 많습니다. 이때 잠재 고객들이 가장 예민하게 반응하는 요소는 바로 가격의 불확실성과 영업(추가 시술 권유)에 대한 부담감입니다.

지역 내 1등 미용실의 리뷰를 살펴보세요. 만약 "막상 가니 기장 추가 비용이 너무 비쌌어요", "영양 추가나 회원권 등록 강요가 심해서 기분이 상했어요"라는 키워드가 반복된다면, 이것이 곧 고객의 니즈입니다. 이럴 때는 과감하게 "정찰제 시행, 기장 추가/숱 추가금 절대 없음", "시술 강요 없는 편안한 힐링 샵"을 마케팅 포인트로 내세워야 합니다.

고객은 뛰어난 실력만큼이나 마음이 편안한 안전지대를 찾고 싶어 합니다. 경쟁사의 과도한 영업에 지친 고객들을 투명함과 정직함이라는 무기로 흡수하는 전략입니다.

고관여 업종은 진입 장벽을 낮춰야

학원, 필라테스, 꽃집, 공방 등은 고객이 등록하기 전까지 고민하는 시간이 긴 고관여 업종으로 분류할 수 있습니다. 전화로 일일이 물어보기 부담스러워하는 고객의 심리를 읽어야 하는데요. 경쟁 업체를 봤는데 "상담 문의는 전화 주세요"라고만 적혀 있다면, 고객은 귀찮아서 이탈할 가능성이 큽니다.

이때 경쟁사의 약점은 '불친절한 접근성'입니다. 사장님은 이를 공략하여 "톡톡으로 수강료 간편 조회 가능", "부담 없는 1회 체험 클래스 운영", "방문 전 무료 레벨 테스트 쿠폰 증정" 등을 내세우는 것이 필요합니다.

경쟁사가 '전화해'라고 하며 문턱을 높일 때, 사장님은 '톡톡으로 물어봐'라며 문턱을 없애는 것입니다. 접근하기 쉬운 곳에 고객은 모이게 되어 있습니다.

고객의 쓴소리는 돈 안 드는 컨설팅

경쟁사 분석이 끝났다면, 이제 거울을 볼 차례입니다. 내 가게에 달린 악플이나 낮은 별점을 보고 속상해서 숨기거나 감정적으로 대응한 적이 있으신가요? 오늘부터는 생각을 바꾸셔야 합니다. 그것은 진상 손님의 투정이 아니라, 우리 가게가 개선해야 할 점을 공짜로 알려주는 데이터이기 때문입니다.

리뷰를 하나하나 읽다 보면 반복되는 패턴이 보입니다. 예를 들어 "음식이 좀 짜요", "간이 세요"라는 말이 한 달에 3번 이상 나왔다면, 그건 내 입맛이 아니라 대중의 입맛에 우리 음식이 짠 것입니다. "직원이 무뚝뚝해요"라는 말이 반복된다면, 서비스 매뉴얼을 점검해야 할 강력한 신호입니다.

이때 위기를 기회로 바꾸는 방법은 진정성 있는 답글입니다. 변명 대신 "고객님의 소중한 의견을 반영하여 이번 주부터 염도를 10% 낮췄습니다. 다시 방문해 주시면 확 달라진 맛을 보여드리겠습니다"라고 답글을 달아보는 것입니다. 이 답글을 본 다른 잠재 고객들은 "아, 이 가게는 고객의 소리에 귀 기울이고 발전하는 곳이구나"라고 생각하며 오히려 매장에 대한 신뢰도가 급상승하게 됩니다.

시장 조사는 단순히 남의 가게를 구경하는 것이 아닙니다. 경쟁사(경쟁 매장)의 데이터를 통해 내가 파고들 수 있는 공격 포인트를 찾아내고, 내 데이터를 통해 무너지지 않는 탄탄한 수비력을 다지는 과정입니다. 우리 동네 경쟁 업체의 리뷰를 꼼꼼히 읽어보시길 바랍니다. 우리 가게가 무엇을 개선해야 매출이 오를지, 정답은 그곳에 있습니다.

노쇼 방지가 최우선인 업종

어느 플랫폼이나 자신들의 서비스를 더 많이 사용하기를 바랄 것입니다. 이런 측면에서 네이버 예약 여부가 지도정보(플레이스) 노출에 영향을 미치고 있죠. 그래서 많은 사장님들이 네이버 예약을 사용을 고민하고 있습니다.

하지만 네이버 예약은 모든 업종에 똑같이 적용되는 만능키가 아닙니다. 미용실처럼 시간을 판매하는 곳과 펜션처럼 공간을 대여하는 곳, 그리고 회전율이 생명인 식당의 예약 운영 방식은 완전히 달라야 하기 때문입니다. 무작정 도입했다가 오히려 관리가 꼬여 스트레스만 받는 상황이 발생할 수 있습니다.

미용실, 네일샵, 피부관리실 같은 뷰티 업종이나 병원, 원데이 클래스, 스튜디오 등은 고객이 예약한 시간에 오지 않으면 그 시간의 매출이 고스란히 0원이 되는 구조를 가지고 있습니다. 따라서 이 분야의 사장님들에게 네이버 예약은 단순한 일정 관리가 아니라, 확실한 매출을 방어하는 수단이어야 합니다.

가장 강력한 해결책은 바로 예약금 설정입니다. 과거에는 예약금을 받으면 손님이 이탈할까 봐 걱정하는 사장님들이 많았지만, 이제는 노쇼 방지를 위한 당연한 에티켓으로 자리 잡고 있습니다. 네이버 페이를 통해 1~2만 원의 소액이라도 결제하게 하면, 고객은 심리적 구속감을 느껴 방문 약속을 훨씬 더 잘 지키게 됩니다. 또한, 시술별 소요 시간을 디테일하게 세팅하여 예약과 예약 사이의 빈틈을 최소화하는 캘린더 최적화 작업을 병행한다면, 버려지는 시간 없이 효율적으로 매출을 올릴 수 있습니다.

회전율이 중요한 업종의 활용

"줄 서는 맛집인데 굳이 예약을 받아야 하나요?"라고 묻는 사장님들이 계십니다. 결론부터 말씀드리면 받아야 합니다. 다만, 전략이 필요합니다. 전체 좌석을 모두 예약으로 채우면 현장에 온 손님을 놓치거나, 예약 손님이 늦을 경우 테이블이 비어있는 손실이 발생할 수 있습니다. 따라서 맛집이나 술집은 전체 좌석의 약 30~50% 정도만 예약석으로 오픈하는 것을 권장드립니다.

이렇게 하면 예약 고객에게는 대기 없이 입장하는 VIP 대우를 제공하여 만족도를 높이고, 나머지 좌석은 현장 손님(워크인)으로 채워 회전율을 극대화할 수 있습니다. 여기서 한 가지 팁을 더하자면, 예약 시

'메뉴 미리 주문하기' 옵션을 활용하는 것입니다. 손님이 도착하자마자 음식을 바로 내어줄 수 있어 테이블 회전 속도가 빨라지고, 주방의 업무 효율도 획기적으로 개선됩니다.

이중 예약을 막는 시스템 연동

식당이나 미용실과 달리 펜션, 호텔, 캠핑장 같은 숙박업은 중복 예약(Double Booking) 문제가 있습니다. 펜션과 같은 업종은 네이버뿐만 아니라 야놀자, 여기어때, 에어비앤비 등 여러 플랫폼에 동시에 방을 내놓는 경우가 많습니다. 만약 네이버 예약만 단독으로 관리한다면, 다른 앱에서 이미 팔린 방이 네이버에서는 여전히 예약 가능 상태로 남아있어 같은 날짜에 두 팀의 손님을 받는 대형 사고가 터질 수 있습니다.

이러한 문제를 방지하기 위해 숙박업 사장님들은 반드시 CMS(채널 매니저) 프로그램과의 연동을 확인해야 합니다. 온다(ONDA), 핑크, 산하 등 전문 객실 관리 시스템을 네이버 예약과 연결해 두면, 특정 채널에서 예약이 들어오는 순간 네이버의 해당 날짜 객실이 자동으로 마감 처리됩니다. 공연이나 전시, 키즈카페처럼 입장권을 판매하는 경우도 마찬가지입니다. 현장의 발권 시스템이나 키오스크와 재고가 실시간으로 연동되어야 하므로, 네이버와 공식 제휴된 예매 대행사를 통해 상품을 등록하는 절차가 선행되어야 합니다.

예약을 매출 상승으로 만드는 디테일

업종을 불문하고 네이버 예약을 단순히 자리 맡아두기 기능으로만 쓴다면 손해입니다. 예약 단계에서부터 객단가를 높이는 '옵션 메뉴'를 적극적으로 배치해서 객단가를 높이려는 전략이 필요한데요. 예를 들어 식당이라면 콜키지 추가나 생일 디저트 옵션을, 숙박업이라면 바비큐 숯불 추가나 인원 추가 옵션을, 꽃집이라면 포장지 업그레이드 옵션을 예약 창에 띄워두는 것입니다. 고객은 현장에서 지갑을 여는 것보다 온라인 예약 단계에서 옵션을 추가하는 것에 심리적 저항감이 낮아, 자연스럽게 객단가 상승효과를 누릴 수 있습니다.

그리고 네이버 페이 결제를 유도하는 것도 중요합니다. 네이버 페이로 예약하고 결제한 건은 이용 완료 후 고객에게 '리뷰 작성 알림'이 즉시 발송됩니다. 이는 우리 가게의 자산이 될 '방문자 리뷰'를 가장 빠르고 확실하게 쌓는 지름길이 됩니다. 오늘 우리 가게의 업종 특성에 맞게 예약 설정이 잘 되어 있는지, 혹시 놓치고 있는 옵션은 없는지 점검해 보시기 바랍니다. 작은 설정들로 인해 조금씩 매출이 높아지게 될 것입니다.

네이버 톡톡 활용방안

매장을 운영하다 보면 "주차되나요?", "영업 몇 시까지 해요?"와 같은 똑같은 질문을 수없이 반복해서 듣게 됩니다. 사장님 입장에서는 매번 친절하게 응대하려 노력하지만, 사실 이런 단순 문의를 처리하는 데 드는 시간과 에너지는 눈에 보이지 않는 고정 비용이나 다름없습니다.

만약 이 반복되는 답변을 시스템이 자동으로 처리해 준다면 어떨까요? 직원을 한 명 더 채용하는 것보다 훨씬 경제적이고, 사장님은 온전히 서비스와 운영에만 집중할 수 있게 됩니다. 여러 방법이 있겠지만, 가장 많이 사용되는 네이버 지도 정보(스마트 플레이스)와 연동한 네이버 톡톡에 대해서 살펴보겠습니다.

오프라인 매장을 운영하는 대표님들은 네이버 톡톡히 나와는 상관없는 기능이라고 생각하는 경우가 많은데요. 물론 네이버 톡톡은 스마트 스토어 등에서 더 많이 사용됩니다. 오프라인 매장처럼 실제 매장이 존재하는 것은 아닐 수도 있기 때문에 온라인으로 배송 상황 등을 손쉽게 문의하는 것입니다.

하지만 최근에는 미용실, 식당, 학원 같은 오프라인 매장에서도 네이버 톡톡을 제2의 고객 응대 수단으로 생각하는 경우가 증가하고 있습니다. 특히 고객이 전화를 걸기 꺼려 하는 진짜 이유를 알게 된다면, 네이버 톡톡에 더 관심을 갖게 되실 겁니다.

전화를 꺼려 하는 사람들과 익명성

과거에는 궁금한 게 있으면 당연히 가게로 전화를 걸었습니다. 하지만 지금의 고객들은 다릅니다. 단순히 통화가 귀찮아서일까요? 가장 큰 이유는 내 번호가 노출되는 것이 싫어서입니다. 모든 것이 디지털화된 시대에서도 사람들은 강력한 프라이버시 보호 욕구를 갖고 있습니다.

식당에 "주차되나요?"라고 묻거나, 헬스장에 "가격이 얼마인가요?"라고 단순한 질문을 하기 위해 내 개인 휴대전화 번호를 사장님에게 남기는 것을 부담스러워하는 것이죠. 혹시라도 나중에 홍보 문자가 올까봐 걱정하기도 합니다. 이때 '네이버 톡톡'은 효과적인 대안이 되어줍니다. 자신의 ID나 전화번호 노출 없이, 철저하게 익명으로 궁금증만 해결할 수 있기 때문입니다. 역설적이게도, 사장님이 고객의 익명성을 보장해 줄 때 고객은 더 편안하게 말을 걸어오고, 이 가벼운 대화가 결국 실제 방문으로 이어지는 것입니다.

업종별 특성을 고려한 운영

그렇다면 오프라인 매장에서는 이 톡톡을 어떻게 써야 매출로 연결될까요? 업종별로 고객이 톡톡을 누르는 타이밍이 다르다는 점을 고려할 필요가 있습니다.

먼저 식당이나 카페 등은 예약 및 단체 문의를 하는 경우가 많습니다. 그런데 바쁜 점심시간이나 시끄러운 저녁 시간에 전화를 받는 건 사장님도, 고객도 힘든 일입니다. 특히 단체 회식 예약이나 대관 문의는 전화보다 기록이 남는 톡톡이 훨씬 정확합니다. 이때 '자주 묻는 질문(FAQ)' 기능을 활용해 주차 위치, 콜키지 가격, 단체석 사진 등을 미리 등록해 두면 효과적입니다. 고객은 사장님과 통화 연결을 기다릴 필요 없이 원하는 정보를 1초 만에 얻을 수 있고, 사장님은 홀서빙에 집중하면서도 예약을 놓치지 않을 수 있습니다.

병원이나 미용실, 뷰티샵도 톡톡의 활용도가 높은 곳입니다. 데스크 직원이 전화 응대에 시달리느라 정작 내방한 환자나 손님을 챙기지 못하는 경우가 많기 때문입니다. 이때 진료 시간, 주차 여부, 예약 변경 같은 단순 반복 문의를 톡톡의 자동 응답 기능으로 돌려놓으면 업무 효율이 올라갑니다. 또한, 미용실의 경우 고객이 원하는 헤어스타일 사진을 톡으로 미리 보내 디자이너와 상담할 수 있어, 전화로는 불가능한

'비주얼 소통'이 가능해집니다.

학원이나 운동, 인테리어처럼 고관여 업종은 전화를 걸기 전에 간을 보는 심리가 강합니다. 한 번 등록하면 큰 비용이 들어가기 때문에 가볍게 확인을 해보려는 것이죠. "수강료가 얼마인가요?", "상담 가면 바로 등록해야 하나요?" 같은 질문을 전화로 하기엔 부담스럽지만 톡톡이라면 가볍게 질문이 가능합니다. 이때 톡톡으로 '간편 견적'이나 '방문 전 체크리스트'를 보내주며 상담의 문턱을 낮추는 것이 필요합니다. 또는 "톡톡으로 문의하시면 1회 무료 체험 쿠폰을 드려요"라고 유도하면, 익명의 고객을 실제 방문객으로 전환시키는 강력한 무기가 될 수 있습니다.

공방이나 자동차 정비소, 수선집과 같은 A/S 및 수리점은 말보다는 사진이 훨씬 정확한 업종입니다. 전화상으로 "거기 찢어진 부분이요..." 라고 설명하는 것보다, 톡톡으로 파손된 부위의 사진을 찍어 보내게 하는 것입니다. 견적 산출도 빠르고 정확해지며, 고객 입장에서는 굳이 매장까지 헛걸음하지 않아도 되어 만족도가 높아지기 마련입니다.

감정노동을 줄여준다

네이버 톡톡을 도입하면 매출도 오르지만, 무엇보다 사장님의 일상에 평화가 찾아옵니다. 물론 전화기 너머 들려오는 고객의 목소리로 감정 상태를 세심하게 살필 수 있다는 장점도 있습니다. 하지만 반대로, 톡톡을 통해 텍스트로 응대하게 되면 고객과 얼굴을 붉히지 않고 차분하게 소통할 수 있다는 것이 가장 큰 매력입니다.

오프라인 매장의 경쟁력은 이제 '맛'과 '가격'을 넘어 '접근성'에서 나옵니다. 여기서 접근성이란 단순히 물리적인 거리가 아니라, 심리적인 거리를 뜻합니다. 전화 걸기 부담스러워하는 요즘 고객들에게 "편하게 톡으로 물어보세요"라고 손을 내미는 것. 그것이 바로 고객의 정보를 지켜주면서 우리 가게의 문턱을 없애는 소통의 기술입니다. 지금 스마트 플레이스 설정에서 '톡톡 파트너 센터'를 연결해 보시길 바랍니다.

일을 하다 보면 다짜고짜 화를 내거나 무리한 요구를 하는 고객을 마주하기 마련입니다. 전화로는 감정을 쏟아내던 진상 고객도, 막상 텍스트로 대화할 때는 훨씬 이성적으로 변하는 경향이 있습니다. 톡톡이라는 필터가 사장님의 감정을 보호해 주는 방패 역할을 하는 셈입니다. 또한, 전화는 통화 내용이 녹음되지 않는 이상 기록이 남지 않아 "그때 사장님이 된다고 했잖아요!"라며 억지를 부리는 분쟁이 생길 수 있습니다. 하지만 톡톡은 모든 대화 내용이 정확한 텍스트로 저장되므로, 불필요한 오해와 분쟁을 예방하는 확실한 증거 자료가 됩니다. 감정 소모는 줄이고, 사실 관계는 명확히 하는 스마트한 응대 도구라고 할 수 있습니다.

지도정보의 1순위는 네이버

　동네 매장을 홍보할 때 네이버 검색과 지도 정보는 가장 중요한 기본 채널입니다. 네이버 지도는 한국에서 월간 1,150만 명 이상의 이용자를 확보하여 카카오 지도(약 550만 명)보다 두 배 이상 많은 사용자를 보유하고 있습니다. 네이버 지도(스마트플레이스)는 영업정보, 후기, 메뉴, 사진 등 상세한 정보를 제공하여 소비자들의 의사 결정을 돕고 있습니다. 따라서 매장 정보(주소, 영업시간, 메뉴/가격 등)를 네이버 스마트플레이스에 정확히 등록하고, 고객 리뷰 관리를 통한 평점 관리가 필수적입니다.

　네이버 플랫폼은 목적 구매(계획된 방문)를 하는 소비자들이 주로 사용하므로, 검색 시 상단에 노출될 수 있도록 키워드 최적화도 고려해야 합니다. 또한 예약이 가능한 업종의 경우 네이버 예약이나 네이버 주문 연동으로 편의를 높일 수 있습니다. 네이버 지도는 방대한 정보와 실시간 이용자 후기 콘텐츠를 빠르게 반영하여 신뢰도가 높습니다.

카카오 지도는 교차해서 활용하는 보조 채널

한때 지도정보에서 가장 앞섰던 곳은 다음(Daum)이었습니다. 그런데 카카오에 인수되고 카카오 지도도 재편되면서 주도권을 네이버에 빼앗기고 말았죠. 그럼에도 카카오는 길찾기 및 내비게이션에서는 강점이 (아직은)있습니다. 네이버에서 찾은 장소를 실제 방문할 때 카카오 지도로 길안내를 받는 경우로 일종의 보조채널 역할을 합니다. 이처럼 네이버에서 정보 검색 → 카카오 내비로 길찾기의 경로가 있기 때문에, 카카오 지도에서도 우리 매장이 검색되는지 꼭 확인해야 합니다. 만약 카카오맵에 업체 정보가 없거나 평점이 매우 낮다면 소비자가 방문을 망설일 수 있습니다. 그러므로 카카오맵에도 업체 프로필을 등록하고, 사진과 리뷰를 관리하여 정보의 일관성을 유지해야 합니다.

카카오는 카카오톡 연동 및 카카오내비 등 자사 플랫폼과의 연결로 사용자 편의성을 높이고 있어 여전히 영향력이 있습니다. 최근에는 카카오맵 내 '동네뉴스' 기능을 전국 확대하여, 반경 1km 내 가게의 공지사항과 쿠폰 정보를 제공하는 등 하이퍼로컬 서비스를 강화하고 있습니다. 이를 통해 주변 카카오맵 이용자들에게 운영시간 변경, 할인 이벤트 등을 노출할 수 있으므로, 해당 기능이 제공된다면 적극 활용해 카카오 이용자도 함께 공략해야 합니다. 결국 네이버=정보 탐색, 카카오=길찾기 보조 및 추가 정보 제공 역할로 인식하고 두 플랫폼 모두에 정확한 정보와 긍정적 평판이 있도록 관리하는 것이 중요합니다.

카카오맵에서 제공하는 기능 중 유용한 것이 핀 위치입니다. "사장님, 가게를 못 찾겠어요"라는 전화를 받아본 경험 있으신가요? 가끔 지도에 등록된 우리 매장 위치가 실제와 달라서 생기는 일입니다. 카카오맵 '매장관리' 메뉴에 들어가 매장 위치 수정 기능을 사용하면, 핀이 잘못 찍혀 있거나 애매하게 표시된 경우 바로잡을 수 있습니다. 특히 건물 뒤편 주차장이 있는 가게라면, '주차장 입구'와 '도보 출입구' 위치를 각각 정확히 표시해 두어야 합니다. 그래야 운전해서 오는 손님도, 걸어서 오는 손님도 헷갈리지 않고 찾아올 수 있습니다.

카카오의 가장 큰 장점은 카카오톡입니다. 이를 지도정보와 연결해서 사용할 수 있는 것이 '소식'기능입니다. 이 기능은 네이버 플레이스에도 있지만, 카카오맵의 카카오톡 채널 연계로 소식을 보내면 보다 친근하게 다가갈 수 있습니다. 예를 들어 스터디카페를 운영 중인 사장님이라면, 카카오맵 매장 소식란이나 카카오톡 채널에 "현재 시험 기간이라 좌석이 만석입니다. 방문 전에 톡채널로 자리 문의 부탁드립니다"라는 공지를 올려두는 것입니다. 이것은 헛걸음을 막아주는 작은 배려로, 멀리서 온 고객에게 시간을 아껴주는 친절한 안내가 됩니다. 실시간으로 변동되는 상황(만석, 재고 소진 등)을 소식 기능으로 알려주면 고객은 사장님의 섬세한 신경 씀씀이에 감사함을 느끼게 될 것입니다.

또한 카카오톡 채널을 활용한 맞춤형 고객 관리도 활용도가 있습니다. 한 번 방문했던 손님과의 관계를 이어가기 위해, 전후 사진 등을 톡으로 보내주며 소통을 하는 것입니다. 예를 들어 자동차 정비 업종이라면 고객 차량의 엔진오일을 교체한 뒤 "엔진오일 색깔이 이렇게 변해서 교체했습니다. 지금은 깨끗하게 교환 완료!"라는 메시지와 사진 두 장(교체 전후 비교)을 보내드리는 식입니다. 이렇게 눈으로 보여주는 한 장의 '관리 인증샷'은 고객에게 "아, 이 가게 참 꼼꼼하게 챙겨주는구나" 라는 인상을 남깁니다. 작은 정성이지만 이러한 사후 케어 메시지가 누적되면, 고객은 사장님 가게에 대해 깊은 신뢰와 애정을 가지게 되고 단골 고객으로 발전할 가능성이 높아집니다.

당근, 생활 밀착형 업종의 충동구매 채널

당근은 지역 기반 중고거래로 시작했지만, 현재는 동네 상권 마케팅 플랫폼으로도 주목받고 있습니다. 네이버/카카오가 계획된 목적 구매에 쓰인다면, 당근은 근처에서 우연히 발견하는 충동 구매 성격이 강합니다. 앱 구조상 내 주변 6km 이내 이용자들에게 노출되므로, 동네 생활밀착형 업종에서 특히 효과적입니다. 예를 들어 소규모 카페·베이커리, 미용실, 네일숍, 학원, 펫샵 등 지역 주민의 일상과 밀접한 업종은 당근마켓을 통해 단골 확보 및 충성 고객 창출을 기대할 수 있습니다.

당근마켓의 비즈프로필 기능을 통해 가게 소식, 신규 상품 안내, 할인 쿠폰 등을 올리면 이웃 주민들에게 실시간으로 홍보가 됩니다. 실제로 수원 지역의 한 에그타르트 전문 카페는 당근 비즈프로필에 꾸준히 소식을 올리고 단골 전용 쿠폰을 발행한 결과, 매출이 크게 상승하고 방문 고객의 80%가 "당근 보고 왔다"고 할 정도로 효과를 보았다는 보도자료도 확인이 됩니다. 또한 서울 은평구의 한 미용실은 당근마켓 광고 시작 후 "당근 보고 왔다"는 손님들이 증가했고, 가격표와 시술 정보를 비즈프로필에 정리하고 첫 방문 할인쿠폰을 제공한 결과 1년 만에 연매출이 크게 상승했다고 합니다(물론 당근에서 발표한 자료입니다). 이처럼 쿠폰 발행과 활발한 소식 게시를 통해 근처에 거주하는 신규 손님들을 효과적으로 유인하고 단골화할 수 있습니다. 당근마켓에서는 댓글로 이용자와 소통할 수도 있어, 문의 대응이나 후기 답변을 통해 친밀감을 높이는 것이 좋습니다.

당근(마켓)은 우리 동네 중심의 커뮤니티로, 지역 이웃과 소통하는 창구입니다. 대놓고 광고하기보다는 이웃과 소통한다는 마음으로 활용하면 좋은 효과를 볼 수 있습니다. 예를 들어 빵집을 운영하시다가 당일 재고가 남은 상황이라면, 당근마켓을 통해 그냥 "마감 세일! 떨이 판매합니다"라고 올리는 대신 좀 더 공감가는 스토리로 접근해야 합니다. 예를 들어 "오늘 비가 와서 손님이 적어 맛있는 빵이 많이 남았어요. 저희 직원들이 정성껏 만든 빵인데, 내일이면 팔 수가 없어 안타까운 마음에 이웃분들께만 50% 할인으로 드려요."라는 식으로 진심 어린 사연을 담아 올려보는 것입니다. 단순 할인 안내문과 달리 이런 글에는 이웃을 생각하는 마음이 묻어날 것입니다. 지역 주민들은 이를 보고 마치 동네 친구가 소개하는 것처럼 느껴서, 부담 없이 구매에 나설 수도 있고 가게에 대한 친밀

감도 함께 생깁니다. 결국 빵도 팔리고, "정 많고 인정 있는 가게"라는 평판도 얻게 되는 win-win 전략이 되는 것이죠.

또 다른 활용 예로, 스터디카페 사장님이라면 당근마켓의 지역 커뮤니티(동네 생활 게시판 등)에 "시험 기간 공부하느라 지친 학생들을 위해 오늘 따뜻한 핫팩과 초콜릿을 준비해두었어요. 다들 힘내세요!" 라는 응원의 글과 사진을 함께 올리는 것입니다. 이 글을 본 동네 학부모님들이 "우리 애도 가보라고 해야겠다" 하면서 자연스레 가게를 찾게 될것입니다. 이처럼 당근마켓에서는 광고보다는 진심 어린 응원과 소통의 형태로 다가갈 때 효과가 큽니다. 지역 주민과 정서적 교감을 쌓으면, 그게 결국 가게의 좋은 입소문과 단골 고객 확보로 이어집니다.

다만, 당근마켓으로 유입된 고객도 방문 전 네이버 지도에서 가게 정보를 한 번 더 확인하는 경향이 있습니다. 따라서 당근마켓 프로모션을 적극 활용하면서도, 네이버/카카오 지도상의 정보(위치, 후기 등)를 최신으로 유지하여 교차 조회에 대비해야 합니다. 결국 당근마켓은 동네에서 눈에 띄게 만들어주는 역할을 하고, 네이버/카카오는 최종 확인을 거쳐 방문을 결정하게 하는 역할을 하므로 두 측면 모두 신경써야 합니다.

인스타그램, 비주얼 중심 홍보와 위치태그 전략

인스타그램은 20~30대 여성 이용자가 핵심인 비주얼 중심 플랫폼입니다. 최근에 발표된 한국 인스타그램 전체 이용자 약 2,392만 명 중 56.8%가 여성이고, 18~34세 연령대의 비중이 가장 높습니다. 이러한 젊은 층은 맛집, 카페, 뷰티/패션 등에 관심이 많고 사진으로 공유하길 좋아하기 때문에, 업종 특성상 비주얼이 중요한 카페, 레스토랑, 디저트 전문점, 의류 편집숍, 네일숍, 로컬 맛집 등이 인스타그램에서 효과를 보고 있습니다.

인스타그램에서는 콘텐츠 자체의 매력이 중요하므로, 매장의 인테리어와 메뉴 사진, 서비스의 Before-After 사진, 고객 후기 등을 고화질 이미지나 영상으로 지속 업로드하는 것이 좋습니다.

해시태그를 활용해 #지역명+업종명 등으로 검색 노출을 높이고, 스토리 및 릴스로 친밀감을 형성하는 것도 필요합니다. 특히 위치 태그를 활용한 홍보가 중요한데, 여행객이나 낯선 지역의 사용자들이 인스타그램에서 위치태그로 현지 정보를 탐색하는 경우가 있기 때문입니다. 예를 들어 모르는 동네를 방문한 20~30대 여행자가 인스타그램에서 그 지역의 위치태그를 눌러 인기 게시물을 탐색하고, 눈에 띄는 카페나 맛집을 방문하는 식입니다. 이 흐름을 잡기 위해 우리 매장의 위치태그를 만들어두는 것이 필수인데, 인스타그램에서 위치를 생성하려면 페이스북 비즈니스 페이지를 통해 장소 등록을 선행해야 합니다. 페이스북에 매장 주소로 새 체크인 위치를 만들면 인스타그램에서도 해당 위치태그를 사용할 수 있습니다.

소비자들이 인스타그램에 자발적으로 올린 게시물도 강력한 홍보 수단입니다. 고객이 방문해서 찍은 사진에 매장 위치태그를 달거나 계정을 멘션하도록 유도하면, 그 팔로워들에게도 우리 가게가 노출됩니다. 예를 들어 방문 인증 이벤트(해시태그 챌린지 등)를 진행해 UGC(User-Generated Content)를 확보하고 리그램(공유)하면 젊은층 사이에서 입소문 효과를 낼 수 있습니다.

인스타그램은 사진과 영상으로 우리 매장의 디테일과 전문성을 스토리 있게 보여줄 수 있는 플랫폼입니다. 많은 가게들이 완성된 요리 사진이나 예쁜 제품 사진을 올리지만, 정작 남들이 볼 수 없는 곳에서의 노력까지 보여주는 사장님은 드물죠. 사실 이런 숨은 노력이야말로 차별화 포인트이자 고객의 마음을 움직이는 디테일입니다. 가령 식당이나 카페를 운영하신다면, 오픈 전 매장을 청소하고 준비하는 모습, 신선한 재료를 하나하나 꼼꼼히 손질하는 장면, 직원이 밝은 표정으로 단정히 유니폼 차려입는 순간 등을 10~15초 분량의 짧은 영상으로 만들어 올리는 것입니다. 글로 "저희는 깨끗하게 준비합니다"라고 주장하는 것보다, 직접 청소기 소리와 환한 미소가 담긴 영상으로 눈과 귀에 증명해 보이는 편이 훨씬 설득력이 있습니다.

실제로 한 치킨집 사장님은 매일 가게 마감 뒤 기름통을 깨끗이 세척하는 인증샷을 인스타그램에 올려 청결함을 강조했고, 이 진정성 있는 모습이 화제가 되어 뉴스에까지 보도된 사례도 있습니다. 이렇듯 인스타그램에서는 사장님만이 보여줄 수 있는 진짜 노력을 콘텐츠화하면, 고객들은 "이 가게는 보이지 않는 곳까지 신경 쓰는구나"하고 느끼며 깊은 신뢰를 갖게 됩니다.

그리고 오프라인 매장이 인스타그램에 연결되기 위해서는 위치태그 기능도 전략적으로 활용해야 합니다. 요즘 10~30대 젊은 고객들은 맛집이나 가게를 찾을 때 네이버보다 인스타그램 지도를 먼저 열어본다는 말이 있을 정도입니다. 따라서 게시물을 올릴 때 위치 태그 설정을 전략적으로 하셔야 합니다. 단순히 우리 가게 이름만 위치로 지정하지 말고, 지역명이 들어간 키워드를 함께 활용하세요.

예를 들면 인스타 위치를 등록하거나 태그할 때 '가게이름 연남점 | 연남동 카페'처럼 상호명 뒤에 지역과 업종이 드러나도록 설정하는 것이 좋습니다. 왜냐하면 인스타그램 이용자들은 개별 상호명보다 '○○동 카페' '△△역 맛집'처럼 지역+업종 키워드로 검색하는 경우가 많기 때문입니다. 실제 인스타그램 검색에서는 해시태그보다도 해당 위치 태그에 모인 게시물들을 먼저 보는 경향이 강합니다. 그러니 우리 매장 사진이 지역 검색 결과에 잘 나오게 하려면, 게시글 올릴 때 매장 위치를 설정하거나 해시태그에 반드시 지역명을 포함해야 합니다. 예를 들어 'OO동 맛집', 'OO역 미용실' 등의 표현을 해시태그로 추가해두면 지역 기반으로 검색하는 잠재 고객의 눈에 띌 확률이 높아집니다. 이 작은 디테일 하나로도 추가 광고비 없이 새로운 고객 유입 효과를 볼 수 있습니다.

인스타그램 역시 관심을 갖게 된 고객도 방문 전 네이버 지도를 검색하여 추가 정보나 길찾기를 하는 만큼, 인스타그램에서 흥미 유발 → 네이버로 검증 → 방문의 단계로 이어짐을 염두에 두고 플랫폼 간 정보 연결도 만들어둬야 합니다.

지도정보의 연계성과 일관성

플랫폼은 달라도 소비자들은 하나의 연결된 흐름으로 지도정보를 활용합니다. 연결 고리가 끊겨 있거나 일관성이 부족하면 사람들은 우리 매장에 들어오지 않습니다. 인스타그램 사진은 멋진데 네이버에 메뉴판 정보가 없거나, 네이버 예약은 했는데 카카오맵 위치가 엉뚱한 곳을 가리키고 있다면 공들여 잡은 고객을 문턱에서 놓치는 셈입니다. 따라서 각 플랫폼을 개별적으로 보지 말고, '고객이 우리 가게까지 오는 지도'를 완성한다는 생각으로 모든 채널의 문을 활짝 열어두고 연결해 두어야 합니다.

정보의 불일치는 신뢰를 갉아먹는 가장 큰 적입니다. 여러 채널을 운영하다 보면 흔히 하는 실수가 업데이트 누락입니다. 네이버에는 영업시간을 변경해 두었는데, 카카오맵이나 인스타그램 프로필에는 예전 시간이 그대로 남아있는 경우입니다. 멀리서 찾아온 손님이 닫힌 문을 보고 돌아가게 된다면, 그 손님은 다시는 우리 가게를 찾지 않을 것입니다. 더욱 중요한 것은 AI 검색 엔진의 기준입니다. 검색 로봇들은 여러 사이트에 흩어진 가게 정보(상호, 주소, 전화번호, 영업시간)가 일치할수록 "이 정보는 정확하고 믿을 만하다"고 판단해 상위에 노출시켜 줍니다. 고객의 신뢰를 얻기 위해서라도, 운영 정보가 바뀔 때는 모든 플랫폼의 정보를 동시에 수정하는 습관을 들여야 합니다.

지도정보 단계별 활용방안

남들은 네이버 스마트 플레이스로 신규 고객이 유입이 된다는데, 막상 해보려고 하면 기능도 너무 많고, 어떻게 설정해야 하는지 명확하지 않습니다. 소규모 사업장은 적은 인원으로 모든 것을 해야만 하기 때문에 마케팅까지 챙기기에는 여력이 부족한 경우가 많습니다. 네이버 스마트플레이스가 고객을 유입시키기 위한 가장 강력한 채널인 것은 맞지만, 네이버의 여러 서비스와 인스타그램, 유튜브 등을 한 번에 다 관리하는 것은 현실적으로 불가능합니다.

처음부터 모든 것을 하는 것은 현실적으로 수비지 않다는 것을 전제로 시작해야 합니다. 고객이 내 가게를 방문하는 심리적 단계에 맞춰 가장 시급한 것부터 레고 블록을 조립하듯 하나씩 연결해 나가면 됩니다. 업무 부담은 줄여주면서 성과는 기대할 수 있는 로드맵을 제시해보면 다음과 같습니다.

1단계는 노출과 유입이 중요

가장 먼저 해야 할 일은 우리 매장의 존재감 알리기입니다. 제품과 서비스에 아무리 자신이 있어도 검색 자체가 안 된다면 고객이 찾아올 가능성은 0%이기 때문입니다. 아직 우리 가게가 동네에서 자리를 확실히 잡지 못했다면, 복잡한 예약 설정이나 마케팅 기능보다 검색 결과를 매력적으로 만드는 데 에너지를 집중해야 합니다. 고객이 검색창에 키워드를 입력했을 때 "어? 여기 괜찮아 보이는데?"라고 느끼게 만드는 것이 1단계의 핵심 목표입니다.

이를 위해 가장 중요한 것은 정확한 정보와 매력적인 시각(사진, 숏츠 등) 자료입니다. 업체명, 전화번호, 주소는 기본 중의 기본이며, 특히 브레이크 타임이나 휴무일 정보가 틀려 고객이 헛걸음하게 만드는 일은 없어야 합니다. 또한, 텍스트보다 이미지가 먼저 눈에 들어오는 시대인 만큼, 전문 작가가 찍은 사진이 아니더라도 밝고 선명한 음식 사진이나 깔끔하게 정돈된 매장 전경을 업체 사진에 꽉 채워 넣어야 합니다. 여기에 더해 '강남역 3번 출구 앞 파리바게뜨 골목 2층'처럼 누구나 알기 쉬운 찾아오는 길 설명을 덧붙인다면 고객이 느끼는 심리적 거리감은 훨씬 좁혀질 것입니다.

2단계는 설득과 구매가 중요

1단계가 잘 되어 검색 노출도 되고 조회수도 늘었는데, 정작 매출이 오르지 않는다면? 이는 고객이 갈까 말까 고민하다가 이탈하고 있다는 신호입니다. 이때 필요한 것이 바로 유기적인 연동 서비스입니다. 고객의 고민 시간을 줄여주고, "지금 당장 가야지!"라고 결심하게 만드는 결정적인 트리거(방아쇠)를 당겨야 합니다. 전화하기 귀찮아하는 고객에게 네이버 예약과 톡톡은 최고의 설득 도구가 됩니다.

고객은 전화를 걸어 인원과 시간을 조율하는 과정을 노동으로 느낍니다. 예약 가능한 시간을 조율하는 노력을 굳이 하지 않도록 터치 한 번으로 방문하도록 해야 합니다. 여기에 플레이스에서 제공하는 쿠폰이라는 미끼를 더하면 효과는 배가 됩니다. '알림 받기 시 음료 무료' 쿠폰은 고객이 손해 보기 싫어서라도 방문하게 만드는 역할을 합니다.

또한, "주차 되나요?" 같은 반복적인 질문은 네이버 톡톡의 자동 응답(FAQ)으로 설정해 두어야 합니다. 사장님이 잠든 사이에도 시스템은 고객을 설득하고 예약을 받아냅니다.

3단계는 재구매와 단골로

손님이 제법 북적이기 시작했다면, 이제는 마케팅 비용을 줄이고 순수익을 높일 때입니다. 신규 고객을 데려오는 것보다 기존 고객을 다시 오게 하는 비용이 훨씬 적게 들기 때문입니다. 네이버 생태계의 힘은 재구매 단계에서도 활용이 가능합니다. 핵심은 고객이 우리 가게를 잊지 않게 하고, 다시 방문할 명분을 만들어주는 것입니다.

카운터에서 "네이버 페이(N Pay)로 결제하시면 포인트 뽑기 되세요"라고 한마디만 건네보세요. 고객은 포인트 혜택을 받아 기분이 좋고, 사장님은 자동으로 쌓이는 실제 방문 인증(영수증) 리뷰를 얻게 됩니다. 이렇게 쌓인 리뷰에 정성스러운 답글을 달면 고객은 '대접받는 기분'을 느끼게 됩니다. 더 나아가 플레이스 소식 기능을 통해 제철 신메뉴나 이벤트 소식을 올리면, 알림 받기를 한 기존 고객들의 스마트폰으로 소식이 배달됩니다. 돈 한 푼 안 들이고 우리 가게를 좋아하는 단골에게 전단지를 보내는 셈이니, 이보다 확실한 단골 관리법은 없습니다.

네이버의 지도, 예약, 톡톡, 주문 등은 서로 유기적으로 연결되어 있을 때 가장 큰 시너지를 냅니다. 하지만 첫술에 배부를 수는 없습니다. 중요한 건 멈추지 않고 내 가게의 성장 단계에 맞춰 기능을 하나씩 추가하는 것입니다.

지금 오픈 초기라면 1단계(노출)에 집중해서 사진부터 예쁘게 바꾸세요. 손님은 오는데 노쇼가 걱정되거나 전화 업무가 많다면 2단계(전환)인 예약과 톡톡 시스템을 도입하는 것입니다. 그리고 단골을 늘리고 싶다면 3단계(재구매)인 네이버 페이와 소식 알림에 힘을 쓰는 것입니다. 지금 우리 매장은 어떤 단계에 계신가요? 지금 당장 할 수 있는 하나부터 시작하시면 됩니다.

지도정보 공통 체크리스트

지도정보 체크리스트는 지금 상태를 기준으로, 어디가 비어 있고 어디를 보완해야 하는지를 한눈에 보기 위한 도구입니다. 한 번 체크하고 끝내는 것이 아니라, 신규 메뉴가 나왔을 때, 계절이 바뀌었을 때, 리뷰 분위기가 달라졌을 때, 방문 고객 유형이 변했을 때 다시 꺼내서 점검해보시기 바랍니다.

체크의 기준은 내가 아니라 고객입니다. 고객이 검색 화면에서 매장을 눌렀을 때, 불안해할 요소는 없는지, 바로 이해되지 않는 정보는 없는지, 머물 이유가 있는 화면인지, 행동으로 이어질 장치는 있는지를 점검해보시기 바랍니다.

구분	점검 항목	비고
기본 정보	업체명/카테고리	사업자등록증과 일치 여부 확인(간판도 일부 인정), 업종별 최적 세부 카테고리 설정
위치 정보	찾아오는 길	지역의 랜드마크(지하철역, 유명 건물)를 포함한 텍스트 상세 설명 작성
콘텐츠	대표 사진	고화질 사진 10 이상 등록(최대 120장까지 등록 가능), 메뉴판 이미지 최신화
콘텐츠	클립 (Clip)	9:16 비율 세로형 영상 제작, 네이버 앱 클립 탭에서 장소 스티커 부착 후 업로드
키워드	대표 키워드	지역명+업종, 대표 메뉴, 상황별 키워드(데이트, 회식 등) 조합하여 5개 설정
마케팅	쿠폰 설정	알림받기 쿠폰(필수), 예약자 전용 쿠폰, 재방문 유도 쿠폰 등 최소 2종 이상 운영
마케팅	네이버 예약/주문	예약 상품 등록 및 시간대별 재고 설정, 테이블 주문(QR) 도입 검토
관리	리뷰 관리	영수증 리뷰 답글 달기(24시간 이내 권장), AI 리뷰 분석 통계 주 1회 모니터링
관리	소식 업데이트	신메뉴 출시, 이벤트, 휴무 일정 등 꾸준히 새소식 발행

스마트플레이스 운영 전체 체크 사항

신뢰도 점검을 위한 기본정보 체크 사항

기본 정보는 고객이 방문을 결심하기 직전, 가장 꼼꼼하게 확인하는 정보들입니다. 고객의 불안감 제거와 인공지능(AI)의 매장 이해도 상승이 목표입니다.

항목	체크 사항	비고
영업 시간	브레이크 타임, 라스트 오더(주문 마감), 임시 휴무일이 분 단위로 정확한가?	헛걸음은 최악의 경험입니다. "네이버 보고 갔는데 문 닫았다"는 리뷰가 매장 신뢰도를 크게 깎습니다.
오시는 길	내비게이션 없이도 찾을 수 있게 큰 건물, 몇 번 출구, 도보 몇 분 등이 명시되었나요?	'OO은행 옆 골목'처럼 랜드마크를 언급해야 체류 시간이 늘고, AI가 위치 정보를 더 정확히 인식합니다.
주차 정보	주차 가능 여부뿐만 아니라, 만차 시 이용 가능한 근처 유료 주차장 정보까지 적었나요?	주차 스트레스를 미리 해소해주면, 차량 방문 고객의 유입 확률이 상승합니다.
가격 정보	'변동'이나 '문의' 대신, 최소 시작 가격이나 대략적인 가격 범위를 공개했나요?	가격이 없으면 고객은 비쌀 것 같다고 지레 짐작하고 이탈합니다. 투명한 가격은 신뢰의 척도입니다.
편의 시설	와이파이, 반려동물 동반, 단체석, 유아 의자 구비 여부가 체크되어 있나요?	최근 검색 트렌드는 조건 검색입니다. 해당 정보를 체크해줘야 필터 검색 시 우리 매장이 걸립니다.

신뢰도 점검 측면의 기본정보 체크 사항

매력도 점검을 위한 시각 정보 체크 리스트

스마트폰 화면의 짧은 순간(0.5초)에 시선을 강탈할 수 있어야 합니다. 이를 통해 체류 시간을 증대시키는 것이 중요합니다. 고객들에게 가보고 싶은 마음을 심어줘야합니다.

항목	체크 사항	비고
대표 사진	대표 이미지는 키워드와 맞는 사진(음식, 인테리어 등) 인가요?	간판 보다는 검색 키워드에 맞는 직관적인 사진을 먼저 보여줘야 합니다.
사진 해상도	사진의 해상도가 높고 전문적인 느낌(조명, 구도)을 주나요?	AI는 이미지 품질도 분석합니다. 저화질 사진은 매장의 퀄리티를 낮게 평가합니다
클립 영상	플레이스 홈 탭에 숏폼 영상(네이버 클립)이 연동되어 재생되고 있나요?	영상이 있으면 체류 시간이 길어지고 노출 가산점을 받습니다.
메뉴 사진	메뉴별 실제 사진이 90% 이상 등록되어 있나요?	메뉴명만 보고 주문하기 어렵습니다. 사진이 있는 메뉴가 주문 전환율이 높아집니다
계절감	계절(여름/겨울)에 어울리는 사진으로 메인 이미지를 업데이트했나요?	한겨울에 반팔 입은 손님 사진이 있으면 관리가 안 되는 매장이라는 인상을 줍니다

매력도 점검을 위한 시각정보 체크 사항

노출 및 전환(마케팅) 체크 사항

체크	내용	설명
상세 설명	우리 매장의 장점(재료, 철학, 역사, 차별점 등)이 키워드를 포함해 적혀 있나요? 2,000자를 채워보세요	'강남역 데이트 맛집'처럼 타겟 키워드를 문장에 자연스럽게 녹여야 AI가 내용을 이해하고 노출시켜 줍니다.
소식	최근 2주 이내에 작성한 새 소식(이벤트, 신메뉴, 공지) 글이 있나요?	최신성 점수의 지표입니다. 주 1회 업데이트를 권장합니다.
쿠폰	'알림받기'를 한 고객에게만 주는 혜택(음료수, 할인 등)이 있나요?	일회성 방문객을 잠재 단골로 전환시키는데 도움이 됩니다
예약/주문	네이버 예약, 주문, 톡톡의 기능을 사용하여 전환을 유도하고 있나요?	네이버의 기능을 많이 쓸수록 지수가 올라갑니다. 특히 예약은 확정된 매출을 만듭니다.
스마트콜	0507 번호 사용 및 통화 연결음(홍보 멘트) 설정, 미수신 시 콜백 메시지가 설정되어 있나요?	전화를 못 받아도 문자가 자동으로 가서 고객을 놓치지 않게 해줍니다. 통계 데이터 확인도 가능합니다.

노출 및 전환 측면의 체크 사항

지도정보의 상세설명(2,000자)과 찾아오는 길, 가격만 잘 설정하는 것만으로도 검색유입(SEO)이 증가합니다. 또한 마케팅 활동을 통해 단골을 만들어 갈 수 있어야 합니다. 우리 매장을 모르는 사람에게 노출시키고, 한 번 본 사람을 붙잡아두는 장치들입니다.

평판 관리를 위한 리뷰 체크 사항

영수증 리뷰, 블로그 리뷰를 통해 진성 데이터를 축적하는 한편 인공지능(AI) 브리핑 키워드를 확보할 수 있어야 합니다. 단순히 개수만 늘리는 것이 아니라, 리뷰의 질을 관리하여 인공지능(AI)이 우리 매장을 잘 요약하게 도와야 합니다.

체크	내용	설명
리뷰 답글	최근 올라온 리뷰(긍정/부정)에 사장님 답글이 100% 달려 있나요?	답글은 고객에게 하는 인사이자, AI에게 보내는 신호입니다. 답글에도 '강남 파스타 맛집을 찾아주셔서…'처럼 키워드를 넣으세요.
키워드 유도	리뷰 이벤트 안내 시 분위기, 친절, 맛 등 구체적인 단어를 언급해달라고 요청했나요?	고객이 특정 단어를 써줘야 AI 브리핑 요약 문구에 우리 매장의 장점이 노출됩니다.
포토 리뷰	텍스트보다 점수가 높은 포토/영상 리뷰를 남기면 혜택을 더 주는 이벤트가 있나요?	사진 리뷰가 많아야 사진 탭의 콘텐츠가 풍성해지고, 예비 고객의 신뢰도가 올라갑니다.
저장/알림	지도 정보에서 '저장하기 누르면 서비스 제공' 안내 문구가 있나요?	'저장'과 '알림'은 랭킹에 큰 영향을 줍니다. 현장에서 고객이 직접 누르게 유도하는 것이 가장 안전하고 효과적입니다.
리뷰 대응	악성 리뷰에 감정적으로 대응하지 않고, 정중하게 사과하고 개선 의지를 보였나요?	다른 고객들은 악성 리뷰 내용보다, 그 리뷰에 대처하는 사장님의 태도를 보고 방문을 결정합니다.

평판 관리를 위한 리뷰 내용 체크 사항

매일 / 매주 / 매월 단위 체크리스트

기간	체크 사항	설명
매일	리뷰 답글 작성	올라온 모든 영수증/블로그 리뷰에 키워드를 포함하여 정성스러운 답글 달기.
	예약/주문 확인	네이버 예약 및 주문 현황을 체크하고, 노쇼(No-Show) 방지를 위한 해피콜 또는 톡톡 메시지 발송.
	경쟁사 모니터링	내 매장의 주요 키워드(예: 홍대맛집)를 검색하여 상위 1~5위 업체의 순위 변동과 썸네일 변경 여부 확인.
매주	소식 업데이트	이번 주의 추천 메뉴, 이벤트, 매장 소식 등을 사진과 함께 업로드.
	통계 분석	대비 조회수, 유입 키워드, 체류 시간 변화 추이 분석. • 유입 키워드가 바뀌었는가? -> 새로운 키워드에 맞춰 수정. • 체류 시간이 줄었는가? -> 상세 페이지 상단에 노출된 사진이나 영상 교체 고려.
	클립 영상 업로드	주 1회 이상 트렌디한 배경음악(AI 활용)을 입힌 숏폼 영상을 블로그/클립 에디터로 업로드하고 장소 태그.
매월	대표 키워드 점검	계절이나 트렌드 변화에 따라 대표 키워드 수정 (예: 냉면 -> 온면 / 빙수 -> 붕어빵)
	메뉴판 현행화	가격 변동이나 메뉴 구성 변경 시 즉시 플레이스 메뉴판 이미지와 텍스트 수정 (불일치 시 신고 대상 및 신뢰도 하락).
	쿠폰전략 수정	지난달 쿠폰 다운로드 수와 사용률을 분석하여, 혜택을 변경하거나 새로운 타겟(알림받기 고객 등) 설정.
	메인 사진 교체	시즌감에 맞는 사진으로 대표 이미지 교체하여 검색 결과 내 주목도를 높일 수 있어야 함

매일 / 매주 / 매월 체크할 사항들

시장 상황이 변화하고, 경쟁자도 대응하기 때문에 주기적으로 지도 정보를 모니터링하면서 대응하는 것이 필요합니다. 매일 해야 하는 일들과 매주, 매월 관리할 항목들입니다.

업종별 지도정보 체크리스트

지도정보에는 모든 매장이 공통적으로 관리해야 하는 기본 항목들이 있습니다. 영업시간, 위치, 연락처처럼 손님이 가장 먼저 확인하는 정보들입니다. 동시에 업종의 특성에 따라 더 중요하게 관리해야 할 요소들도 분명히 존재합니다. 음식점, 미용실, 병원, 체험 매장처럼 업종이 달라지면 손님이 지도에서 확인하는 기준 역시 달라지기 때문입니다. 이어서 업종별 특성을 기준으로, 반드시 점검해야 할 지도정보 체크리스트를 살펴보겠습니다.

요식업(음식, 맛집 등) 체크리스트

음식점과 같은 요식업은 맛에 대한 신뢰도 증명과 방문 편의성을 강조해야 합니다. 인공지능(AI)이 '이 매장은 무엇이 특별한가?'를 요약할 수 있게 정보를 제공해야 합니다.

항목	체크 사항	비고
메뉴 설명	메뉴 이름 밑에 '맛을 상상할 수 있는' 구체적 설명(재료, 조리법)이 적혀 있나요?	인공지능(AI)는 메뉴 설명을 읽습니다. '김치찌개' 메뉴 설명란에 '3년 묵은지와 국내산 암퇘지로 끓인 김치찌개'라고 적어 주는 것이 노출에 유리합니다.
스마트콜	0507 번호로 걸려온 전화의 통화 연결음이 매장 홍보 멘트로 설정되어 있나요?	연결음 동안 영업시간/주차 정보를 안내하면 전화 응대 피로도가 줄고 전문성이 높아 보입니다.
대표키워드	지역명+맛집 외에 지역명+메뉴, 지역명+상황(회식/데이트) 키워드가 등록되어 있나요?	대표 키워드(강남맛집)는 잡기 어렵습니다. '강남역 룸식당', '강남역 콜키지프리' 등 세부 키워드를 공략하는 것을 권장합니다
예약	예약 시 '창가 자리', '룸', '테라스' 등 좌석 옵션을 선택할 수 있게 세분화했나요?	구체적인 좌석 지정은 노쇼를 줄이고 고객 만족도를 높입니다.
쿠폰 타겟팅	쿠폰 발급 대상을 알림받기 한 고객으로 한정해 두었나요?	아무나 받는 쿠폰보다, '알림받기'를 유도하여 잠재 고객을 모으는 것이 장기적으로 유리합니다.

식당 등 요식 업종 체크 사항

카페/디저트 업종 체크리스트

카페와 디저트 관련 업종은 시각적인 비주얼과 공간에 대한 경험이 중요합니다. 업종의 특징상 사진이 잘 나오는지, 공간의 분위기가 자신의 취향과 맞는지를 살핍니다.

하지만 비주얼만으로 선택되는 곳은 오래 기억되지 않습니다. 사진은 방문을 만들지만, 다시 찾을 이유를 설명해주지는 못하기 때문입니다. 한 번 방문한 이후 고객의 머릿속에 남는 것은 공간의 예쁨도 중요하지만, 다시 방문하고 싶은 차별성이 있어야 합니다.

항목	체크 사항	비고
대표사진	커피 사진뿐만 아니라, 고객이 앉을 가장 예쁜 자리(포토존) 사진이 1~5번째에 있나요?	카페는 공간을 파는 곳입니다. 인테리어 분위기가 클릭률의 많은 부분을 좌우합니다.
찾아오시는길	도보 방문객을 위해 OO은행 옆 골목, OOO 건물 2층 등 랜드마크 기준으로 설명했나요?	카페는 지도 앱을 보고 걸어오는 경우가 많습니다. 길 찾기가 어려우면 이탈합니다.
영수증 리뷰	리뷰 이벤트 조건에 '사진을 꼭 넣어주세요'라는 문구가 포함되어 있나요?	텍스트 리뷰 10개보다 고퀄리티 사진 리뷰 1개가 체류 시간을 늘리는 데 압도적입니다.
반려동물/키즈	반려동물 동반, 예스 키즈존 등의 여부가 정보란과 키워드에 명시되어 있나요?	최근 카페 검색의 핵심 필터 조건입니다. 해당된다면 무조건 강조해야 상위 노출됩니다.
소식	오늘의 디저트 라인업이나 시즌 음료 사진을 주 1회 이상 올리고 있나요?	카페는 트렌드에 민감합니다. 죽어있는 매장이 아니라는 신호(최신성 점수)를 줘야 합니다.

카페/디저트 업종 체크 사항

뷰티/미용실 업종 체크리스트

뷰티 업종은 매장보다는 (헤어)디자이너 중심으로 설정해야 합니다. 네이버의 노출 기준이 디자이너의 최신 스타일 사진이나 포트폴리오를 상위에 보여주는 방식으로 변화하고 있기 때문입니다.

또한 뷰티 업종의 특징이기도 한데요. 고객의 불안감을 낮추는 투명한 정보 제공도 필요합니다. '변동'이라는 모호한 가격 대신 구체적인 금액이나 기장 추가 비용을 명시해야 합니다. 첫 방문 혜택 등으로 진입 문턱을 낮추고, 검증된 디자이너의 실력을 투명하게 보여주는 것이 단골 고객을 만드는 방법입니다.

항목	체크 사항	비고
디자이너 설정	네이버 페이 결제 시, 매출이 '매장'이 아닌 담당 '디자이너' 앞으로 잡히도록 설정했나요?	디자이너별 시술 건수가 많아야 '지역명+펌/염색' 검색 시 상위에 노출됩니다.
시술사진	스타일 탭에 최신 유행 헤어/네일 사진을 꾸준히 업데이트하고 있나요?	고객은 포트폴리오를 보고 예약합니다. 사진이 없거나 오래되면 실력을 의심합니다.
가격표	'변동'이라고만 적지 않고, '기본가 ~ 최대가' 또는 '기장 추가 비용'을 명시했나요?	가격 불투명성은 예약 이탈의 주범입니다. 투명한 가격 공개는 신뢰도 점수를 높입니다.
첫 방문 혜택	'첫 방문 NPay 결제 시 20% 할인' 등 신규 유입 미끼 상품이 있나요?	뷰티 업종은 한 번 오면 단골이 될 확률이 높습니다. 첫 방문 장벽을 최대한 낮춰야 합니다.

뷰티 / 미용실 업종 체크 사항

피트니스/헬스장 업종 체크리스트

피트니스 센터나 헬스장 같은 운동 관련 업종은 고객이 지갑을 열기까지의 심리적 진입 장벽이 높은 업종입니다. 따라서 고객이 느끼는 부담감을 낮추고 방문을 유도하기 위해 '무료 체형 진단'이나 '1회 체험 레슨'과 같은 0원 예약 상품 등이 필요합니다.

또한 고객이 방문을 결심하는 과정에서 시설의 퀄리티를 확인하는 기준 또한 매우 까다로워졌습니다. 밝고 깨끗하게 관리된 시설 사진이 곧 센터 전체의 위생과 관리 수준을 대변합니다.

강사의 전문성도 중요합니다. 강사의 자격 사항, 경력, 전문 분야(재활, 다이어트 등)를 텍스트로 상세히 기재해야, 고객이 관련 키워드를 검색했을 때 우리 센터가 노출될 확률이 높아집니다.

항목	체크 사항	비고
상담예약	'무료 체형 진단', '레벨 테스트' 등 가볍게 방문할 수 있는 '0원 예약 상품'이 있나요?	바로 등록하라고 하면 부담스럽습니다. 일단 발을 들이게 하는 '미끼 예약'이 필수입니다.
시설사진	샤워실, 탈의실, 주차장 등 편의시설 사진이 깨끗하고 밝게 찍혀 있나요?	운동 기구보다 샤워실 청결 상태를 더 중요하게 보는 고객이 많습니다.
강사 프로필	트레이너/강사의 자격 사항과 경력이 상세 페이지에 텍스트로 적혀 있나요?	이미지 안에 텍스트로 넣으면 인공지능(AI)이 읽지 못합니다. 본문에 텍스트로 적어야 검색에 반영됩니다
블로그 연동	운동 팁이나 수업 일지 등을 올리는 공식 블로그가 플레이스에 연동되어 있나요?	전문성을 보여주는 콘텐츠(블로그)가 체류 시간을 늘리고 신뢰를 줍니다.

피트니스 / 헬스장 업종 체크 사항

타이어 / 자동차 정비 체크리스트

타이어 교체와 자동차 경정비 업종은 고객이 느끼는 정보의 비대칭성이 큰 분야입니다. 고객은 내 차의 문제가 무엇인지, 이 가격이 합리적인지 알기 어렵기에 막연한 불안감을 가지고 검색을 시작합니다. 따라서 스마트플레이스 운영의 첫 번째 원칙은 이러한 심리적 장벽을 낮추기 위한 투명한 기준점을 제시하는 것입니다. 경쟁 업체가 있기도 하고, 부품값이 변동되기도 하기 때문에 모든 가격을 공개하기 어려울 수 있습니다. 그러나 '엔진오일 교환 5만원부터~' 혹은 '국산차 타이어 교체 공임비'와 같은 최소한의 가격을 대표 메뉴에 명시해야 합니다. 이는 고객에게 "이곳은 가격을 속이지 않는다"는 인식을 심어주는 효과가 있습니다.

또한, 이 업종은 본질적으로 기술 중심의 서비스업에 해당합니다. 브랜드 못지 않게 정비하는 사람의 전문성과 신뢰성이 중요한 업종입니다. 따라서 블로그를 연동해서 매일 매일의 작업 내용을 보여주는 것이 필요합니다. 고객들은 '소나타 시동 꺼짐', '벤츠 타이어 소음'과 같이 자신의 차종과 구체적인 증상으로 검색을 하기 때문에 검색엔진최화(SEO) 작업이 필요합니다.

항목	체크 사항	비고
가격표 공개	엔진오일, 타이어 교체 공임 등 표준 정비 가격이 등록되어 있나요?	가격 불투명성은 정비소 검색 이탈의 1순위 원인입니다. "국산차 엔진오일 5만원~" 식의 하한선이라도 공개해야 전화가 옵니다.
차종/증상 키워드	'소식' 란이나 블로그에 "OOO차량 에어컨 냄새", "벤츠 타이어 교체" 등 구체적 차종과 증상을 적었나요?	고객은 '정비소'보다 '아반떼 시동 안걸림'으로 검색합니다. 작업 일지를 꾸준히 올려 롱테일 키워드를 잡아야 합니다.
스마트콜	부재중 전화 시 자동 문자 발송(콜백) 기능을 설정해 두었나요?	전화를 못 받았을 때 "잠시 작업 중입니다. 차종/증상 문자 남겨주시면 바로 연락드립니다" 문자가 가면 고객을 뺏기지 않습니다.
고객 휴게소	고객 휴게실(TV, 쇼파 음료) 사진을 상세 페이지 상단에 배치했나요?	정비 시간 동안의 편의성은 여성 운전자들의 방문 결정에 매우 큰 영향을 미칩니다.

타이어 전문점 / 자동차 정비 업종 체크 사항

숙박 / 펜션 / 캠핑장 체크리스트

숙박업계에서 야놀자나 여기어때와 같은 플랫폼(OTA)의 영향력이 절대적입니다. 그러나 소비자들은 플랫폼에서 숙소를 찾아본 후 최저가 확인과 실제 리뷰 검증을 위해 네이버 지도로 다시 확인해보기도 합니다. 이때 운영자가 해야 할 일은 플랫폼 수수료를 아낄 수 있는 네이버 예약으로 연결하는 것입니다. 이를 위해서는 실시간 예약 시스템이 활성화되어 있어야 합니다.

항목	체크 사항	비고
실시간 예약	네이버 페이로 즉시 결제 가능한 '실시간 예약' 기능이 활성화되어 있나요?	"전화 문의 주세요"라는 안내는 무책임해 보입니다. 바로 빈 방을 확인하고 결제할 수 있어야 합니다.
비품 (어메니티)	샴푸 브랜드, 바비큐 그릴 종류, 침구류 정보 등 비품 정보가 상세한가요?	사소한 정보가 짐 싸는 고객에게는 큰 정보입니다. 상세할수록 문의 전화가 줄니다.
계절 사진	(여름) 수영장, (겨울) 불멍/설경 등 현재 계절에 맞는 사진이 메인에 있나요?	한겨울에 수영장 사진이 메인에 있으면 관리가 안 되는 곳처럼 보입니다.
옵션의 시각화	바비큐 그릴, 불멍 세트 등 추가 옵션 상품을 사진과 함께 '예약 옵션'에 넣었나요?	단순히 텍스트로 적지 말고, 고기가 구워지는 맛있는 사진을 옵션에 넣으면 객단가가 올라갑니다.
Q&A	"매점 있나요?", "수건 주나요?" 등 반복 질문을 '소식'이나 '상세정보'에 미리 적었나요?	반복되는 전화 문의를 줄여주고, 꼼꼼한 관리자라는 인상을 줍니다.
주변정보	'오시는 길'이나 '상세 설명'에 인근 마트, 편의점, 관광지와의 거리를 적었나요?	숙소 자체뿐만 아니라 여행 동선을 짤 때 유용한 정보를 제공하면 '저장' 확률이 높습니다.

숙박 / 펜션 / 캠핑장 업종 체크 사항

부동산(공인중개사) 체크리스트

부동산 중개업(공인중개사)은 큰 금액이 오가는 거래인 만큼, 신뢰감이 중요합니다. 직방, 다방 등 다양한 외부 채널에서 매물을 접한 고객이라도 중개사의 신뢰도를 검증하기 위해 네이버 플레이스를 방문하곤 합니다. 따라서 소장님(공인중개사)의 신뢰감 있는 프로필 사진을 게시하는 것이 필요합니다.

또한 중개사의 실력과 영업 활성도를 판단하는 지표는 현재 보유 중인 매물의 수 입니다. 이것은 블로그와 유튜브 등을 연동하는 것이 효과적입니다. 영상으로 매물의 장단점을 솔직하게 브리핑하고, 블로그로 꼼꼼한 지역 분석 정보를 제공하는 모습은 고객에게 "직접 발로 뛰는 중개사"라는 믿음을 주게 됩니다

항목	체크 사항	비고
프로필 사진	간판 사진 대신 신뢰감을 주는 소장님의 '정면 프로필 사진'을 등록했나요?	부동산은 사람을 보고 연락합니다. 인물 사진이 걸린 곳이 클릭률이 월등히 높습니다.
전문분야 명시	'아파트 전문'보다 'OO동 원룸/오피스텔 전문'처럼 타겟이 좁고 명확한가요?	모든 것을 다 한다고 하면 전문성이 떨어져 보입니다. 주력 매물군을 설명글 첫 줄에 박아야 합니다.
네이버 부동산 연동	'네이버 부동산'에 올린 매물이 플레이스 하단에 연동되어 노출되고 있나요?	플레이스 점수에 '보유 매물 수'와 '거래 완료율'이 반영됩니다. (네이버 아이디 연동 필수 점검)
유튜브/블로그 연동	매물 브리핑 영상이나 임장기 블로그가 플레이스에 연결되어 있나요?	체류 시간을 늘리는데 큰 영향을 줍니다. 영상으로 매물을 설명하는 중개사의 신뢰도가 높습니다.

부동산(공인중개사) 업종 체크 사항

의류 / 잡화/ 안경점 체크리스트

오프라인 소매점의 가장 큰 장점은 직접 입어보고 만져볼 수 있다는 것입니다. 의류 매장이라면 조명 아래에서 예쁘게 보여지는 피팅 장소가 필요하고, 안경점이라면 검안 서비스 제공 등이 중요합니다. 오프라인 소매점은 단순 판매 장소로서의 기능은 끝나가고 있습니다. 단순히 물건을 파는 곳이 아니라, 가서 써보고, 입어보고 살 만한 가치가 있는 곳임을 제시해야 합니다.

오프라인 소매점은 주차 편의성도 중요합니다. 주차 정보가 모호하면 주차가 편한 경쟁 매장으로 발길을 돌리게 됩니다. 단순히 "주차 가능"이라고 적는 것에 그치지 말고, "매장 앞 잠시 정차 가능"이라거나 "건물 뒤편 전용 주차장 30분 무료"와 같이 구체적으로 적어주는 것이 필요합니다.

항목	체크 사항	비고
스마트스토어 연동	[의류] 플레이스에 상품(쇼핑) 탭이 노출되어, 인기 제품 가격과 사진이 보이나요?	고객은 방문 전 대충 가격대가 얼마인지를 확인하고 싶어 합니다. 스마트 플레이스에 윈도우 쇼핑을 연결하세요.
검안예약	[안경]무료 시력 정밀 검사','블루라이트 차단 상담' 등 서비스를 예약 상품으로 만들었나요?	안경점은 '제품'이 아닌 '검안 서비스'를 예약하게 해야 방문율(No-show 방지)이 올라갑니다.
주차정보	매장 앞 잠시 주차 가능 등 구체적인 주차 편의성을 설명글에 적었나요?	옷이나 안경을 살 때는 차를 가져가는 경우가 많습니다. 주차 정보가 불명확하면 경쟁 업체로 갑니다.
피팅샷	[의류]마네킹 샷 말고, 실제 사람이 입은 착용 샷(Fitting)을 업체 사진으로 올렸나요?	옷은 핏이 중요합니다. 거울 셀카라도 좋으니 착용 샷을 올려야 "입어보러 가고 싶다"는 마음이 듭니다.

의류 / 잡화/ 안경점 등의 소매점 체크 사항

공방 / 공연 / 체험 업종 체크리스트

공방, 공연, 전시와 같은 체험형 업종은 고객이 잠시 들르는 공간이 아니라, 주말 하루의 메인 이벤트로 소비된다는 특징이 있습니다. 따라서 고객이 누구와 함께, 어떤 목적으로 방문하는지를 고려한 상황 맞춤형 키워드 전략이 필요합니다. 업종의 특성상 방과 후 수업 등의 B2G / B2B 시장을 공략하는 것도 필요합니다.

항목	체크 사항	비고
타겟 키워드	'아이와 가기 좋은', '이색 데이트' 등 동반자 중심의 키워드가 있나요?	문화 시설은 목적지 검색보다 상황 검색 유입이 훨씬 많습니다.
소요 시간	체험이나 관람에 걸리는 대략적인 시간(약 90분 소요 등)을 명시했나요?	고객이 하루 일정을 짤 때 필수적인 정보입니다. 이게 없으면 일정에 넣기 애매합니다.
주차 정보	주차장이 협소하다면, 인근 공영주차장 위치와 요금을 안내했나요?	공연/전시는 시간에 늦으면 안 되므로 주차 정보가 그 어떤 업종보다 중요합니다.
클래스/예매 오픈 알림	'알림받기'를 누르면 "얼리버드 할인"이나 "잔여석 정보"를 준다고 유도했나요?	한 번 방문한 고객을 재방문시키거나, 매진 임박 정보를 뿌려 '조기 완판'을 유도하는 핵심 수단입니다.

공방 / 공연 / 체험 업종 체크 사항

로컬 / 핫플레이스(여행객 타겟) 업종 체크리스트

로컬 매장이나 핫플레이스는 고객이 거리의 수고로움을 감수하고 찾아올 만한 확실한 명분을 제시하는 것이 필요합니다. 독특한 인테리어, 압도적인 뷰, 혹은 여행 인증샷을 남기기 좋은 시그니처 메뉴의 사진을 대표 이미지로 설정하는 것이 중요합니다.

또한 네이버 지도 앱의 '발견' 탭도 공략해야 합니다. 네이버 지도의 알고리즘은 '대전 빵지순례', '부산 오션뷰 카페 모음'처럼 사용자들이 만든 테마별 공개 리스트(MY플레이스 저장 리스트)에 우리 매장이 얼마나 많이 담기는지를 인기의 척도로 판단합니다. 따라서 현장에서는 영수증 리뷰뿐만 아니라, 네이버 지도에서 '저장'을 눌러주면 서비스를 제공하는 프로모션도 병행해서 운영하는 것이 필요합니다.

구분	체크 사항	비고
발견 및 테마 점검	테마 키워드	설명글과 태그에 '데이트', '가족여행', '기념일', '뷰맛집' 등 방문 목적 키워드가 있나요? • 여행객은 '메뉴'보다 '분위기'를 먼저 찾습니다. 스마트 블록 (인기주제)에 노출되려면 이 테마가 필수입니다.
	주변 연계	상세 설명에 우리 매장 근처의 관광지나 랜드마크(도보 5분 거리 등)를 언급했나요? • 여행객은 동선을 짭니다. "OO공원 갔다가 들리기 좋은 곳"이라는 멘트가 코스에 포함될 확률을 높입니다.
	새로 오픈 뱃지	(해당 시)오픈 90일 이내라면 '새로오픈' 뱃지를 달았나요? • 사람들은 '새로운 핫플'을 찾아다닙니다. 이 뱃지는 지도상 에서 눈에 띄게 표시되어 클릭을 유도합니다.
	외국어 지원	메뉴판이나 상세 설명에 영어/일본어/중국어 병기나 외국어 메 뉴판 이미지가 있나요? • 네이버 지도는 외국인 관광객 편의성을 강화하고 있습니다.

발견 및 테마 점검 측면에서 로컬 매장 체크 사항

구분	체크 사항	비고
저장과 리스트	리스트 생성	사장님 개인 계정으로 "OO동 데이트 코스 BEST 5" 같은 저장 리스트를 만들어 공개했나요? • 사장님이 직접 동네 큐레이터가 되어보세요. 우리 가게를 포함한 주변 명소 리스트를 만들어서 공유하세요.
	저장 유도	매장 내에 '저장하기 누르면 여행 기념품(엽서, 스티커 등) 증정' 같은 핫플형 이벤트가 있나요? • 단순 음료수보다, 매장의 감성이 담긴 굿즈가 '저장'을 유도 하는 데 훨씬 효과적입니다.
	네이버 지도 발견 탭에 노출	다른 사용자가 만든 '인기 있는 저장 리스트'에 우리 매장이 포 함되어 있는지 확인해보셨나요? • 네이버 지도 '발견' 탭은 사용자들이 만든 리스트를 추천해 줍니다. 오프라인 매장에서 관련 장치를 만드세요.

저장과 리스트 생성 측면에서 로컬 매장 체크 사항

구분	체크 사항	비고
인스타그래머블 (예쁘고, 감각적인)	포토존 등록	업체 사진에 음식뿐만 아니라, 거울샷/전신샷을 찍을 수 있는 '포토존' 사진이 등록돼 있나요? • 여행객은 인증샷을 남기러 옵니다. "여기서 사진 찍으세요"라고 플레이스 사진으로 미리 알려줘야 합니다.
	클립 연동	매장 입구부터 내부까지 들어오는 동선을 담은 숏폼 영상(클립)이 연동되어 있나요? • 낯선 여행지라 방문을 망설이는 고객에게, 영상은 '여기는 안전하고 힙한 곳'이라는 확신을 줍니다.
	비주얼 메뉴	썸네일로 쓰는 메뉴 사진이 단순히 '음식'이 아니라 '배경+소품'이 어우러진 감성 샷인가요? • 핫플레이스 검색 결과에서 흰 배경의 누끼 사진은 매력이 떨어집니다. 테이블 세팅이 된 현장감 있는 사진을 쓰세요.

인스타그램에 공유하고 싶은 로컬 매장 체크 사항

구분	체크 사항	비고
여행 편의성	스마트 웨이팅	(맛집의 경우) 현장에 오지 않고도 줄을 설 수 있는 원격 줄서기/웨이팅 기능 연동이 되어 있나요? • 유명한 곳일수록 웨이팅 시스템이 없으면 '시간 아깝다'며 포기합니다. 웨이팅 정보 자체가 핫플의 증명입니다.
	즉시 예약	'문의 후 확정'이 아니라, 누르면 바로 확정되는 '즉시 예약(N예약)' 상품이 있나요? • 일정 짜기 바쁜 여행객은 전화 문의를 싫어합니다. 바로 확정되는 곳을 우선적으로 예약합니다.
	주차 옵션	전용 주차장이 없다면, '도보 3분 거리 OO공영주차장 (1시간 OOO원)' 정보가 최상단에 있나요? • 렌터카나 자차 여행객에게 주차 정보 부재는 방문 포기 사유 1순위입니다.

여행 편의성 측면에서 로컬 매장 체크 사항

3장. 말하지 않아도 팔리는 가게

INTRO TOPIC

장사가 잘되는 가게들은 대체로 단정합니다. 요란하지도 않고, 과하게 꾸미지도 않습니다. 인테리어를 잘해서라기보다, 오랫동안 장사를 하며 쌓인 구조와 시스템이 자연스럽게 자리 잡았기 때문입니다. 반대로 큰돈을 들여 매장을 꾸몄는데도 손님이 적은 곳을 보면, 어딘가 조금씩 아쉽습니다. 하나하나 보면 큰 문제는 없지만, 전체를 놓고 보면 2%가 비어 있는 느낌을 주는 경우가 많습니다.

이 차이는 돈의 문제가 아니라 설계의 문제입니다. 고객을 설득하기 위해 꼭 많은 비용을 들일 필요는 없습니다. 우리 매장이 무엇을 중요하게 생각하는지, 어떤 기준으로 운영되고 있는지를 고객의 시각에서 '내부광고'로 정리해 보여주면 됩니다. 그럴듯한 문구를 찾자는 이야기가 아닙니다. 매장이 추구하는 방향을 가게 안에서 먼저 보여주고, 그것을 실제 운영으로 지키는 것이 중요합니다. 매장에서 우리의 약속을 확인하고, 이후 블로그나 인스타그램 같은 채널에서 다시 한 번 그 약속을 증명해야 하는 것입니다.

이 장에서는 가게 안에서 메시지를 어떻게 설계해야 하는지, 내부광고와 스토리를 통해 구매전환과 객단가를 자연스럽게 높이는 방법을 살펴보겠습니다.

$$\boxed{\text{매출} = \text{고객수} \times \text{객단가}}$$

단골과 객단가의 중요성

매출은 모든 것의 결과물이기 때문에 이것만 하면 매출이 높아질 수 있다고 단언할 수 없습니다. 그래서 매출이라는 행위를 하나씩 쪼개서 생각해볼 필요가 있는데요. 매출의 가장 기본적인 공식은 '매출 = 고객 수 × 객단가'입니다. 매출을 올리려면 고객 수를 늘리거나, 한 명의 고객이 결제하는 금액인 객단가를 높이면 됩니다. 그런데 매출이 떨어지면 신규 고객을 늘리는 데만 집중하곤 합니다. "광고를 더 해야 하나?", "전단지를 돌려야 하나?" 하고 말이죠.

하지만 냉정하게 따져보면 신규 고객을 유입시키는 것은 비용을 지불한다는 의미입니다. 온라인 광고를 하면 광고비가 나가고,

목 좋은 상권에 들어가는 것은 비싼 임대료라는 상권 비용을 지불하는 셈입니다. 반면, 우리 가게를 다시 찾아주는 기존 고객은 추가 비용이 들지 않습니다. 오히려 단골은 더 많이 구매하고, 친구나 가족을 데려오기 때문에 수익 관점에서는 훨씬 큰 도움이 됩니다. 그렇다면 방향은 명확합니다. 비싼 비용을 들여 신규 고객을 찾아 헤매기보다, 지금 온 고객에게 집중해 객단가를 높이는 것이 훨씬 효율적인 전략입니다.

객단가를 높이는 가장 대표적인 방법은 세트 메뉴입니다. 중국집의 짜장면 세트가 대표적인 사례입니다. 그런데 고객이 억지로 세트를 시키게 하는 것이 아니라, 고객의 편의를 돕다 보니 자연스럽게 세트가 되도록 만드는 아이디어가 필요합니다. 이에 대한 사례로 서대문구 영천시장에 있는 한 베트남 쌀국수집의 사례를 소개해봅니다.

이곳은 주 메뉴인 쌀국수 외에 월남쌈을 판매하는데, 판매 방식이 독특합니다. 손님이 직접 싸 먹는 것이 아니라, 주방에서 미리 3줄을 예쁘게 싸서 서브 메뉴로 판매하는 것입니다.

사실 쌀국수를 먹으러 온 손님 입장에서 월남쌈을 따로 주문해 직접 싸 먹는 과정은 꽤 번거롭습니다. 하지만 주문하면 주방에서 바로 싸주는 월남쌈 3줄이라면 이야기가 달라집니다. 쌀국수와 곁들여 먹기 딱 좋은 간편한 메뉴가 되는 것인데요. 덕분에 2명이 와서 쌀국수를 먹으며 월남쌈을 한 접시만 추가해도, 객단가는 순식간에 50%나 오르게 됩니다. 고객은 번거로움을 덜어서 좋고, 사장님은 매출을 올려서 좋은 구조, 이것이 바로 영리한 객단가 상승 전략입니다.

이처럼 비용을 들이지 않고도 매출을 올리는 방법은 분명히 존재합니다. 무작정 손님을 늘리려 애쓰기보다, 우리 가게의 메뉴판과 구성을 점검해볼 필요가 있습니다. 고객이 망설이는 지점(번거로움)을 해결해 주면서 자연스럽게 하나를 더 주문하게 만드는 장치가 필요한 것입니다.

고객의 고민을 묶으면 매출이 된다

세트 메뉴 전략을 경영학적인 용어를 사용하자면 수평적 확장이라고 할 수 있습니다. 원리는 간단합니다. 우리 가게를 신뢰하는 고객에게 연관된 다른 상품이나 서비스를 제안하여, 고객이 우리 가게에서 해결할 수 있는 영역을 넓혀주는 것입니다. 이 전략은 비단 요식업뿐만 아니라 다양한 업종에서 사용되고 있습니다.

가전제품 매장을 한번 떠올려볼까요? 냉장고를 보러 온 신혼부부에게 단순히 냉장고만 파는 것이 아니라, 세탁기, 건조기, TV를 묶어 '신혼부부 패키지'를 제안합니다. 고객 입장에서는 혼수 준비라는 복잡한 숙제를 한 번에 해결할 수 있어 좋고, 매장은 제품 하나를 팔 때보다 훨씬 높은 매출을 올릴 수 있습니다. 이는 단순히 물건을 더 파는 행위가 아니라, 고객의 고민을 통째로 해결해 주는 솔루션을 제공하는 것입니다.

미용실이나 네일숍 같은 서비스업도 마찬가지입니다. 메뉴판에 수십 가지의 시술을 나열해 두면 고객은 무엇을 해야 할지 몰라 선택을 주저하게 됩니다. 이때 '커트+다운펌+두피케어'처럼 남성 고객이 가장 선호하는 구성을 묶어 하나의 상품으로 만들어보는 것입니다. 고객은 복잡한 고민 없이 "그걸로 해주세요"라고 말하기 쉬워지고, 사장님은 자연스럽게 객단가를 높일 수 있습니다. 필라테스 학원에서 운동복을 팔거나, 베이커리에서 식빵과 가장 잘 어울리는 수제 잼을 파는 것도 모두 훌륭한 수평적 확장의 예입니다.

하지만 여기서 사장님이 꼭 지켜야 할 원칙이 하나 있습니다. 바로 맥락입니다. 예를 들어 커피 향과 차분한 분위기가 생명인 카페에서, 마진이 좋다는 이유로 카운터 옆에 알록달록한 수면 양말이나 저가 액세서리를 쌓아두고 판다면 어떨까요? 혹은 건강한 다이어트를 강조하는 필라테스 학원에서 회원들이 배고파한다며 달콤한 초콜릿 과자를 판다면요? 당장 몇 개 더 팔 수는 있겠지만, 고객은 고개를 갸웃하게 됩니다. "이 가게, 전문성이 있는 곳 맞나?" 하고 말이죠.

결국 확장은 뜬금없는 물건을 파는 게 아니라, 기존의 고객 경

험을 해치지 않으면서 자연스럽게 이어져야 합니다. '어차피 필요
했던 건데 여기서 사니 더 믿음이 가네'라고 고객이 느끼게 해야
합니다. 이미 우리 가게를 믿고 찾아온 고객들에게 더 편리한 선택
지를 제안함으로써, 추가적인 마케팅 비용 없이도 매출을 높일 수
있는 방법입니다.

아낀 비용은 고객 혜택으로

장사의 수익 구조를 들여다보면 숨겨진 비밀이 하나 있습니다.
바로 매출이 두 배가 된다고 해서 월세를 두 배로 내거나, 직원을
두 배로 늘릴 필요는 없다는 사실입니다. 임대료, 인건비, 인터넷
요금 같은 비용은 손님이 한 명이 오든 백 명이 오든 똑같이 나가
는 고정비이기 때문입니다. 즉, 손익분기점을 넘기는 순간부터 들
어오는 매출은 재료비 같은 변동비를 제외하고는 대부분 사장님의
순이익으로 직결됩니다. 객단가를 높여야 하는 진짜 이유가 바로
여기에 있습니다.

이 원리를 이해하면 세트 상품을 만드는 관점이 완전히 달라집
니다. 단순히 메뉴 두 개를 묶어서 1,000원을 깎아주는 것이 할인
이 아닙니다. 객단가가 높아지면서 고정비의 비중이 줄어들고(희석
되고), 그만큼 발생한 추가 이익을 고객에게 혜택으로 돌려주는 투
자라고 봐야 합니다. 고객 입장에서는 따로 시킬 때보다 저렴해서
좋고, 사장님 입장에서는 고정비 효율을 높여 이익 총액을 키울 수
있으니 그야말로 원윈(Win-Win) 전략인 셈입니다.

많은 사장님이 "할인을 해주면 남는 게 없다"고 걱정하시지만,

계산기를 다시 두드려보셔야 합니다. 객단가가 낮은 단품만 팔아서 월세를 메꾸는 것보다, 마진율이 조금 낮아지더라도 객단가가 높은 세트를 팔아 절대적인 이익금의 덩어리를 키우는 것이 훨씬 유리합니다. 세트 메뉴의 할인폭은 사장님의 마진을 깎는 것이 아니라, 효율적인 운영으로 아껴진 고정비를 고객과 나누는 것입니다.

고객은 귀신같이 압니다. '이 집은 세트로 시키는 게 무조건 이득이야'라는 인식이 생기면, 고객은 사장님이 의도한 대로 자연스럽게 더 비싼 메뉴를 주문하게 됩니다. 이것은 강매가 아니라, 고객이 스스로 혜택을 찾아가도록 설계된 아주 영리한 넛지(Nudge) 전략이라고 할 수 있습니다.

원가로 생색내고, 매출로 보답받는 덤의 기술

이러한 고정비 희석 효과는 요식업뿐만 아니라 서비스업이나 기술직 업종에서도 동일하게 적용됩니다. 카센터를 예로 들어볼까요? 타이어를 교체하러 온 고객에게 엔진오일 교환이나 간단한 경정비를 저렴하게 제안하는 것입니다. 어차피 차는 리프트에 올라가 있고 정비사는 작업을 준비하고 있습니다. 이때 추가 작업을 한다고 해서 정비 시간이 두 배로 들거나 리프트 비용이 추가로 들지 않습니다.

이미 지불된 고정비(시설비, 인건비) 위에서 추가 서비스를 제공하는 것이기에, 사장님은 훨씬 적은 기회비용으로 추가 매출을 올릴 수 있습니다. 고객 입장에서도 타이어 따로, 엔진오일 따로 하러 오는 시간을 아끼고 가격 혜택까지 받으니 거절할 이유가 없습니다. 이것이 바로 서로의 고정비(사장님의 운영비, 고객의 시간 비용)를 아껴주는 훌륭한 가치 제안이 됩니다.

단골손님에게 주는 서비스(덤)도 같은 원리입니다. 식당에서 1만 원짜리 사이드 메뉴를 서비스로 준다고 가정해 봅시다. 고객은 '1만 원을 벌었다'고 생각하며 고마워합니다. 하지만 사장님 입장에서의 실제 비용은 어떨까요? 이미 가게는 문을 열었고 직원은 근무 중입니다. 실제 들어가는 돈은 식재료 원가인 3~4천 원 수준에 불과합니다.

사장님은 원가(3천 원)만 쓰고도 고객에게는 판매가(1만 원)만큼의 생색을 낼 수 있는 것입니다. 기분이 좋아진 고객은 소주 한 병을 더 시키거나, 다음번에 친구들을 데리고 오는 것으로 보답합니다. 3천 원의 원가를 투입해 몇만 원의 추가 매출을 만들어내는 셈이니, 이보다 수익률 좋은 투자가 어디 있을까요?

중요한 것은 '손해 보면서 퍼준다'는 생각이 아니라, '고정비 효과를 활용해 마케팅한다'는 전략적 사고입니다. 고객에게는 가격(Value)으로 느껴지지만, 사장님에게는 원가(Cost)로 통제되는 이 틈새를 공략하는 것입니다. 부담 없는 원가로 인심을 베풀고, 그 마음을 더 큰 매출과 단골 유치로 돌려받는 것입니다.

말하지 않고 설득하는 기술

백 마디 말보다 강력한 시각적 증거

'광고'라고 하면 무엇이 먼저 떠오르시나요? 보통은 전단지를 돌리거나 인스타그램에 사진을 올리는 등 손님을 밖에서 안으로 끌어들이는 외부 광고를 생각하실 겁니다. 하지만 광고는 밖에만 있는 것이 아닙니다. 매장에 들어온 손님에게 우리의 가치를 보여 주고, 기꺼이 지갑을 열게 만드는 장치, 바로 내부 광고입니다. 내부광고는 고객의 시선이 닿는 모든 곳에 우리 가게의 진심을 심어 두는 경험 설계라고 할 수 있습니다.

이 내부 광고를 기가 막히게 활용하는 곳이 있습니다. 바로 신도림역 인근에 있는 막국수 전문점 OO감동입니다. 이곳에 들어서면 가장 먼저 눈에 띄는 것은 화려한 조명도, 연예인의 사인도 아닙니다. 바로 매장 한 켠에 사람 키만큼 층층이 쌓여 있는 메밀가루 포대들입니다. 처음 온 손님은 창고가 부족해서 여기다 뒀나라고 생각할 수도 있지만, 사실 이것은 사장님의 치밀한 계산이 들어간 광고판입니다.

쌓여 있는 포대들은 고객에게 "우리는 공장에서 만든 시판 면을 쓰지 않습니다. 보시다시피 이 많은 메밀을 매일 직접 반죽해서 면을 뽑습니다"라고 말하고 있는 것입니다. 벽에 "저희는 100% 자가제면을 합니다"라고 쓴 포스터를 열 장 붙이는 것보다, 눈앞에 실물로 존재하는 압도적인 메밀 포대의 물량이 훨씬 더 큰 신뢰감을 주기 마련입니다.

고객은 이 시각적 증거를 보는 순간 이곳을 단순한 동네 분식집이 아닌 전문점으로 인식하게 됩니다. '여기는 찐이다'라는 생각이 드는거죠. 이렇게 형성된 신뢰는 가격에 대한 저항감을 낮춰줍니다. 일반 막국수보다 가격이 조금 비싸더라도, 고객은 직접 면을 뽑는 정성과 원재료의 품질을 눈으로 확인했기에 그 가격을 합당하다고 느낍니다. 이것이 바로 시각화된 내부 광고가 가진 힘입니다.

우리 매장에도 이런 증거가 있는지 찾아보시기 바랍니다. 만약 좋은 쌀을 쓴다면 쌀 포대를, 매일 육수를 끓인다면 육수 통을, 신선한 과일을 쓴다면 과일 박스를 고객이 볼 수 있는 곳에 툭 하니 놓아두는 것입니다. 감추지 말고 드러내야 합니다. 그 어떤 화려한 문구보다 투박하지만 확실한 실물이 고객에게는 가장 강력한 신뢰의 징표가 됩니다.

과정을 시각화해서 보여주는 것

동치미	열무 김치	겉절이
제주 월동 청정 무우로 20일간 저온 숙성한 OO 대표 동치미 무우	흑석동 밭에서 직접 키워 버무린 입맛이 살아나는 청정 열무 김치	100% 청양산 고추가루와 강경 곰삭힌 젓갈로 오늘 아침 버무린 겉절이

OO감동 매장에서 우리가 배워야 할 또 하나의 포인트는 바로 디테일입니다. 보통 식당의 셀프 반찬 코너는 관리가 소홀하기 쉬운 곳입니다. 그저 김치, 단무지, 동치미라고 적힌 견출지가 붙어 있거나, 아예 이름조차 없는 경우가 태반이죠. 고객에게 반찬은 그저 메인 메뉴를 먹을 때 곁들이는 무료 제공 품목 정도로 여겨지기 십상입니다.

하지만 이곳의 셀프 반찬대에는 스토리가 있습니다. 그냥 동치미가 아니라 '제주 월동 청정 무우로 20일간 저온 숙성한 OO 대표 동치미'라고 적혀 있습니다. 열무김치 앞에는 '장수동 밭에서 직접 키워 버무린 입맛이 살아나는 청정 열무김치'라는 푯말이, 겉절이에는 '100% 영양산 고추가루와 강경 곰삭힌 젓갈로 오늘 아침 버무린 겉절이'라는 상세한 설명이 붙어 있습니다.

셀프 반찬대에 적혀 있는 스토리를 읽는 순간, 고객의 인식은

180도 바뀝니다. 흔한 중국산 김치가 아니라, 사장님이 좋은 재료를 구하기 위해 전국을 누비고 오늘 아침 정성껏 버무린 요리로 다가오는 것입니다. 고객은 반찬 하나를 집더라도 귀하게 여기게 되고, '이 집은 반찬 하나도 허투루 쓰지 않는구나'라며 매장 전체의 수준을 높게 평가하게 됩니다. 이것이 바로 메뉴의 가치를 높여주는 시각적 스토리텔링입니다.

이러한 내부 광고는 결국 객단가 상승과 입소문으로 이어집니다. 반찬 하나에도 이런 정성을 쏟는 가게라면 메인 메뉴는 오죽할까 하는 믿음이 생기기 때문입니다. 또한, 고객들은 이런 디테일을 발견했을 때 재미를 느끼고 사진을 찍어 SNS에 공유합니다. '여기 겉절이가 영양산 고춧가루를 썼대, 대박이지?'라며 자발적인 홍보 대사가 되어주는 것이죠.

지금 우리 가게의 메뉴판과 진열대를 살펴보시길 바랍니다. 혹시 소중한 식재료들이 건조한 이름 속에 갇혀 있지는 않나요? 원산지가 어디인지, 얼마나 숙성했는지, 어떤 마음으로 준비했는지 그 이야기를 꺼내어 적어주세요. 사소해 보이는 그 이름표 하나가 고객에게는 대접받는 느낌을 주고, 우리 가게의 품격을 결정짓는 결정적인 한 방이 될 수 있습니다.

주장하고 증명해야 한다

다른 사례를 살펴볼까요? 혹시 김밥 한 줄에 1,000원 하던 시절을 기억하시나요? 주머니 사정이 가벼운 학생이나 직장인들에게 김밥천국 같은 곳은 참 고마운 존재였습니다. 그런데 어느 날, 프리미엄 김밥을 표방하며 등장한 'OOO김선생'은 김밥 가격을 단숨에 4,000원 대로 올려버렸습니다. 사실 판매 가격을 정하는 건 사장님의 고유 권한입니다. 하지만 문제는 그다음입니다. 고객이 "김밥이 뭐 이리 비싸?"라고 불평하며 발길을 돌리게 할 것인가, 아니면 "비쌀 만하네, 아니 오히려 싸네"라고 고개를 끄덕이게 할 것인가. 이 승부처에서 OOO김선생이 꺼내 든 무기가 바로 벽면에 붙은 내부 광고였습니다.

매장에 들어선 고객은 주문을 기다리며 자연스럽게 벽에 걸린 액자들을 보게 됩니다. 그곳에는 화려한 김밥 사진 대신, 김밥을 구성하는 핵심 재료들에 대한 아주 구체적인 약속이 적혀 있습니다.

벽면에는 남해 청정지역에서 자란 원초만을 엄선해 정성껏 두 번 구운 김, 무기질 함량이 풍부한 100% 국내산 간척지 쌀, HACCP 인증받은 청정농장의 무항생제 계란, 100% 국내산 통참

깨를 전통 찜누름 방식으로 참깨의 맛과 향을 살린 참기름, 그리고 사카린과 표백제 등이 들어가지 않는 건강한 단무지를 사용하고 있다는 스토리를 제공하고 있습니다.

OOO김선생의 스토리를 읽는 순간, 고객의 머릿속에서 가격 비교의 대상이 바뀝니다. 1,000원짜리 저가 김밥과 가격을 비교하던 고객이, 이제는 백화점 지하 식품관의 고급 요리와 이 김밥을 비교하게 되는 것이죠. "아, 여기는 그냥 김밥집이 아니라 우리 가족에게 먹일 수 있는 건강한 요리를 파는 곳이구나."라는 인식이 심어지는 것입니다.

결국 내부 광고는 가격에 대한 심리적 저항선을 무너뜨리는 강력한 설득 도구입니다. 사장님이 주방에서 아무리 좋은 재료를 쓴다고 혼자 자부심을 가져봤자, 고객이 모르면 아무 소용이 없습니다.

내부광고가 객단가를 높여준다

내부 광고의 효과는 단순히 가격을 정당화하는 데 그치지 않습니다. 더 흥미로운 사실은 이것이 객단가(1인당 결제 금액)를 자연스럽게 높여준다는 점입니다. 가령 가볍게 김밥 한 줄을 먹으러 온 손님이, 벽면에 붙은 '건강한 식재료에 대한 철학'을 읽게 된다면 어떻게 될까요? 단순한 한 끼가 '가치 있는 식사'로 인식되면서, 예정에 없던 메뉴를 추가하거나 포장 주문을 하게 될 확률이 높아집니다.

설령 당장의 추가 주문으로 이어지지 않아도 괜찮습니다. 이야기를 읽은 손님은 이미 우리 가게를 '믿을 수 있는 곳'으로 기억하기 때문입니다. 가치를 확인한 고객은 기꺼이 지갑을 열고, 주변 사람들에게 '거기 재료가 참 좋더라'며 자발적인 홍보대사가 되어줍니다. 잘 만든 내부 광고 하나가 매출 상승과 브랜딩이라는 두 마리 토끼를 동시에 잡는 셈입니다.

따라서 내부 광고의 메시지는 단순한 자랑이 아니라, 고객이 지갑을 열어야 할 명확한 '명분'을 제공하는 데 집중해야 합니다. 단순히 "우리 집 돈가스가 맛있다"고 외치는 것보다, "도축 후 3일 이내의 생고기만 사용하여 육즙이 살아 있다"고 구체적인 이유를 제시할 때 설득력은 배가됩니다. 고객은 언제나 자신이 내린 소비 결정이 합리적이었다고 믿고 싶어 합니다. 잘 짜인 내부 광고는 고객의 이러한 심리를 정확히 파고들어, 메뉴 선택의 망설임을 확신으로 바꿔주는 결정적인 '한 끗'이 되어줄 것입니다.

서비스 업종의 내부광고 활용

내부광고는 다양한 업종에서 활용이 가능합니다. 다른 사례로 타이어 전문점을 생각해보겠습니다.

타이어 전문점이나 카센터를 찾는 고객들의 마음속에는 항상 묘한 불안감이 자리 잡고 있습니다. "바가지 쓰는 건 아닐까?", "멀쩡한 부품을 교체하라고 하면 어쩌지?" 같은 걱정들 말이죠. 사실 타이어 그 자체의 품질은 금호타이어나 한국타이어 같은 제조사가 결정합니다. 동네 매장이 타이어 고무의 질을 바꿀 수는 없으니까요. 결국 고객이 매장을 선택하는 기준은 '이 타이어를 얼마나 정직하고 꼼꼼하게 교체해 주느냐' 하는 서비스의 질에 달려 있습니다. 하지만 서비스는 눈에 보이지 않기에, 내부 광고를 통해 이를 시각적으로 증명해 줘야 합니다.

가장 먼저 해야 할 내부 광고는 전문가의 실체를 보여주는 것입니다. 고객 대기실이나 접수대에 사장님의 캐리커처와 함께 '타이어·자동차 정비 20년 외길, 홍길동 점장'같은 문구를 큼지막하게 걸어두는 것입니다. 정비복을 입은 기름 묻은 손은 부끄러운 것이 아니라, 훈장과도 같은 신뢰의 상징입니다. 낯선 정비소가 아니라 '20년 전문가가 내 차를 봐주는 곳'이라는 인식이 생기면, 고객은 작업 비용을 단순한 지출이 아닌 안전을 위한 투자로 받아들이게 됩니다.

그다음은 서비스 과정의 시각화입니다. 고객은 보통 문제가 있는 '입고 상태'와 수리가 끝난 '출고 상태'만 기억합니다. 그 중간에 정비원이 얼마나 고생했는지는 알 길이 없기에, 비용 청구서를 받으면 '나사 몇 개 조이고 비싸게 받네'라고 오해하기 쉽습니다. 이를 방지하기 위해 '12단계 정비 프로세스 : 꼼꼼하고 안전하게'와 같은 포스터를 붙여야 합니다. 휠 밸런스를 맞추고, 공기압을 체크하고, 하부를 점검하는 모든 과정을 단계별로 보여주는 것입니다. "우리가 이렇게 많은 일을 합니다"라고 말하지 않아도, 고객은 포스터를 보며 지불할 비용의 타당성을 스스로 납득하게 됩니다.

더 큰 신뢰를 원한다면 "고객님, 대기실 모니터로 정비 모습을 실시간으로 확인하세요"와 같이 CCTV 확인 서비스를 내부 광고로 활용해 보는 것도 좋습니다. 혹시 안 보이는 곳에서 불필요한 정비를 하지 않을까 하는 고객의 불신을 감소시킬 수 있을 것입니다. 보여준다는 것은 그만큼 떳떳하다는 증거이기 때문입니다.

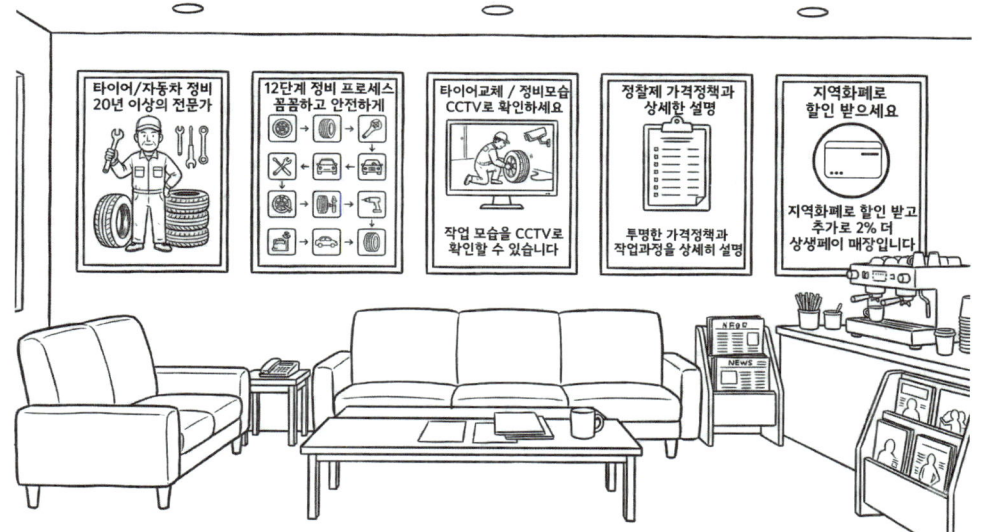

투명한 가격 정책도 중요합니다. 타이어 매장의 불신은 대부분 불투명한 가격에서 시작됩니다. '정찰제 가격 정책, 추가 비용 발생 시 상세히 설명해 드립니다'라는 문구를 가장 잘 보이는 곳에 부착하세요. 고객이 물어보기 전에 먼저 "우리는 숨기는 게 없다"라고 선언하는 것입니다. 이러한 내부 광고 장치들이 톱니바퀴처럼 맞물릴 때, 고객은 비로소 경계심을 풀고 사장님을 믿게 됩니다.

지역화폐도 적극적으로 활용

신뢰를 쌓았다면, 이제 고객에게 결제해야 할 확실한 명분을 쥐여줄 차례입니다. 2026년부터 사장님들이 눈여겨봐야 할 가장 중요한 결제 트렌드는 바로 지역화폐입니다. 정치는 규칙을 만드는 영역이고, 사업가는 그 규칙을 활용하는 사람입니다. 이번 정부의 정책 기조에 따라 지역화폐 발행이 증액되는 추세이며, 이는 고가 서비스를 다루는 타이어 매장이나 정비소에 엄청난 기회가 됩니다.

타이어 교체는 적게는 수십만 원에서 많게는 백만 원이 넘게 들어가는 고관여 서비스입니다. 이때 지역화폐가 제공하는 약 10%의 할인(인센티브) 혜택은 고객에게 거부할 수 없는 매력으로 다가옵니다. 따라서 매장 내부 곳곳에 '우리 매장은 지역화폐 사용 시 10% 할인 효과를 누리실 수 있습니다'라는 안내문을 적극적으로 붙여야 합니다. 비싸다며 망설이던 고객에게 정부에서 지원하는 10% 할인을 챙겨가시라는 말은 최고의 영업 멘트가 됩니다.

여기서 한 발 더 나아가 상생 가맹점(상생 매장)을 신청하는 방법도 있습니다. 지역에 따라 차이는 있지만, 정부나 지자체 지원 할인율에 더해 매장이 자체적으로 추가 할인해 주는 제도를 운영하는 곳들이 있습니다. 매장에 '지역화폐 상생 매장입니다. 지자체 지원 10% + 우리 가게 특별 할인 2% = 총 12% 혜택'이라는 내부 광고로 홍보를 하는 것입니다. 고객이 체감하는 혜택의 크기는 훨씬 커질 수밖에 없습니다.

물론 사장님 입장에서는 "마진도 박한데 2%를 더 깎아주라고?"라며 반문하실 수 있습니다. 하지만 마케팅 비용의 관점에서 계산기를 두드려보세요. 타이어 교체 주기가 긴 업종 특성상, 신규 고객 한 명을 데려오기 위해 쓰는 온라인 광고비나 전단지 비용은 생각보다 막대합니다. 그에 비하면 결제 금액의 2%는 저렴하고 확실한 고객 획득 비용입니다.

경쟁이 심한 업종의 내부광고

내부광고는 경쟁이 심한 업종에서도 활용이 가능합니다. 대표적으로 미용실과 같은 뷰티 업종을 들 수 있는데요. 대한민국에 미용실 개수가 11만 5천개 정도라고 합니다. 그런데도 다른 업종에 비해 폐업률은 낮은 업종이기도 합니다. 물론 개별 매장의 매출은 예전처럼 높지 않은 것이 특징이기도 합니다.

미용실을 찾는 고객들의 마음 한구석에는 약간의 의심이 있습니다. "사진처럼 안 나오면 어쩌지?", "나한테 안 어울리면 어떡하지?" 하는 걱정이죠. 그래서 미용실 벽면에는 보통 연예인 사진이나 모델들의 완벽한 화보가 걸려 있곤 합니다. 하지만 고객들도 이제는 압니다. 그건 고데기로 연출한 머리고, 내 얼굴은 모델과 다르다는 것을요. 그래서 이제는 화려한 결과물보다 디자이너의 철학을 내부 광고로 걸어야 합니다.

가장 먼저 추천해 드리는 문구는 '헤어 분야 20년, 당신의 스타일을 책임지는 시간'과 같은 경력의 시각화입니다. 단순히 "오래 했습니다"가 아니라, 20년이라는 시간이 주는 묵직한 안정감을 전달해야 합니다. 고객에게 내 머리카락을 만지는 이 사람이 수만 명의 두상을 다뤄본 베테랑이라는 사실을 인지시키는 것만으로도, 시술 의자에 앉는 고객의 긴장감은 눈녹듯 사라집니다.

여기에 더해 고객의 마음을 움직일 수 있는 메시지가 필요합니다. 예를 들어 "처음 왔을 때보다, 두 번째 방문이 더 중요하다고 생각합니다. 당신의 평생 스타일리스트"라는 다짐을 붙여 놓는 것입니다. 대부분의 미용실이 신규 고객 유치에 열을 올릴 때, 우리는 지속적인 관리에 집중한다는 메시지를 던지는 것입니다. 이 문구는 고객에게 '여기는 한 번 보고 말 뜨내기손님 취급을 안 하겠구나'라는 안도감을 줍니다.

또한 "모발 상태와 손질 습관을 기준으로 현실적인 제안을 드립니다"라는 문구도 거울 앞이나 대기석에 꼭 배치할 수 있습니다. 고객은 미용실에서 "이 머리 해주세요"라고 말하기를 어려워합니다. 혹시 거절당하거나, 비현실적인 기대를 했다가 실망할까 봐 걱정하기 때문이죠. 이때 현실적인 제안을 하겠다는 약속은 고객과의 소통 장벽을 낮춰줍니다.

이것은 "무조건 예쁘게 해 드립니다"라는 뜬구름 잡는 소리보다 훨씬 진정성 있게 다가옵니다. 내가 집에서 머리를 잘 말리는지, 고데기는 할 줄 아는지 물어봐 주고 그에 맞는 스타일을 찾아주겠다는 이 내부 광고 하나가, 사장님을 단순한 '미용사'가 아닌 나의 라이프스타일을 관리해 주는 '헤어 컨설턴트'로 격상시킵니다.

숨겨진 비용은 없어야 하는 이유

미용실에서 고객이 가장 스트레스를 받는 순간은 언제일까요? 바로 계산대 앞에 설 때입니다. 분명 입구에는 '펌 5만 원'이라고 적혀 있었는데, 막상 계산할 때는 기장 추가, 영양 추가, 디자인 추가가 붙어 10만 원이 훌쩍 넘는 경험, 한 번쯤 있으실 겁니다. 이런 고무줄 가격은 미용 업계의 고질적인 불신 원인입니다. 그래서 역으로 투명성을 내부 광고의 핵심 무기로 삼아야 합니다.

시술 경대(거울) 앞 가장 잘 보이는 곳에 "시술 전 투명하게 설명합니다. 숨겨진 비용은 없습니다"라는 문구를 붙여두세요. 그리고 구체적인 가격표와 옵션을 고객이 묻기 전에 먼저 볼 수 있게 비치해야 합니다. "상담 시 확정된 금액 이외에, 시술 도중 추가 비용을 요구하지 않습니다"라는 선언은 고객의 방어기제를 무장 해제시킵니다. 가격에 대한 의심이 사라져야, 고객은 비로소 사장님의 기술과 서비스에 온전히 집중할 수 있습니다.

마지막으로 결제 단계에서의 강력한 한 방, 바로 앞에서도 제시한 지역화폐와 상생 할인입니다. 펌이나 염색, 클리닉은 객단가가 높은 편이라 고객에게는 가격 부담이 만만치 않습니다. 이때 카운터와 대기석에 "우리 동네 지역화폐 환영합니다. 상생 페이 추가 2% 할인으로 지역과 함께합니다"라는 안내판을 걸어 놓는 것입니다.

앞서 타이어 매장 사례에서도 말씀드렸듯이, 정부 지원 10%

에 매장 자체 추가 할인 2%를 더한 혜택은 고객에게 실질적인 도움이 됩니다. 특히 미용실은 정기적으로 방문하는 곳이기에, 고객은 "여기서 지역화폐를 쓰면 멤버십 할인보다 낫네?"라고 계산하게 됩니다. 사장님 입장에서도 신용카드 수수료를 아끼고, 단골을 묶어두는 효과가 있으니 2%의 추가 할인은 결코 손해 보는 장사가 아닙니다.

팔리는 스토리를 만들어내는 방법

당연한 것이 가장 강력한 무기다

앞장에서 내부 광고로 객단가를 높이는 방법을 살펴보았습니다. 그런데 막상 사장님들께 "우리 가게의 장점을 적어보세요"라고 하면 펜을 들고 한참을 망설이시는 경우가 많습니다. 제3자의 눈으로 보면 "이 집은 육수를 직접 끓이는 게 대단하네", "사장님이 매일 새벽 시장에 가는 게 차별점이네" 하고 금방 보이는데, 정작 사장님들은 "음식 장사하는 사람이 육수 끓이고 장보는 건 당연한 거 아니에요?"라고 반문하십니다. 이처럼 사장님에게는 너무나 익숙하고 당연한 일상이, 고객에게는 돈을 지불할 만한 특별한 가치가 된다는 사실을 놓치기 쉽습니다.

결국 고객과 소통하는 마케팅의 커뮤니케이션 활동은 '누구에게(Target), 어떤 이야기(Message)를 할 것인가?'로 압축됩니다. 누구에게 팔 것인지가 결정되어야, 그 사람의 마음을 움직일 무슨 이야기를 할 것인지도 구체화될 수 있습니다. 앞서 1장에서 목표 고객과 매장 컨셉을 명확히 정한 이유도 바로 이 때문입니다. 타깃이 정해졌다면, 이제는 그들의 귀에 꽂히고 마음에 남을 우리만의 메시지를 도출해야 할 차례입니다.

하지만 "우리 물건 좋아요", "싸게 드립니다" 같은 뻔한 이야기로는 더 이상 고객을 설득할 수 없습니다. 고객은 단순히 제품이나 서비스를 구매하는 것이 아니라, 자기 자신을 둘러싼 이야기에 더 관심을 갖기 때문입니다. 이에 대한 방향성을 제시한 책으로 도널드 밀러의 〈무기가 되는 스토리〉를 들 수 있습니다. 이 책은 복잡한 마케팅 이론 대신, 영화나 소설처럼 고객을 주인공으로 만드는 스토리텔링 공식이 어떻게 비즈니스를 성공으로 이끄는지 보여줍니다.

밀러는 "고객이 헷갈리게 하면 이미 진 것이다"라고 말합니다. 사장님이 하고 싶은 말을 장황하게 늘어놓는 것이 아니라, 철저히 고객의 입장에서 그들이 듣고 싶어 하는 이야기를 들려줘야 한다는 뜻입니다. 고객의 마음속에 살아 숨 쉬는 세계를 짓는 일, 그리고 고객이 기꺼이 지갑을 열어 그 세계의 일원이 되고 싶게 만드는 '팔리는 스토리'에는 분명한 공식이 존재합니다.

도널드 밀러의 팔리는 스토리 7단계 프레임은 거창한 브랜드에만 적용되는 것이 아닙니다. 동네 카페, 미용실, 카센터 사장님도 당장 우리 가게에 대입해 볼 수 있는 마케팅 도구입니다. 이 7가지 단계를 따라가다 보면, 사장님이 무심코 흘려보냈던 우리 가게의 당연한 일상들이 어떻게 고객을 매료시키는 강력한 무기가 되는지 발견하게 되실 겁니다.

팔리는 스토리 7단계 프레임

팔리는 스토리를 만드는 첫 번째 단계는 '캐릭터(주인공)를 정의하는 것'입니다. 여기서 많은 사장님이 실수를 범합니다. 이야기의 주인공을 우리 가게나 사장님 자신으로 설정하는 것이죠. 하지만 브랜드 스토리의 주인공은 반드시 '고객'이어야 합니다. "내가 20년 동안 얼마나 고생해서 이 맛을 냈는지"를 자랑하는 것이 아니라, "오늘 하루 지친 몸을 이끌고 따뜻한 밥 한 끼를 찾아 헤매는 당신"이 주인공임을 명확히 해야 합니다. 고객이 누구이고 무엇을 간절히 원하는지 규정할 때 비로소 연결고리가 생깁니다.

두 번째는 주인공이 겪고 있는 '난관(문제)을 직면하게 하는 것'입니다. 모든 스토리는 갈등에서 시작됩니다. 고객은 그냥 우리 가게에 오는 것이 아닙니다. '배고픔'이라는 생리적 문제, '손상된 머릿결'이라는 외적 문제, 혹은 '안전한 타이어 교체에 대한 불안'이라는 심리적 문제를 해결하기 위해 우리를 찾습니다. 브랜드는 고객이 겪고 있는 이 문제를 정확하게 짚어내어 "맞아, 내가 지금 딱 그래"라는 공감을 이끌어내야 합니다.

세 번째 단계에서 드디어 브랜드가 등장합니다. 단, 주인공이 아니라 '가이드'의 역할로 등장해야 합니다. 고객이 스스로 문제를 해결하기 어려워할 때, 우리 브랜드는 공감(Empathy)과 권위(Authority)를 갖춘 가이드로서 손을 내밀어야 합니다. "저도 그 마음 잘 압니다(공감)"라고 다독이며, "제가 이 분야 전문가이니 믿고 따라오세요(권위)"라고 명확한 솔루션을 제시할 때 고객은 비로소 마음을 엽니다.

네 번째와 다섯 번째는 행동을 이끄는 단계입니다. 고객에게 '구체적인 계획'을 제시하고 '행동을 촉구'해야 합니다. 아무리 좋은 가이드라도 "알아서 하세요"라고 하면 고객은 길을 잃습니다. "네이버로 예약하고, 방문해서 상담받고, 시술받으면 끝입니다"처럼 아주 쉬운 1-2-3단계의 계획을 보여주어야 합니다. 그리고 우물쭈물하는 고객에게 "지금 예약하세요", "한정 수량입니다"와 같은 분명한 행동 촉구(Call to Action) 메시지를 던져야 실제로 구매라는 행동이 일어납니다.

마지막 여섯 번째와 일곱 번째는 선택의 결과를 보여주는 것입니다. 고객이 우리를 선택하지 않았을 때 겪게 될 '실패'와, 우리와 함께했을 때 얻게 될 '성공'의 이미지를 대비시켜 보여주는 것이죠. "계속 방치하면 머릿결을 복구할 수 없습니다(실패)"라고 경고하는 동시에, "찰랑거리는 머릿결로 자신감을 되찾은 당신의 모습(성공)"을 생생하게 그려주는 것입니다.

막걸리를 힙한 문화로 바꾼곳

그럼 사례로 팔리는 스토리 7단계를 살펴보겠습니다. 첫 번째는 서울 성수동에 위치한 전통주 양조장 한강주조입니다. 이곳은 과거의 나루터가 문물을 실어 나르며 과거와 현재를 이었듯, 끊어진 전통주의 명맥을 현대적으로 잇겠다는 비전으로 설립된 곳입니다. 대표 제품인 '나루 생막걸리'는 서울 강서구에서 친환경 우렁이 농법으로 재배된 경복궁쌀 100%를 사용하고 감미료를 넣지 않은 것이 특징입니다.

한강주조가 어떻게 아재 술로 취급받던 막걸리를 젊은 층이 열광하는 힙한 아이템으로 바꾸어 놓았는지, 밀러의 7단계 프레임으로 분해해 보겠습니다. 물론 저자의 관점에서 분석한 것입니다.

① 막걸리를 '촌스러운 술'이라 생각하던 2030 젊은 세대

③ ○○주조 대표가 막걸리를 재해석/ 세련된 소개

⑤ 막걸리도 힙하게, SNS와 협업 콘텐츠로 시음 유도

⑦ 힙한 감각, 전통의 균형, 라이프스타일, 전통 계승의 주체로서 자부심

② 막걸리는 '아재 술', '싸구려'라는 이미지. 맛도 자극적

④ 인공탄산 없이 쌀 본연의 맛을 살린 막걸리. 젊은 감각의 브랜딩과 패키징

⑥ 촌스럽고 자극적인 기존 막걸리 반복 소비. 전통 소멸의 우려

1단계인 캐릭터(고객) 정의에서 한강주조는 모든 사람에게 술을 팔려 하지 않았습니다. 한강주조는 '2030 밀레니얼 세대'로 주인공(고객)을 정의했는데요. 이들은 기존 막걸리에 대해 "촌스럽다", "다음 날 머리 아픈 아재 술이다"라는 편견을 가진 집단이었습니다. 하지만 동시에 남들과 다른 새로운 문화와 경험을 갈구하는 세대이기도 했죠. 한강주조는 이 지점을 파고들었습니다. "전통주를 억

지로 계승하자"는 무거운 접근 대신, 이들이 반응할 수 있는 재미와 감각을 섞어 소통의 문을 열었습니다.

2단계 난관(문제) 설정에서 주인공이 겪는 갈등은 '막걸리에 대한 부정적 인식과 진입장벽'이었습니다. 시중의 막걸리는 인공 감미료 특유의 달큰한 맛과 숙취(인공 탄산) 때문에 젊은 층이 즐기기에는 거부감이 컸습니다. 한강주조는 이것을 해결해야 할 문제로 규정했습니다. 그리고 탄산을 과감히 빼고 쌀 함량을 높여 부드럽고 깔끔한 맛을 구현함으로써, 젊은 층이 막걸리를 싫어했던 물리적인 이유를 해결해 주었습니다.

3단계는 가이드의 등장입니다. 고객이 망설일 때, 한강주조는 친근한 조력자로 등장했습니다. 한강주조 대표는 인터뷰에서 스스로를 "원래 막걸리를 즐기지 않던 사람"이라고 소개하고 있습니다. "나도 맛없어서 안 마셨던 사람이다. 그래서 우리가 즐길 수 있는 진짜 맛있는 술을 만들었다"라는 메시지가 강력한 공감대를 형성했습니다. 훈계하는 '장인'의 태도가 아니라, 같은 눈높이에서 문제를 해결해 준 '친구 같은 가이드'로서 신뢰를 얻은 것입니다.

4단계는 구체적인 계획을 제시하는 것입니다. 한강주조는 성수동이라는 핫플레이스에 양조장을 열어 고객이 직접 방문해 맛을 볼 수 있게 했고, 기존의 촌스러운 플라스틱 병 대신 세련된 패키지 디자인을 선보였습니다. "성수동에 놀러 와서, 힙한 양조장을 구경하고, 예쁜 병에 담긴 막걸리를 마셔보라"는 계획은 고객이 막걸리를 소비하는 행위 자체를 놀이로 받아들이게 만들었습니다.

5단계는 행동 촉구입니다. 한강주조는 복잡한 설명 대신 "한 번만 맛보세요"라는 간결하고 직접적인 메시지를 던졌습니다. SNS

를 통해 시각적으로 매력적인 콘텐츠를 끊임없이 노출하고, 잡지사나 패션 브랜드와 협업하며 팝업 이벤트를 열었습니다. "지금 가장 핫한 이곳에서, 우리와 함께 건배하자"는 메시지로 머뭇거리는 고객들을 즉각적인 행동(구매 및 방문)으로 이끌었습니다.

6단계는 실패의 모습으로 경고를 하는 것입니다. 한강주조는 은연중에 '문화적 단절과 소외'를 이야기했습니다. 이대로 간다면 우리는 우리의 전통술을 잃어버리고, 그저 촌스러운 옛것으로만 기억하게 될 것이라는 메시지인데요. 또한, 남들이 다 즐기는 이 새로운 흐름에 동참하지 않으면 트렌드에서 뒤처질 수 있다는 미묘한 심리적 자극을 통해 고객의 참여를 유도했습니다.

마지막 7단계는 성공의 이미지를 제시하는 것입니다. 한강주조가 제시한 성공은 '새로운 미각의 발견과 자부심'입니다. 나루 생막걸리를 마시는 순간, 고객은 단순히 술을 마시는 게 아니라 '전통을 재해석하는 힙한 문화'의 주체가 됩니다. 인스타그램에 올리기 좋은 예쁜 술, 숙취 없는 깔끔한 아침, 그리고 "나 좀 센스 있지?"라는 주변의 인정. 이 모든 긍정적 변화가 바로 한강주조가 고객에게 선물한 해피엔딩입니다.

블로그에서 유니콘이 된 뷰티 브랜드

한강주조가 우리 전통주 시장에서 힙한 문화를 만들어낸 로컬의 사례라면, 이번에는 시야를 조금 더 넓혀서 미국에서 시작해 글로벌 브랜드가 된 글로시에(Glossier)를 팔리는 스토리 7단계로 분해해 보겠습니다.

많은 브랜드가 저마다의 스토리를 가지고 있지만, 고객이 자발적으로 지갑을 열고 심지어 열광하게 만드는 팔리는 스토리를 가진 브랜드는 드뭅니다. 미국의 뷰티 브랜드 글로시에(Glossier)는 바로 그 드문 예시 중 하나인데요. 이들은 어떻게 고객이 스스로 제품을 홍보하고, SNS에 자랑하며, 브랜드의 팬을 자처하게 만들었을까요?

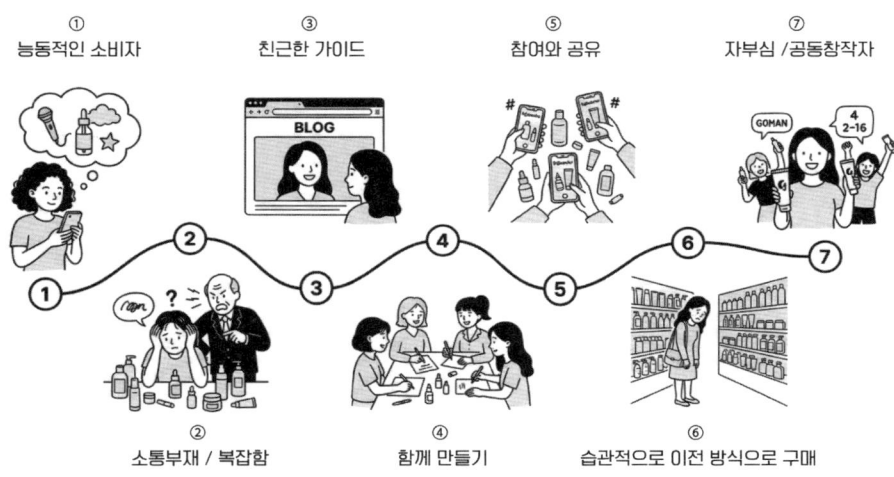

1단계는 캐릭터(고객) 정의입니다. 글로시에는 고객을 단순히 '화장품이 필요한 여성'으로 뭉뚱그리지 않았습니다. 글로시에가 설정한 주인공은 '자신만의 뷰티 루틴을 갖고 싶고, 자신의 의견이 존중받길 원하는 밀레니얼 및 Z세대'였습니다. 이들은 기존의 뷰티 브랜드가 일방적으로 주입하는 "이게 유행이니 따르라"는 식의 메시지에 피로감을 느끼고 있었습니다. 글로시에는 이들을 단순한 소비자가 아닌, 자신의 목소리를 내고 싶어 하는 능동적인 주체로 정의하며 이야기의 무대 위로 올렸습니다.

2단계는 문제 설정입니다. 주인공들을 괴롭히는 문제는 '지나치게 복잡하고, 소통이 부재한 기존 뷰티 산업'이었습니다. 백화점 1층의 화려한 브랜드들은 전문가의 권위를 내세워 고객을 가르치려 들었고, 고객은 내가 진짜 원하는 제품보다는 브랜드가 팔고 싶은 제품을 사야만 했습니다. 글로시에는 이 '소통의 단절'과 '내가 원하는 제품의 부재'를 핵심 문제로 지적했습니다. "왜 뷰티 브랜드는 고객에게 물어보지 않는가?"라는 질문을 던지며 고객의 불만에 깊이 공감한 것이죠.

3단계는 솔루션인 가이드 등장입니다. 고객의 불만을 해결해 줄 가이드로 창업자 에밀리 와이즈가 등장합니다. 그녀는 갑자기 나타난 사람이 아니었습니다. 인기 뷰티 블로그 '인투 더 글로스(Into The Gloss)'를 운영하며 수년 동안 독자들과 댓글로 소통해 온 언니 같은 존재였죠. 그녀는 소비자들이 어떤 불만을 갖고 있는지, 진짜 원하는 것이 무엇인지 누구보다 잘 알고 있었습니다. "나도 당신들의 이야기를 다 들었어요. 이제 우리가 원하는 걸 직접 만들어봐요"라는 그녀의 제안은, 권위적인 기업이 아닌 신뢰할 수 있는 친구의 손길로 다가왔습니다.

4단계는 계획을 제시하는 것입니다. 글로시에는 아주 단순하고 명쾌한 계획을 내놓았습니다. 바로 '함께 만든다(Co-creation)'는 것입니다. 그들은 신제품을 개발하기 전에 블로그와 인스타그램을 통해 끊임없이 질문했습니다. "당신이 생각하는 이상적인 클렌저는 무엇인가요?", "어떤 향을 원하나요?" 고객의 의견은 실제 제품 개발에 그대로 반영되었습니다. 이 과정은 고객에게 "이 브랜드는 내 말을 듣고 있다"는 확신을 심어주었고, 제품이 출시되기도 전에 강력한 기대감을 형성하는 완벽한 계획이 되었습니다.

5단계는 행동 촉구입니다. 제품이 나오자 글로시에는 고객들에게 참여와 공유를 독려했습니다. #glossier, #glossierpink 같은 해시태그 캠페인을 통해 고객이 자신의 일상 속에서 제품을 사용하는 모습을 공유하도록 만든 것입니다. 거창한 광고 모델 대신 일반인 고객들의 자연스러운 후기가 SNS를 뒤덮었습니다. "당신의 글로시에를 보여주세요"라는 메시지에 고객들은 기꺼이 자신의 얼굴을 내밀었고, 이는 수천억 원의 광고비보다 더 강력한 자발적 홍보 효과를 낳았습니다.

6단계는 실패의 모습(경고)을 제시하는 것입니다. 글로시에는 직접적으로 실패를 언급하지 않았지만, 그들의 메시지 이면에는 "계속해서 당신의 목소리를 외면하는 기성 브랜드를 사용할 것인가?"라는 물음을 담고 있었습니다. 글로시에를 선택하지 않는다는 것은, 여전히 나를 가르치려 드는 브랜드의 수동적인 소비자로 남는 것을 의미했습니다. 소외감과 불편함을 감수할 것인지, 아니면 주체적인 소비자가 될 것인지 선택하게 만듦으로써 고객을 움직였습니다.

7단계는 성공의 이미지를 제시하는 것입니다. 글로시에가 고객에게 제시한 성공의 이미지는 '내가 만든 브랜드라는 자부심'이었습니다. 글로시에의 제품을 쓰는 고객은 단순히 화장품을 바르는 것이 아니라, 자신의 의견이 반영된 결과물을 향유하는 기쁨을 누립니다. 그들은 브랜드의 팬을 넘어 공동 창작자로서의 지위를 얻게 된 것입니다. "이거 내가 아이디어 낸 거잖아!"라는 성취감, 이것이 바로 글로시에가 고객과 함께 쓴 스토리의 해피엔딩입니다.

코카콜라가 인수한 영국의 스무디 브랜드

이번에는 식음료(F&B) 분야에서 유머와 진정성으로 세계를 정복한 영국의 스무디 브랜드 이노센트 드링크(Innocent Drinks)의 팔리는 스토리를 살펴보겠습니다.

이노센트 드링크는 이름 그대로 순수함(Innocent)을 파는 브랜드입니다. 100% 천연 재료만을 고집하는 이 회사는 딱딱한 건강 음료가 아니라, 친구처럼 친근하고 유머러스한 브랜드 이미지로 고객의 마음을 사로잡았습니다. 코카콜라가 대주주로 참여할 만큼 성장한 이들의 성공 비결 역시 팔리는 스토리의 법칙을 철저히 따르고 있습니다.

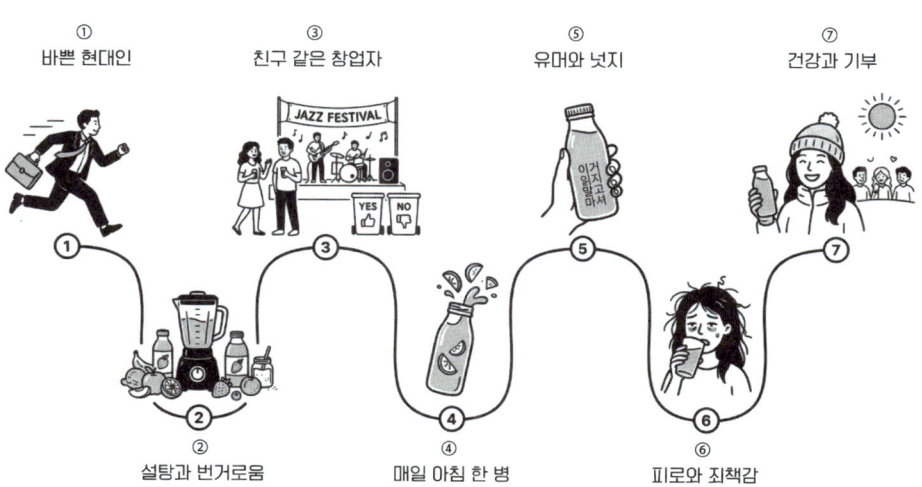

① 바쁜 현대인
③ 친구 같은 창업자
⑤ 유머와 넛지
⑦ 건강과 기부

② 설탕과 번거로움
④ 매일 아침 한 병
⑥ 피로와 죄책감

1단계에서 이노센트는 '건강하게 살고 싶지만, 너무나 바쁜 현대인'인을 고객으로 정의했습니다. 매일 아침 조깅을 하고 직접 과일을 갈아 마시면 좋겠지만, 현실은 출근 시간에 쫓겨 편의점 샌드위치로 때우기 일쑤인 우리네 모습이죠. 이노센트는 이들을 게으른 사람이 아니라, 치열한 삶을 살아가는 일상 속의 영웅으로 정의했습니다. 그리고 "당신의 바쁜 일상을 우리가 돕겠다"며 다가갔습니다.

　　2단계는 고객의 문제 설정입니다. 고객들은 '신선한 과일과 채소를 챙겨 먹기에는 너무 번거롭고, 시중의 음료는 믿을 수가 없다'는 문제를 갖고 있었습니다. 마트에 널린 주스들은 설탕 덩어리거나 알 수 없는 첨가물로 범벅이 되어 있었으니까요. 이노센트는 이 '건강에 대한 죄책감'과 '불편함'을 해결해야 할 문제로 설정하고, "첨가물 0%, 오직 과일 100%"라는 아주 단순한 해결책을 들고나왔습니다.

　　3단계는 가이드의 등장입니다. 이노센트의 창업자 세 명은 평범한 직장인 친구들이었습니다. 그들은 스스로가 가이드로서 자격이 있는지 확인하기 위해 재즈 페스티벌에서 작은 실험을 했습니다. 스무디를 팔면서 빈 병을 버리는 쓰레기통 두 개를 준비했죠. 한쪽에는 'YES(회사를 그만두고 스무디를 판다)', 다른 쪽에는 'NO(그냥 회사를 다닌다)'라고 써 붙였습니다. 결과는? YES 통이 넘쳐흘렀습니다. 이 일화는 이노센트가 '고객이 선택하고 응원해서 만들어진 브랜드'라는 강력한 신뢰와 진정성을 부여했습니다.

　　4단계는 계획을 제시하는 것입니다. 복잡한 건강 식단표는 필요 없습니다. 이노센트의 계획은 아주 심플합니다. "매일 아침, 뚜

껍을 따고 마시세요." 그러면 하루 치 과일 권장량을 채울 수 있다는 명쾌한 계획입니다. 고객이 고민할 틈을 주지 않는 이 단순함이야말로 바쁜 현대인에게 가장 매력적인 제안이었습니다.

5단계는 행동 촉구입니다. 이노센트는 '유머'를 통해 행동을 촉구했습니다. "오늘 자신에게 착한 일을 하세요"라거나, 제품 뒷면에 "이거 읽지 말고 그냥 마시세요" 같은 엉뚱한 문구를 넣어 고객을 웃게 만듭니다. 딱딱한 훈계조의 "건강을 위해 드십시오"가 아니라, 친구가 건네는 농담 같은 메시지는 고객이 자연스럽게 손을 뻗게 만드는 강력한 넛지(Nudge)가 되었습니다.

6단계는 실패의 모습을 경과는 것인데요. 이노센트를 선택하지 않는다면? 고객은 여전히 설탕물 주스를 마시거나, 과일 섭취 부족으로 인한 피로감에 시달려야 합니다. 이노센트는 직접적으로 겁을 주기보다는, "순수하지 않은 것들로 내 몸을 채울 것인가?"라는 질문을 던짐으로써 고객이 건강하지 못한 선택을 피하고 싶게끔 유도했습니다.

7단계는 성공의 이미지를 제시하는 것입니다. 이노센트가 그리는 성공은 단순히 건강해지는 것을 넘어섭니다. 바로 '나와 세상을 동시에 건강하게 만드는 기쁨'입니다. 이노센트는 수익의 일부를 기부하고, 겨울철에는 독거노인을 돕기 위해 고객이 직접 뜬 털모자를 음료 병에 씌워 판매하는 '빅 니트(Big Knit)' 캠페인을 진행했습니다. 고객은 이 귀여운 모자가 씌워진 스무디를 구매함으로써 자신의 건강을 챙기는 동시에, 사회에 공헌했다는 뿌듯한 성취감까지 맛보게 되는 것입니다.

구매전환을 높이는 메시지 작성 방법

고객들은 자신의 문제에만 관심이 있다

앞서 브랜드가 어떻게 고객을 주인공으로 만들어 성공했는지를 살펴보았습니다. 그러나 '팔리는 스토리 7단계 프레임'은 너무 거창한 접근이어서 구체성은 미흡한 부분이 있습니다. 이에 팔리는 스토리를 우리 가게의 매출로 연결짓는 흐름이 필요합니다. 이것을 '구매전환을 구려한 메시지 작성 방법'라고 부르겠습니다.

많은 사장님이 네이버 플레이스 소개글이나 배달 앱의 메뉴 설명, 혹은 인스타그램 피드를 작성할 때 범하는 가장 흔한 실수가 팩트(Fact)를 나열하는 것입니다. "저희는 최고급 밀가루를 씁니다", "최신형 머신을 들여왔습니다", "경력이 20년입니다"라고 주장을 하는 것인데요. 하지만 냉정하게 말해 고객은 사장님의 밀가루나 기계 그 자체에는 관심이 없습니다. 고객의 머릿속에는 오직 "그래서 이게 나한테 뭐가 좋은데?", "내 문제를 어떻게 해결해 주는데?"라는 질문을 할뿐입니다.

비즈니스 컨설턴트 마이클 르뵈프(Michael LeBoeuf)는 이를 두고 "고객에게 물건을 팔지 말고, 그 물건이 가져다줄 기분과 해결책을 팔라"고 강조했습니다. 고객은 제품(Feature)이 아니라 혜택(Benefit), 더 나아가 그 제품을 통해 변화될 자신의 모습(Value)을 구매하기 때문입니다.

르뵈프의 주장을 동네 사장님 관점에서 접근해보겠습니다. 예를 들어 필라테스 학원을 운영한다고 가정해 보겠습니다. 고객에게 "최신 기구 도입, 1:1 레슨 50분"이라는 메시지는 무미건조합니다. 고객이 원하는 것은 기구가 아니라, 퇴근길, 더 이상 뻐근하지 않은 어깨와 가벼운 발걸음입니다.

이것을 고객 관점의 메시지로 바꾸면 "퇴근길, 승모근이 짓누르는 무게를 덜어드립니다. 당신의 저녁이 다시 가벼워지는 곳, OO 필라테스." 또는 "운동하러 오지 마세요. 굽은 등을 펴고 당당하게 걷는 당신의 '자신감'을 되찾으러 오세요."로 치환할 수 있습니다.

고객은 50분 수업이라는 물리적인 시간(을 사는 것이 아니라, 수업이 끝난 후 느끼게 될 개운함과 활력을 사는 것입니다. 따라서 사장님의 메시지는 '우리가 무엇을 갖췄는지'를 자랑하는 것에서 멈추지 말고, '고객이 무엇을 얻게 될지'를 구체적인 언어로 그려주는 방향으로 바뀌어야 합니다.

스터디 카페도 마찬가지입니다. "시디즈 의자와 백색 소음기 완비"라는 스펙보다는, "집에서는 절대 느낄 수 없는 3시간의 몰입,

그리고 합격의 꿈"을 팔아야 합니다.

미용실 원장님이라면 "최고급 펌제 사용, 셋팅펌 15만 원"이라는 가격표 대신, "소개팅 나가는 날, 거울 앞에서 느껴지는 확실한 자신감"을 파는 것이 훨씬 강력한 설득이 됩니다.

이러한 원리는 요식업이나 기술 서비스업에서도 동일하게 적용됩니다. 동네 파스타집 사장님은 "이탈리아산 듀럼밀과 수제 소스"라는 재료를 자랑하고 싶겠지만, 고객은 "오랜만에 만난 친구들과 실패 없는 맛으로 채우는 즐거운 수다 시간"을 사고 싶어 합니다.

자동차 정비소 역시 "합성 엔진오일 교환 및 타이어 4짝 교체"라는 작업 내용을 파는 것이 아니라, "가족을 태우고 장거리 여행을 떠날 때, 차 걱정 없이 운전에만 집중할 수 있는 마음의 평화"를 팔아야 합니다.

보이시나요? 고객은 '기구'가 아니라 '안 아픈 몸'을 원하고, '의자'가 아니라 '집중력'을 원하며, '엔진오일'이 아니라 '안전'을 원합니다. 앞서 배운 스토리 7단계 프레임이 뼈대라면, 이 '고객 관점의 언어'는 그 뼈대 위에 살을 입히는 작업입니다.

혹시 사장님만 아는 전문 용어나, 공급자 중심의 자랑만 늘어놓지는 않으셨나요? 고객이 돈을 지불하고 얻게 될 '기분 좋은 변화'와 '해결된 문제'를 구체적인 언어와 시각 정보로 보여주세요. "이건 딱 내 이야기야!"라고 고객이 무릎을 치게 만드는 것, 그것이 바로 스쳐 지나가는 클릭을 실제 구매로 전환시키는 설득의 기술입니다.

설명이 아니라 공감이어야

동네 사장님의 매장 설명이나 스마트스토어의 상세페이지가 승부가 나는 구간은 고객이 손가락을 움직여 스크롤을 내리기 직전, 1~2초의 찰나입니다. 이 짧은 순간에 고객은 '더 읽어볼지' 아니면 '뒤로 가기를 누를지'를 결정합니다. 그렇기 때문에 첫 화면에서 사장님이 해야 할 일은 고객의 발걸음을 멈추게 하는 것입니다. 즉 고객의 머릿속에 "어? 이거 완전 내 얘긴데?"라는 생각이 들게 만드는 것입니다.

그래서 첫 화면의 헤드라인이나 메인 이미지에는 '제품 설명'이 아니라 '고객의 문제와 상황'이 배치되어야 합니다. 예를 들어 꽃집이라면 예쁜 꽃다발 사진 밑에 '장미 꽃다발 5만 원'이라고 적는 대신, "선물할 때마다 실패해서 고민이신가요?"라는 질문을 던지는 것입니다. 반찬 가게라면 '오늘의 메뉴: 진미채'보다는 "동네에서 먹던 그 엄마 손맛, 집에서는 왜 안 날까요?"라는 문구가 훨씬 관심을 끌기 마련입니다. 또한, 가성비를 강조하고 싶다면 "아무거나 사기엔, 요즘 지출이 너무 신경 쓰이시죠?"라고 고객의 지갑 사정을 먼저 읽어주는 것입니다.

설명이 아닌 공감은 생각보다 큰 힘이 있습니다. 고객은 자신의 고민을 꿰뚫어 보는 문장을 만나는 순간, 무의식적으로 이 브랜드가 '내 문제를 해결해 줄 수 있다'고 기대하게 됩니다. 첫 화면에서 공감(Empathy)을 얻어내지 못하면, 그 아래에 아무리 훌륭한 설명과 화려한 사진이 있어도 고객은 도달하지 않습니다. 제품의 자랑은 고객이 "내 이야기다"라고 느끼고 자리에 앉은 뒤에 시작해도 늦지 않습니다.

특히 AI가 개인화된 추천을 척척 해주는 시대일수록, 이 공감의 속도는 더욱 중요해집니다. 알고리즘이 수많은 상품을 눈앞에 가져다줄 수는 있지만, 그중에서 고객이 시선을 멈추고 마음을 여는 순간은 기술이 아니라 '나를 이해한다고 느낄 때'이기 때문입니다. 화려한 미사여구보다 투박하더라도 "맞아, 내가 지금 딱 그래"라고 고개를 끄덕이게 만드는 사장님의 진심 어린 한마디가 AI 시대의 가장 확실한 훅(Hook)이 됩니다.

우리 가게의 네이버 스마트스토어 상세페이지나 배달 앱 소개 글의 첫 줄을 확인해 보세요. 혹시 고객이 궁금해하지도 않는 가게 이름이나 메뉴 이름부터 적혀 있지는 않나요? 과감하게 그 자리를 고객의 고민과 질문으로 바꿔보세요.

선택 이유를 친절하게 설명해주는 것.

상세페이지를 작성하다 보면 사장님들은 종종 욕심이라는 함정에 빠지곤 합니다. 우리 제품이 얼마나 좋은지, 재료는 얼마나 신경 썼는지, 공정은 얼마나 까다로운지 하나부터 열까지 다 자랑하고 싶은 마음, 십분 이해합니다. 하지만 안타깝게도 고객은 그 긴 글을 꼼꼼히 읽어주지 않습니다. 정보가 넘쳐나는 시대에 고객의 집중력은 아주 짧기 때문입니다. 주절주절 나열된 열 가지 장점보다, 뇌리에 박히는 '단 하나의 결정적인 이유'가 구매를 결정짓습니다.

따라서 사장님은 수많은 자랑거리를 가지쳐내고 핵심을 뾰족하게 다듬어야 합니다. "도대체 왜 이 제품이어야 하는가?"라는 질문에 대한 답이 명쾌해야 합니다. 그것은 '사장님이 직접 농사지은 재료'라는 진정성일 수도 있고, '우리 동네에서 재주문율이 가장 높은 메뉴'라는 검증된 사실일 수도 있으며, '타협하지 않는 사장님의 철학'일 수도 있습니다. 이것저것 다 좋다는 말 대신, 경쟁자가 절대 따라 할 수 없는 우리만의 가장 강력한 무기 하나를 꺼내 보여줘야 합니다

그리고 메시지는 고객 언어로의 번역과정이 필요합니다. 사장님에게는 "저온 숙성 72시간"이 엄청난 노력이 들어간 기술이지만, 고객에게는 그저 낯선 조리법일 뿐입니다. 이를 "밀가루 음식을 먹으면 늘 속이 더부룩했던 분들을 위한, 속이 편안한 빵"이라고 함께 설명해줘야 합니다. "국내산 100% 고춧가루 사용"이라는 사실도 '매운 걸 좋아하는 우리 아이에게도 안심하고 먹일 수 있는 건강한 맛"이라고 함께 설명해줘야 부모들의 지갑을 열게 만듭니다.

배치의 순서 또한 중요합니다. 많은 상세페이지가 '기술적 설명(재료, 공법)'을 먼저 장황하게 늘어놓고, 마지막에 '그래서 좋습니다'라고 결론을 맺습니다. 하지만 순서를 뒤집어야 합니다. 고객의 삶에서 달라지는 장면, 즉 결과를 맨 앞으로 가져오고, 그 결과를 뒷받침하는 근거로 기술을 제시해야 합니다. "아침에 일어났을 때 목이 칼칼하지 않습니다(결과)"를 먼저 보여주고, "왜냐하면 편백나무 가습기니까요(기술)"라고 설명하는 식입니다. 고객이 원하는 행복한 결말을 먼저 보여줄 때, 기술적 설명은 지루한 설명서가 아니라 신뢰를 주는 증거가 됩니다.

결국 상세페이지는 사장님의 제품 설명서가 아니라, 고객의 구매 명분을 만들어주는 제안서여야 합니다. 고객은 단순히 질 좋은 제품을 찾는 것이 아니라, 내가 이 돈을 써야만 하는 합당한 이유

를 찾고 있습니다. 복잡한 설명은 고객을 고민하게 만들지만, 명확하고 매력적인 한 줄의 이유는 망설임을 결제로 바꿉니다.

핵심 메시지는 5개면 충분하다

고객이 스크롤을 내리며 확인하고 싶은 것은 대단한 기술력이 아닙니다. 내 마음속에 남아있는 미세한 의심과 불안을 해소해 줄 대답을 원할 뿐입니다. 따라서 주장하는 메시지는 기능 설명이 아니라, 고객의 질문에 답하는 형식이어야 합니다.

핵심 메시지는 단순한 장점 나열이 아니라, 고객의 망설임을 하나씩 제거하는 불안 제거 장치로 작동해야 합니다. 예를 들어 온라인으로 과일을 파는 가게라면 '고당도 12브릭스 선별'이라고 제시하는 것만으로는 부족합니다. 고객의 진짜 불안은 '먹어보고 사는 게 아닌데 맛없으면 어쩌지?'입니다. 이때는 "맛없으면 100% 환불해 드립니다. 실패 없는 과일 쇼핑을 약속합니다(신뢰)"라고 함께 제시하는 것이 효과적입니다.

에어컨 청소 업체도 마찬가지입니다. '친환경 세제 사용'이라는 건조한 말보다는, "신생아가 있는 집에서도 안심하세요. 독한 락스 냄새가 전혀 나지 않습니다(안전)"라고 표현하는 것이 훨씬 설득력이 있습니다. 고객이 걱정하는 '화학 약품에 대한 공포'를 구체적인 생활의 언어로 지워주는 것입니다. 이렇게 고객의 마음속에 있는 브레이크(불안 요소)를 하나씩 풀어줄 때, 고객은 자연스럽게 구매로 전환되는 것입니다.

중요한 것은 이 5가지 포인트를 제시하는 구조입니다. 상세페이지 도입부에 5가지 핵심 요약을 목차처럼 먼저 보여주고, 스크롤을 내리면서 각 포인트에 대해 '한 줄 요약 → 상황 설명 → 왜 중요한지'의 흐름으로 다시 한번 자세히 풀어 설명하는 것이 효과적입니다. 마치 예고편을 먼저 보여주고 본편을 상영하는 것과 같습니다. 고객은 앞서 본 요약 내용을 구체적인 설명과 사진으로 재확인하며 확신을 굳히게 됩니다.

사회적 증거를 제시해야

상세페이지의 마지막 퍼즐은 바로 신뢰를 완성하는 것입니다. 앞서 고객의 마음을 열고(공감), 구매할 명분을 주고(선택 이유), 불안을 제거(핵심 포인트)했습니다. 이제 남은 것은 고객이 결제 버튼을 누르기 직전, 스스로의 선택이 틀리지 않았음을 확인받고 싶어 하는 심리를 만족시키는 일입니다. 이때 활용되는 것이 사회적 증거인 구매후기입니다.

별점 5점 만점에 "좋아요", "친절해요" 같은 후기는 물론 감사한 일이지만, 구매를 망설이는 고객에게 결정타를 날리지는 못합니다. 진짜 힘이 있는 후기는 고객이 지금 느끼고 있는 망설임과 똑같은 출발선에 서 있는 글입니다. "처음엔 동네 미용실치고 비싸다고 생각했는데, 펌이 3달 넘게 가는 걸 보고 오히려 싸다고 느꼈어요"라거나, "매운 걸 못 먹어서 걱정했는데, 여기 떡볶이는 자극적이지 않고 딱 맛있게 매워요" 같은 내용들입니다.

이런 후기들은 '사회적 증거'로서 엄청난 위력을 발휘합니다. 고객은 사장님의 백 마디 자랑보다, 자신과 비슷한 처지에 있던 다른 손님의 솔직한 고백을 더 신뢰하기 때문입니다. 따라서 상세페이지에 후기를 배치할 때는 단순히 좋은 말을 나열하지 말고, 가격 저항을 이겨낸 후기, 품질 의심을 극복한 후기, 재방문한 후기를 선별해서 보여줘야 합니다.

스펙(제품 사양)을 제시하는 방식 역시 달라져야 합니다. 많은 사장님이 전문성을 보여주기 위해 어려운 용어나 복잡한 성분표를 그대로 가져다 놓곤 합니다. 하지만 복잡함은 신뢰를 높이는 것이 아니라, 오히려 고객을 지치게 만듭니다. 스펙은 나열이 아니라, 고객의 판단을 돕는 방식으로 정리되어야 합니다. 예를 들어 카페에서 원두를 설명할 때 '에티오피아 예가체프 G1 워시드'라고만 적는 것은 불친절한 나열입니다. 대신 "산미가 강하지 않고, 숭늉처럼 구수한 맛을 내는 원두(누구나 호불호 없는 맛)"라고 번역해 주는 것이 올바른 스펙 정리입니다.

결국 후기와 스펙은 고객에게 "당신의 선택이 안전하다"고 말해주는 안전장치입니다. 남들도 이렇게 만족했고(후기), 객관적인 사실로도 증명되었다(스펙)는 확신을 심어주는 것입니다. 복잡하고 화려하게 꾸밀 필요 없습니다. 고객이 마지막 순간에 가질 수 있는 의심을 거두어들이는 담백하고 확실한 증거, 그것이면 충분합니다.

싸게 팔면 더 많이 팔릴까?

박리다매의 함정

장사가 예전 같지 않다고 느낄 때, 사장님들이 가장 먼저 떠올리는 해결책은 무엇일까요? 열에 아홉은 "가격을 좀 내려볼까?" 혹은 "점심 할인 이벤트를 해볼까?" 하는 생각입니다. 가격을 낮추면 문턱이 낮아져 손님이 구름처럼 몰려들 것이라는 기대 때문이죠. 하지만 냉정하게 계산기를 두드려보면, 가격 인하는 수익성을 갉아먹는 가장 빠른 지름길임을 알게 됩니다.

이해를 돕기 위해 우리 동네 돈가스집을 예로 들어보겠습니다. 사장님이 10,000원짜리 돈가스 하나를 팔면 재료비와 임대료 등을 제하고 3,000원이 남는다고 가정해 보겠습니다. 그런데 손님을 더 모으겠다며 가격을 1,000원 깎아서 9,000원에 팔기로 했습니다. 고객 입장에서는 겨우 10% 할인이지만, 사장님의 마진은 3,000원에서 2,000원으로 무려 33%나 줄어드는 것입니다.

　문제는 여기서 발생합니다. 줄어든 마진을 메꾸고 이전과 똑같은 총이익을 가져가려면, 돈가스를 몇 개나 더 팔아야 할까요? 단순히 10% 더 팔면 되는 게 아닙니다. 판매량을 기존보다 50%나 더 늘려야 수익 측면에서 본전입니다. 하루에 100개 팔던 가게가 갑자기 150개를 팔아야 한다는 뜻인데, 동네 상권의 한정된 유동 인구와 매장의 테이블 수를 고려하면 이는 현실적으로 불가능에 가까운 목표입니다.

　결국 가격 인하는 '매출'이라는 덩치는 키울지 몰라도, 정작 사장님이 가져가는 '실속'은 챙겨주지 못합니다. 튀김기 앞에서 더 많은 시간을 땀 흘려 일하고 재료도 더 많이 썼는데, 월말에 정산해 보면 통장에 남는 돈은 오히려 줄어드는 기이한 현상이 발생하게 됩니다.

할인이 반복되는 것의 문제점

　가격을 낮추는 전략이 위험한 또 하나의 이유는 고객의 '인식' 때문입니다. 사장님은 "힘든 시기에 고객을 위해 마진을 포기했다"고 생각할지 모르지만, 고객의 받아들이는 방식은 다릅니다. 선택지가 많고 비교가 쉬운 공산품이라면 가격 인하가 즉각적인 반응을 끌어낼 수 있습니다. 하지만 음식이나 미용 같은 서비스업에서 잦은 할인은 "이 집, 장사가 안 되나?" 혹은 "원래 거품이 심했나 보네"라는 의심을 낳습니다.

예를 들어 동네 네일숍에서 매달 '30% 할인 이벤트'를 한다고 가정해 봅시다. 처음에는 신규 고객이 유입될 수 있습니다. 하지만 기존에 제값을 주고 다니던 단골들은 배신감을 느낍니다. "나는 호구였나?" 하는 생각이 드는 순간, 그들은 할인을 하지 않을 때는 절대 방문하지 않는 '체리피커(실속만 챙기는 소비자)'로 변합니다. 결국 제값을 받는 날에는 파리만 날리고, 할인하는 날에만 손님이 몰리는 기형적인 구조가 고착화됩니다.

경쟁 업체와의 관계도 문제입니다. 내가 가격을 내리면 옆 가게도 가만히 있지 않습니다. "저 집이 내렸어? 우린 더 내려!"라며 맞불을 놓기 시작하면, 그 골목 상권 전체가 끝없는 '치킨 게임'에 빠져듭니다. 결국 승자는 없고 모두가 수익성이 악화되어 공멸하는 결과를 초래합니다.

소규모 동네 가게일수록 대형 프랜차이즈나 플랫폼이 주도하는 '최저가 전쟁'에 참전해서는 안 됩니다. 우리는 규모의 경제를 이룰 수 없기 때문입니다. 가격을 무기로 삼는 순간, 고객은 우리 가게의 '맛'이나 '서비스', '정성' 같은 가치는 잊어버리고 오직 '가격표'만 보게 됩니다. 가격이 아닌 다른 이유로 우리 가게를 찾아오게 만드는 것, 그것이 브랜딩의 핵심임을 잊지 말아야 합니다.

농구공 일까? 볼링공 일까?

경제학에는 '수요의 법칙'이라는 것이 있습니다. 가격이 내리면 수요가 늘고, 가격이 오르면 수요가 준다는 이론이죠. 하지만 현장에서 장사를 해보면 이 말이 '반은 맞고 반은 틀리다'는 것을 체감하게 됩니다. 가격을 내린다고 해서 무조건 손님이 늘어나는 것은 아니기 때문입니다. 여기서 사장님이 꼭 아셔야 할 개념이 바로 '가격 탄력성'입니다.

높은 곳에서 떨어뜨렸을 때 잘 튀어 오르는 농구공(탄력적) 같은 상품이 있고, 툭 하고 떨어져 꼼짝 않는 볼링공(비탄력적) 같은 상품이 있습니다. 예를 들어 쌀이나 달걀 같은 생필품은 가격이 조금만 싸져도 사람들이 민감하게 반응합니다. 반면, 사장님의 가게에서 파는 '시그니처 메뉴'나 '원장님의 커트 기술'은 볼링공에 가깝습니다.

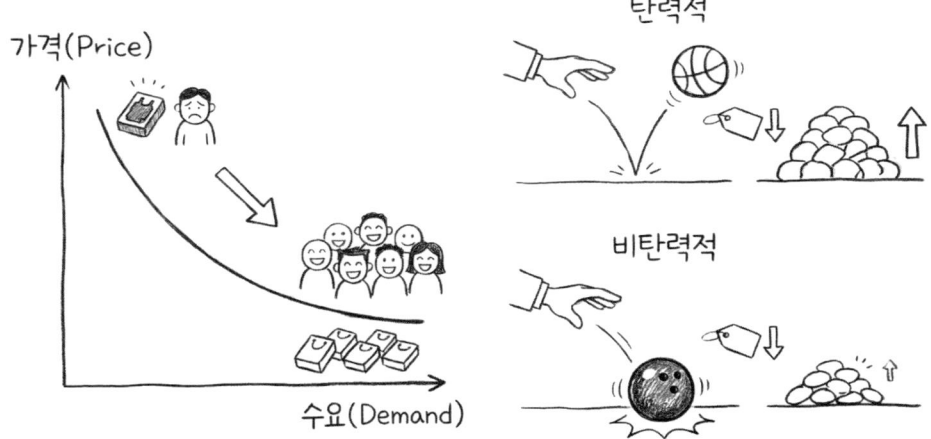

생각해 보세요. 동네 카페에서 아메리카노 가격을 500원 깎아준다고 해서, 하루에 한 잔 마시던 손님이 갑자기 세 잔을 마실까요? 미용실 커트 비용을 2천 원 내린다고 해서, 한 달에 한 번 자르던 머리를 2주에 한 번 자르러 올까요? 아닙니다. 동네 장사의 대부분은 고객이 필요에 의해 방문하는 것이지, 가격이 싸다고 해서 억지로 소비량을 늘릴 수 있는 품목이 아닙니다.

만약 우리 가게의 상품이 가격 변화에 둔감한 '볼링공(비탄력적)' 성격을 띠고 있는데 가격을 내린다면 어떻게 될까요? 판매량은 거의 늘지 않고, 매출액만 고스란히 줄어드는 최악의 수를 두게 됩니다. 반대로 이런 상품은 가격을 소폭 인상하더라도 단골이 쉽게 떠나지 않습니다. 그들은 500원의 차이보다 익숙한 맛과 편안한 서비스를 더 중요하게 여기기 때문입니다. 따라서 무작정 가격을 건드리기 전에, 내 상품이 가격에 얼마나 민감하게 반응하는 성격인지 먼저 파악해야 합니다.

대체 불가능한 가게가 되어야

결국 가격 전략의 핵심은 고객이 우리 가게를 어떻게 바라보느냐에 달려 있습니다. 경제학에서는 칠성사이다와 스프라이트처럼 서로 쉽게 바꿀 수 있는 관계를 '대체재'라고 부릅니다. 대체재가 많은 상품은 가격에 아주 민감합니다. 스프라이트가 100원이라도 비싸면 고객은 미련 없이 칠성사이다를 집어 듭니다. 우리 가게가 고객에게 그저 '수많은 밥집 중 하나', '흔한 카페 중 하나'로 인식된다면, 고객은 1,000원이라도 더 싼 옆집으로 언제든 떠날 준비가 되어 있습니다.

하지만 '단팥빵'을 예로 들어볼까요? '빵'이라는 큰 범주에서 보면 대체재가 널려 있습니다. 편의점 빵도 있고, 대형 마트 빵도 있죠. 하지만 범위를 좁혀서 '매일 아침 사장님이 국산 팥을 직접 끓여 만든 우리 동네 A 빵집의 단팥빵'이 된다면 이야기는 달라집니다. 이 빵의 맛과 사장님의 정성, 그리고 가게의 따뜻한 분위기는 편의점 빵이 결코 대체할 수 없습니다. 이때 A 빵집의 단팥빵은 가격 탄력성이 낮은, 즉 가격을 올려도 팔리는 '대체 불가능한 상품'이 됩니다.

많은 사장님이 "경기가 어려우니 싸게 팔아야 산다"는 강박에 시달립니다. 하지만 앞에서 다뤄온 모든 내용(기본기, 내부 광고, 스토리텔링 등)은 결국 우리 가게를 '가격 비교가 불가능한 곳'으로 만들기 위한 과정이었습니다. 고객에게 "이 집은 1,000원 더 비싸도 올 만한 가치가 있어"라는 확신을 심어주는 것, 그것이 최고의 가격 전략입니다.

가격을 낮춰서 경쟁하려 하지 마세요. 그것은 우리 스스로를 '언제든 대체 가능한 소모품'으로 만드는 일입니다. 대신 가치를 높이세요. 사장님의 철학을 팔고, 쾌적한 공간을 팔고, 다정한 인사를 파세요. 가격은 사장님이 제공하는 그 모든 가치에 대한 정당한 대가여야 합니다.

그럼에도 싸게 팔아야 한다면?

안동에는 '청하감자탕'이라는 뼈해장국 전문점이 있습니다. 2대째 이어져 오고 있는 40년 이상의 노포입니다. 이곳은 뼈해장국 한 그릇에 8,000원을 받는데, 음식이 나오면 손님들은 "와, 이게 8,000원이라고?" 하며 탄성을 지릅니다. 뚝배기 위로 산처럼 쌓인 뼈와 우거지를 보면 사장님이 남는 게 있을까 걱정될 정도입니다.

보통의 해장국집들이 뼈 두세 덩이를 줄 때, 이곳은 그야말로

탑을 쌓아줍니다. 고객 입장에서는 횡재한 기분이 들지만, 경쟁 가게 사장님들이 보면 "저렇게 퍼주고 망하려고 하나?"라는 생각이 들 수도 있습니다. 하지만 여기서 우리가 읽어야 할 것은 '원가율'이 아니라 '마케팅 비용의 전환'입니다. 이 가게는 배달 앱 깃발 꽂기나 블로그 체험단 같은 유료 광고를 거의 하지 않습니다. 대신 그 마케팅 예산을 고스란히 뚝배기 안에 쏟아부은 것입니다.

물론 자가 건물이기 때문에 월세와 같은 고정비가 덜 들어가는 것은 사실입니다. 하지만 청하감자탕이 장사를 해서 본인의 건물을 갖기까지는 압도적인 가성비가 있었기에 가능했습니다. 따라서 지금 장사가 잘되는 결과만 보고 일반화하기보다는, 처음 성장하던 시점의 전략을 고민해볼 필요가 있습니다.

수익 측면에서 접근해보겠습니다. 일반적인 식당이 매출의 5~10%를 광고비로 쓴다고 가정해 보겠습니다. 한 달 매출이 3,000만 원이면 150만 원에서 300만 원이 광고비로 나갑니다. 하지만 이 돈을 네이버나 인스타그램에 주는 대신, 고객에게 고기 한 덩어리를 더 주는 데 사용하면 어떻게 될까요? 산처럼 쌓인 뼈해장국을 받은 손님들은 시키지 않아도 스마트폰을 꺼낼 것입니다. 그리고 "안동에 가면 꼭 먹어야 할 미친 가성비 맛집"이라며 자발적으로 SNS에 홍보도 할 것입니다. 수천만 원짜리 광고보다 훨씬 강력한 '진짜 리뷰'가 매일매일 쏟아지는 셈입니다.

많은 사장님이 "요즘 손님이 없어서 광고를 해야 하나" 고민하며 마케팅 대행사에 돈을 씁니다. 하지만 맛집의 본질은 결국 음식입니다. 8,000원을 내고 15,000원어치의 만족감을 느낀 고객은 절대 그 가게를 배신하지 않습니다. 오히려 입소문을 내주는 가장 성실한 영업사원이 됩니다. 청하감자탕은 '싸게 파는 것'이 아니라, '광고비를 식재료비로 치환'하여 고객을 끌어들이는 가장 확실한 투자를 하고 있는 것입니다.

물론 무작정 많이 준다고 능사는 아닙니다. 이 전략이 통하려면 '회전율'이 뒷받침되어야 합니다. 청하감자탕의 메뉴는 감자탕과 뼈해장국, 사실상 '뼈' 하나로 통일되어 있습니다. 메뉴가 단순하다는 것은 조리 속도가 빠르다는 뜻입니다. 주방에서는 하루 종일 뼈를 삶고, 주문이 들어오면 퍼 담기만 하면 됩니다. 손님은 앉자마자 음식을 받고, 뜨거운 국물에 밥을 말아 20분이면 식사를 마칩니다. 점심시간에 테이블이 3~4바퀴씩 도는 빠른 회전 속도가 수익을 극대화해주는 것입니다.

동네 가게가 만드는 규모의 경제

판매량이 많아지면 원가를 낮출 수 있습니다. 이것을 '규모의 경제'라고 설명드렸는데요. 하루에 뼈해장국 50그릇을 파는 집과 500그릇을 파는 집이 거래처에서 받아오는 고기 단가가 같을 수 있을까요? 아니겠죠. 500그릇을 파는 집은 거래처 사장님에게 갑의 위치에 있을 것입니다. 더 좋은 고기를 더 싼 가격에, 가장 먼저 공급받을 수 있는 힘이 생기는 것입니다.

싼 가격에 판매하면서도 산더미 같은 양을 줄 수 있는 비결은 여기에 있습니다. 손님이 몰려오니 재료 소진 속도가 빠르고, 그만큼 사입량이 많아지니 구매 단가(원가)가 낮아지는 선순환 구조입니다. 남들은 5,000원에 사 오는 뼈를 3,500원에 사 올 수 있다면, 같은 8,000원에 팔아도 남들보다 고기를 훨씬 더 많이 넣어줄 수 있습니다. 즉, "많이 퍼줘서 손님이 많은 것"이기도 하지만, 역으로 "손님이 많아서 많이 퍼줄 수 있는 것"이기도 합니다.

또한 이 구조는 '재고의 신선함'이라는 또 다른 차별성을 만들어냅니다. 회전율이 낮은 집은 냉장고에서 며칠 묵은 재료를 쓰게 되지만, 하루에 수백 그릇이 나가는 집은 매일 들어온 신선한 고기를 당일에 소비합니다. 잡내가 날 틈이 없고, 고기의 맛이 좋을 수밖에 없습니다. 맛이 좋으니 손님이 더 오고, 손님이 더 오니 재료가 더 빨리 소진되어 더 싸게 사 올 수 있는, 그야말로 완벽한 선순환 구조가 만들어지는 것입니다.

여기에 숨겨진 마진, 바로 주류 매출도 놓쳐선 안 됩니다. 8,000원짜리 해장국 양이 푸짐하면, 저녁 손님들은 이를 단순한 식사가 아닌 훌륭한 술안주로 인식합니다. "이 안주에 소주 한잔 안 할 수 없지"라며 소주를 시키는 순간, 객단가가 높아집니다. 뼈해장국으로 고객을 유인(미끼 상품)하고, 마진율 높은 주류로 수익을 챙기는(수익 상품) 구조가 되는 것입니다. 원가율이 높은 음식 메뉴의 부담을 술이 상쇄해주며 전체적인 이익률을 맞춰주는 것입니다.

청하감자탕은 오래된 노포라는 장점이 있습니다. 그러나 핵심은 '구조'라는 것을 놓쳐서는 안 됩니다. 메뉴를 단순화해서 특정 식재료의 구매력을 높이고, 광고비 대신 고객의 접시를 채워 회전율을 높이는 전략은 작은 가게에서도 충분히 시작할 수 있습니다. 싸게 팔아서 망하는 가게는 무턱대고 싸게 팔기 때문이고, 싸게 팔아서 부자가 되는 가게는 싸게 팔아도 남는 구조를 만들었기 때문입니다.

가격은 '언어'이다

때로는 가격을 확 낮춰서라도 손님을 끌어모아야 할 때가 있고, 반대로 가격을 높여서 우리 가게의 품격을 지켜야 할 때도 있습니다. 가격은 단순히 제품에 붙은 숫자가 아니라, 사장님이 시장과 고객에게 던지는 '언어'라고 봐야 합니다.

가격을 깎는다는 것은 사장님의 살을 깎는 것처럼 아픈 일입니다. 그럼에도 가격을 인하해야 하는 순간들도 있습니다. 가장 대표적인 경우가 바로 시급한 재고 소진이 필요할 때입니다. 신선식품은 하루만 지나도 상품 가치가 뚝 떨어지고, 유행 지난 옷은 내년이 되면 짐만 됩니다. 이때의 가격 인하는 이익을 남기려는 욕심이 아니라, 가치가 '0'이 되기 전에 현금을 확보하고 창고를 비워 새로운 물건을 들여놓기 위한 현명한 결단입니다.

또한 새로운 시장에 진입할 때도 저가 전략은 유효합니다. 우리 동네에 처음 문을 연 가게가 겪는 가장 큰 어려움은 고객의 무관심입니다. 아무리 맛있는 음식도 먹어보지 않으면 알 수 없고, 아무리 뛰어난 기술도 경험해보지 않으면 믿을 수 없습니다. 이때 오픈 이벤트나 할인 행사는 고객들에게 "한번 가볼까?" 하는 마음을 먹게 만드는 요인이 되곤 합니다.

더 큰 이익을 위한 미끼로서 가격을 낮추는 경우도 있습니다. 대형 마트가 삼겹살을 원가 이하로 팔면서 손님을 끌어모으는 이유를 아실 겁니다. 고객은 삼겹살을 사러 왔다가 상추도 사고, 쌈장도 사고, 맥주도 삽니다. 동네 가게도 마찬가지입니다. 호프집에서 마른안주를 아주 싸게 팔아 맥주 판매를 유도하거나, 카센터에서 엔진오일 교환을 저렴하게 해주면서 정밀 점검을 제안하는 식입니다.

경쟁이 치열한 상권에서는 때론 가격 인하가 생존을 위한 방어막이 되기도 합니다. 우리 가게 주변에 비슷한 카페가 다섯 군데나 생겼다고 가정해 봅시다. 커피 맛이나 인테리어로 차별화하기가 하늘의 별 따기처럼 어려운 상황이라면, 고객은 결국 가격표를 보고 움직이게 됩니다. 이때 경쟁사가 가격을 내렸는데 우리만 가만히 있는다면, 순식간에 손님을 다 뺏기고 잊힐 수 있습니다. 물론 제 살 깎아먹기 식의 경쟁은 피해야겠지만, 시장에서 도태되지 않고 기회를 엿보기 위해 일시적으로 가격 경쟁력이라는 방패를 들어야 할 때도 분명 존재합니다.

가격 인상은 대체 불가능함을 증명해야

반대로 가격을 올리는 것은 고객을 잃을까 봐 두렵고 떨리는 일입니다. 하지만 조건을 갖춘 가격 인상은 오히려 우리 가게의 가치를 제대로 인정받고, 비즈니스의 체력을 키우는 기회가 됩니다. 그 첫 번째 조건은 바로 '프리미엄'이라는 확실한 명분입니다. 동네 초밥집이라도 냉동 생선이 아닌 최고급 숙성회를 쓰고, 사장님이 한 점 한 점 쥐어주는 오마카세 형식을 도입했다면 가격은 당연히 비싸야 합니다. 이때의 높은 가격은 "우리 가게는 아무나 오는 곳이 아니라, 맛을 아는 분들을 위한 곳"이라는 품질의 증명서가 됩니다. 고객은 단순히 배를 채우는 것이 아니라, 그 가격이 주는 '특별한 대우'를 소비하기 때문입니다.

두 번째 조건은 '대체 불가능한 기술'을 가졌을 때입니다. 미국 주식 시장을 뜨겁게 달구는 엔비디아(NVIDIA)를 보셨나요? AI 시대에 필수적인 칩을 독점하다시피 하니, 영업이익률이 50~60%에 달해도 고객들은 줄을 서서 사갑니다. 동네 가게도 마찬가지입니다. "이 동네에서 이 수입차 수리는 김 사장님밖에 못 해"라거나, "이 집 깍두기 맛은 죽었다 깨어나도 흉내 못 내"라는 소리를 듣는다면, 가격 결정권은 고객이 아니라 사장님에게 있습니다. 대체할 곳이 없는 가게는 1,000원, 2,000원의 가격 차이로 흔들리지 않습니다.

세 번째는 '강력한 팬덤'이 있을 때입니다. 최근 젠틀몬스터 같은 브랜드가 보여주는 행보가 좋은 예입니다. 안경이라는 물건을 넘어 파격적인 공간과 문화를 파니, 팬들은 가격을 따지지 않고 열광합니다. 동네 가게에서도 사장님의 취향과 철학을 좋아하는 단골들이 팬덤이 됩니다. "나는 사장님이 내려주는 커피가 아니면 안 마셔", "이 미용실 원장님하곤 대화가 통해서 좋아"라는 정서적 유대감이 쌓이면, 고객은 가격표보다 사장님과의 관계를 더 중요하게 생각합니다. 이것이 바로 오랜 시간 쌓아 올린 신뢰라는 자산의 힘입니다.

결국 가격 전략의 핵심은 사장님이 어떤 길을 가고 싶은가에 달려 있습니다. 가격을 내려서 박리다매로 승부하겠다는 것은 "누구보다 빠르고 효율적으로 팔겠다"는 선언이고, 가격을 올려서 제값을 받겠다는 것은 "누구도 흉내 낼 수 없는 가치를 팔겠다"는 약속입니다. 가장 이상적인 목표는 고객이 가격을 잊게 만드는 것입니다. 사장님이 제공하는 맛과 서비스, 그리고 경험이 너무나 압도적이어서, 고객이 계산할 때 가격표를 볼 생각조차 하지 않게 만드는 것. 그것이 우리 동네 사장님들이 지향해야 할 가격 전략의 종착점입니다.

4장. 손님이 다음 손님을 부르는 구조

INTRO TOPIC

장사가 잘되는 매장, 수익률이 높은 매장을 보면 공통점이 있습니다. 신규 고객보다 재구매 고객의 비율이 높다는 점입니다. 물론 새로운 손님도 계속 유입되어야 합니다. 하지만 한 번 방문한 손님이 다시 오지 않고, 누군가에게 이 가게를 이야기하지 않는다면 장사는 늘 제자리걸음일 수밖에 없습니다. 그 빈자리를 메우기 위해 광고를 집행하고 이벤트를 반복하게 되며, 그 과정에서 비용은 계속 쌓입니다.

그래서 동네 장사의 진짜 승부처는 재구매와 추천에 있습니다. 만족스러운 경험은 기억으로 남고, 그 기억은 말과 글, 사진과 행동으로 이어지기 마련입니다. "괜찮았어"라는 한마디, 리뷰 하나, 지인에게 건네는 추천이 모여 다음 손님으로 이어집니다. 이러한 흐름 역시 우연이 아니라, 자연스럽게 이어지도록 설계할 수 있습니다.

이 장에서는 한 번의 방문을 어떻게 다음 방문으로, 한 사람의 손님을 어떻게 또 다른 손님으로 이어갈 수 있는지를 살펴봅니다. 리뷰가 쌓이는 구조, 경험이 콘텐츠로 확장되는 지점, 그리고 관계가 반복 방문으로 이어지는 흐름을 정리해보겠습니다.

증명하고, 확장하고, 뭉쳐야 하는 이유

변화에 맞서는 방법

동네 사장님들을 만나보면 "경기가 너무 안 좋다", "상권이 다 죽었다"며 한숨을 내쉽니다. 유동인구가 줄어든 텅 빈 거리를 보며 불안해하고, 정부나 지자체가 무언가 해주기를 막연히 기다리기도 합니다. 하지만 외부 환경이 좋아지기를 기다리는 것은 전략이 아닙니다. 상권이 죽었다고 말하기 전에 내가 할 수 있는 일부터 해야 합니다.

상권이 축소되어 유동인구가 감소한 것은 내 힘으로 어쩔 수 없지만, 매장에 방문한 사람은 내가 만족시킬 수 있습니다. 친절하게 응대하고, 매장을 청결하게 유지하는 것도 온전히 내가 할 수 있는 일입니다.

모든 동네 매장들이 경쟁이라는 환경에 놓여 있기 때문에 우리 가게만의 차별점을 찾아서 마케팅을 하는 것입니다. 하지만 "최고급 재료를 씁니다", "정성을 다해 모십니다"라는 문구가 말뿐인 주장인 경우가 많습니다. 근거 없는 외침은 고객의 귀에 닿기도 전에 공허한 메아리가 되어 흩어질 뿐입니다. 고객의 마음을 움직이는 설득이 되기 위해서는, 사장님의 주장이 사실임을 입증하는 확실한 '증거'가 반드시 뒤따라야 하는 것입니다.

여기서 필요한 것이 '기록'입니다. 기록은 사장님의 주장을 증명하는 가장 강력한 증거 자료가 됩니다. 매일 새벽 신선한 야채를 고르는 거친 손길, 72시간 동안 육수 불 앞을 지키는 뒷모습, 보이지 않는 주방 구석까지 닦아내는 청소 루틴을 사진과 영상으로 남겨야 합니다. 이것들이 쌓이면 단순한 일상이 아니라 우리 가게의 진정성을 변호하는 서사가 되는 것입니다. "맛있다"고 백 번 외치는 것보다, 맛있어지기 위해 땀 흘리는 과정을 한 번 보여주는 것이 고객을 설득하는 가장 빠른 길입니다.

두 번째 키워드는 '확장'입니다. 오프라인 매장이 작다고 물리적 한계에 스스로를 가둘 필요는 없습니다. 고객이 우리 가게 앞을 지나가지 않는다면, 우리가 고객이 있는 곳으로 가야 합니다. 인스타그램과 유튜브는 전 세계와 연결된 소통의 창구이며, 스마트스토어는 대한민국 전체를 내 상권으로 만드는 영토 확장의 도구입니다. 오프라인에서는 동네 장사지만, 온라인에서는 전국구 맛집이 될 수 있습니다. 매장의 문은 닫혀 있어도 온라인의 문은 24시간 열어둠으로써, 고객과의 접점을 무한대로 넓히는 확장이 필요합니다.

세 번째 키워드는, '연대(뭉침)'입니다. 아무리 내 가게가 맛집으로 소문나고 온라인에서 날고 기어도, 내가 속한 골목 자체가 어둡고 침체되어 있다면 성장에 한계가 올 수밖에 없습니다. 동네 사장님 혼자만의 힘으로는 죽어가는 상권을 되살릴 수 없습니다. '나 혼자 산다'는 각자도생의 마음을 버리고, 상인회를 조직하고 옆 가게와 머리를 맞대야 합니다. 축제를 열든, 지도를 만들든, 함께 뭉쳐서 골목에 활기를 불어넣을 때 떠났던 고객들의 발길도 다시 돌아옵니다.

그리고 이 모든 전략을 관통하는 핵심은 '진정성'입니다. 블로그에 글을 쓰고, 유튜브에 영상을 올리고, 매장에서 이벤트를 진행하는 것 등은 단순한 마케팅 기술로 그쳐서는 안됩니다. 화려한 편집 기술이나 자극적인 멘트는 고객의 눈을 잠시 속일 수 있을지 몰라도, 그 지속력은 짧습니다. 그러나 투박하더라도 꾸준히 쌓아 올린 진심은 배신하지 않습니다. 고객은 귀신같이 알아챕니다. 돈을 벌기 위해 역지로 하는 것인지, 아니면 정말로 자신의 업을 사랑하고 고객을 아끼는 마음으로 임하는지를 말입니다.

AI가 1초 만에 그럴듯한 문장과 이미지를 만들어내는 시대일수록, 사람이 흘린 땀방울과 정직한 시간의 가치는 더욱 빛나기 마련입니다. 누구나 그럴듯한 가게를 흉내 낼 수는 있어도, 사장님이 묵묵히 지켜온 세월과 그 속에 담긴 진정성 만큼은 결코 복제할 수 없기 때문입니다. 기록하고, 증명하고, 확장하고, 연대해야 합니다. 그리고 이 모든 것은 진심으로 해야 하는 것들입니다.

서사의 시대, 어디에 기록할 것인가?

그렇다면 기록과 증명의 과정은 어디서 이루어져야 할까요? 인스타그램이나 유튜브처럼 화려하고 빠른 채널도 좋지만, 동네 사장님에게 가장 기본이 되어야 할 베이스캠프는 바로 '블로그'입니다.

인스타그램의 피드는 시간이 지나면 아래로 묻혀버리지만, 블로그의 글은 차곡차곡 쌓여 우리 가게의 '역사'가 되고, 고객이 검색했을 때 언제든 꺼내볼 수 있는 '자산'이 되기 때문입니다.

"요즘 세상에 누가 블로그를 보냐"고 반문하실 수 있습니다. 하지만 놀랍게도 최근 몇 년 사이 블로그 사용자가 가장 가파르게 증가한 세대는 바로 텍스트보다 영상이 익숙할 것 같은 2030 젊은 층입니다. 휘발되는 숏폼 콘텐츠에 지친 이들이, 진솔한 기록과 깊이 있는 정보가 담긴 블로그로 다시 돌아오고 있는 것입니다. 또한 블로그는 태생적으로 검색 엔진이 가장 좋아하는 구조를 갖추고 있어, 여전히 온라인상에서 우리 가게를 알리는 가장 강력한 베이스캠프 역할을 합니다.

혹자는 "요즘 누가 검색하나요? 다들 챗GPT나 제미나이한테 물어보죠"라고 말합니다. 맞습니다. 바야흐로 생성형 AI의 시대입니다. 하지만 역설적이게도 바로 그 이유 때문에 블로그는 더욱 중요해집니다. 인공지능이 뚝딱 답변을 내놓는 것처럼 보이지만, AI는 스스로 정보를 창조하는 것이 아니라 기존에 존재하는 방대한 데이터를 학습해서 답하는 것이기 때문입니다. 그렇다면 AI가 가장 학습하기 좋고 신뢰하는 데이터는 어디에 있을까요? 바로 텍스트로 논리 정연하게 정리된 '블로그'입니다.

최근 포털 사이트에서 검색을 해보면 AI가 요약된 답변을 최상단에 먼저 보여줍니다. 이 답변의 근거가 되는 것이 바로 블로그의 글들입니다. 결국 '검색이 잘된다'는 말은 'AI가 학습하기 좋다'는 말과 같습니다. AI가 우리 가게를 추천하고 소개하게 만들고 싶다면, AI에게 양질의 학습 데이터를 제공해야 합니다. 로봇이 읽기 가장 좋은 교과서인 블로그는, 사람이 검색하는 시대는 물론 AI가 답하는 시대에도 여전히 대체 불가능한 핵심 채널이 될 것입니다.

어떤 이야기를 기록할 것인가?

블로그를 시작하려는 사장님들이 가장 많이 하는 고민은 "도대체 뭘 써야 할지 모르겠다"는 것입니다. 그래서 흔히 범하는 실수가 인터넷 검색만 하면 다 나오는 정보를 그대로 옮겨 적는 것입니다. 예를 들어 파스타 가게 사장님이 '까르보나라 만드는 법'이나 '파스타의 유래'를 적는 식입니다. 냉정하게 말해, 이런 정보는 대기업 식품회사 블로그나 요리 연구가의 글에 훨씬 잘 정리되어 있습니다. 누구나 쉽게 얻을 수 있는 정보는 고객 입장에서 정보가 아니라 '시간 낭비(쓰레기)'일 뿐입니다.

고객이 동네 사장님 블로그에서 보고 싶은 것은 '정보'가 아니라 '이야기'입니다. 요리법 대신, '오늘 새벽 시장에서 유난히 싱싱한 토마토를 발견해서 기분이 좋았던 이야기'나 '갑자기 소스가 마음에 안 들어서 점심 장사를 30분 늦게 시작하며 겪은 마음고생'을 적어보는 것입니다 이것은 네이버 어디를 검색해도 나오지 않는, 오직 사장님만이 할 수 있는 콘텐츠입니다. 남들이 다 아는 정보가 아니라, 우리 가게 안에서 일어나는 희로애락을 담아야 그것이 곧 차별화된 콘텐츠가 됩니다.

초점을 나(제품)에서 고객으로 돌리는 것도 블로그를 풍성하게 만드는 최고의 비결입니다. 예를 들어 동네 떡집을 운영한다고 가정해 보겠습니다. 오로지 '떡'이라는 제품에만 초점을 맞추면 쓸 수 있는 글은 기껏해야 떡의 종류 수만큼일 것입니다. 시루떡, 인절미, 가래떡에 대한 설명을 한 번씩 쓰고 나면 더 이상 쓸 말이 없어 막막해지기 십상입니다. 하지만 앵글을 살짝 틀어 떡을 사러 오는 사람에게 맞추면, 똑같은 떡이라도 이야기는 매일매일 새롭게 피어납니다.

20년 전 엄마 손을 잡고 와서 꿀떡을 집어 먹던 꼬맹이가 어느새 훌쩍 커서 결혼식 이바지 떡을 맞추러 온 이야기, 그 딸이 다시 예쁜 아들을 낳아 백일 떡을 주문하며 3대가 단골이 된 사연은 그 어떤 드라마보다 감동적입니다. 수능 날 아침 찹쌀떡을 사가며 손을 떨던 학부모가 합격 소식을 들고 떡을 돌리러 왔을 때의 벅찬 감정은 오직 동네 사장님만이 기록할 수 있는 역사입니다. 이런 이야기들이 쌓이면 블로그는 단순한 떡집 홍보판이 아니라, 동네 사람들의 삶과 추억이 담긴 따뜻한 사랑방이 됩니다. 고객은 떡이 아니라, 그 속에 담긴 우리의 이야기를 읽으러 오게 될 것입니다.

블로그에는 사람 냄새가 나야 합니다. 블로그를 제품 자랑이나 스펙 나열의 장으로 만들지 말아야 합니다. 고객은 차가운 상품 설명서보다는 따뜻한 사람의 이야기에 반응하기 마련입니다. 화려한 미사여구로 포장된 '최고의 맛'이라는 주장보다, 투박하더라도 진심이 담긴 사장님의 일기 한 줄이 고객의 마음을 움직이는 법입니다.

글솜씨보다 중요한 것은 꾸준함

블로그는 단거리 달리기가 아니라 마라톤과 같습니다. 장사도 오픈 초기의 열정이 지나면 지루한 일상과의 싸움이 시작되듯, 블로그도 마찬가지입니다. 처음에는 의욕적으로 매일 글을 쓰지만, 한 달, 두 달이 지나도 매출로 직결되지 않으면 "이게 맞나?" 싶은 의구심에 금방 지치게 됩니다. 하지만 검색 엔진이 우리 블로그를 '믿을 수 있는 정보원'으로 인식하고 상단에 노출시켜 주기까지는 최소 몇 개월의 기간이 필요합니다. 뚝배기도 달궈지는 데 시간이 걸리듯, 블로그 마케팅에 하루아침 대박은 없습니다.

오프라인 매장을 쓸고 닦듯, 내 블로그에도 하루에 몇 번씩 들어가 애정을 쏟아야 합니다. 달리는 댓글은 우리 가게 문을 열고 들어온 손님의 인사와 같습니다. 감사한 마음으로 정성껏 답글을 달아줘야 합니다. 개중에는 악플이나 비난이 달릴 수도 있습니다. 이때 얼굴을 붉히며 싸울 필요가 없습니다. 온라인 공간은 닫힌 방이 아니라 모두가 지켜보는 광장입니다. 비난조차 관심이라 생각하고 의연하고 예의 바르게 대처할 때, 그 모습을 지켜보는 수많은 잠재 고객들은 사장님의 인품을 신뢰하게 됩니다.

하루 종일 주방과 홀을 오가는 사장님들에게 매일 글쓰기는 엄청난 숙제처럼 느껴질 수 있습니다. 이럴 때는 한 번에 완벽한 글을 쓰려 하지 마시고, 네이버 블로그의 '임시저장'과 '예약 발행' 기능을 활용하라고 안내드립니다. 재료 손질하다가 잠시 쉴 때 한 문단, 브레이크 타임에 사진 한 장 올려두며 틈틈이 '저장'만 해두는 겁니다. 그렇게 모인 조각들을 다듬어 예약 발행을 걸어두면,

사장님이 잠든 시간에도 블로그는 성실하게 우리 가게를 홍보해 줄 것입니다.

공부하는 사장님이 오래간다

블로그가 세상에 등장한 지 벌써 20년이 훌쩍 넘었습니다. 그 긴 세월만큼이나 블로그를 잘 운영하는 방법, 즉 '검색 엔진 최적화(SEO)'에 대한 노하우는 유튜브와 각종 커뮤니티에 차고 넘칩니다. 이제는 "방법을 몰라서 못 한다"는 핑계가 통하지 않는 시대입니다. 맛있는 음식을 만들기 위해 끊임없이 레시피를 연구하듯, 내 진심을 더 많은 고객에게 배달하기 위해서는 블로그라는 도구의 사용법을 꾸준히 공부해야 합니다.

가장 쉬운 공부법은 이미 잘하고 있는 사람들을 관찰하는 것입니다. 우리 동네 1등 가게는 블로그 제목을 어떻게 뽑는지, 본문의 구조는 어떻게 잡는지, 사진과 글의 배치는 어떻게 하는지 유심히 살펴보세요. 상위에 노출되는 블로그들은 우연히 그 자리에 간 것이 아닙니다. 네이버의 검색 로봇이 좋아하는 규칙을 철저히 지켰기 때문입니다. 경쟁자의 블로그를 분석하고 벤치마킹하는 것은 맨땅에 헤딩하는 시행착오를 줄여주는 가장 효율적인 지름길입니다.

아무리 좋은 글도 아무도 읽지 않으면 혼자 보는 일기장에 불과합니다. 내 글이 고객의 눈에 띄기 위해서는 상위 노출을 위한 기본적인 문법(SEO)을 익혀야 합니다. 고객들이 어떤 단어(키워드)로 검색하는지 파악하고, 그 키워드를 제목과 본문에 자연스럽게 녹여

내는 방법을 배워야 합니다. 이것은 꼼수가 아닙니다. 정보의 바다에서 내 글을 필요로 하는 고객이 더 쉽고 빠르게 우리 가게를 찾을 수 있도록 돕는 '친절한 이정표'를 세우는 과정입니다.

마지막으로, AI라는 강력한 무기를 손에 쥐어야 합니다. 글주변이 없다고 걱정할 필요 없습니다. 챗GPT나 제미나이 같은 생성형 AI 도구들은 사장님의 투박한 초안을 매끄럽게 다듬어주고, 생각지도 못한 풍성한 글감과 표현력을 더해줍니다. 어떤 분은 나보다 나의 마음을 더 잘 안다고 표현하기도 합니다.

리테일러, 미디어가 되다

우리 가게는 AI의 추천 목록에 있는가?

주말에 가볼만한 곳을 찾거나, 저녁 회식장소를 찾을 때 우리는 네이버를 켭니다. 검색창에 '강남역 맛집'을 입력하고, 지도정보의 기본정보와 사용자 리뷰를 확인하고, 블로그 후기를 읽어보고, 주차는 되는지 등을 따져본 뒤에야 결정을 합니다. 이것이 지금까지의 검색방식이었습니다. 사용자가 직접 정보를 찾고, 비교하고, 선택하는 능동적인 과정이었던 것이죠.

그런데 이런 흐름에 변화가 있습니다. 네이버 앱을 켜자마자 내 눈앞에 내가 딱 좋아할 만한 식당이 콘텐츠처럼 떠 있는 것입니다. 이것은 최근에 내가 검색했던 키워드, 사는 지역, 나의 나이와 성별, 심지어 평소에 자주 클릭했던 메뉴 스타일까지 분석해서 인공지능(AI)이 '여기 어때요?'라며 슬그머니 제안을 건네는 것인데요.

나의 최근 관심사이기도 해서 무의식적으로 그 추천 매장을 클릭해서 내용을 확인하곤 합니다. 그러넨 이것은 나의 의지라기보다, 플랫폼이 설계한 알고리즘의 안내를 따른 결과에 가깝습니다. 검색(Search)의 시대가 저물고, 발견(Discovery)의 시대가 온 것인데요. 플랫폼이 곧 광고 매체가 되어 고객의 구매 여정 전체를 설계하고 제안하는 현상, 이것이 바로 '리테일 미디어(Retail Media)'입니다.

이커머스에서 쿠팡이나 아마존이 "이 상품을 산 고객이 함께 본 상품"을 추천하며 지갑을 열게 했듯, 이제는 오프라인 골목 상권에서도 똑같은 일이 벌어지고 있습니다. 네이버의 '스마트플레이스'와 'AI 장소 추천' 시스템은 단순한 지도 서비스가 아닙니다. 고객이 무엇을 원할지 미리 예측하여 사장님의 가게를 보여주거나, 혹은 감춰버릴 수도 있는 거대한 광고판(Media)이 되고 있는 것입니다.

골목으로 들어온 리테일 미디어

온라인 쇼핑몰에서 구매 이력을 바탕으로 상품을 추천하듯, 오프라인 세상에서는 '위치'와 '검색 의도'가 가장 강력한 데이터가 됩니다. 과거에는 전단지를 천 장 뿌려야 그중 한두 명이 올까 말까 했습니다. 하지만 지금의 고객은 "강남역 삼겹살", "홍대 조용한 카페"처럼 아주 구체적인 욕구를 가지고 지도 앱을 켭니다. 이때 네이버 지도나 카카오맵은 고객의 현재 위치와 검색 의도를 파악하여, 그 순간 가장 적합한 매장을 슬그머니 밀어주는 거대한 리테일 미디어 플랫폼으로 확장하고 있습니다.

실제로 네이버 스마트플레이스를 보면 이 변화가 명확합니다. 고객이 '분당 미용실'을 검색했을 때, 상단에 노출되는 매장은 우연히 그 자리에 있는 것이 아닙니다. 플레이스 광고를 집행한 곳이거나, 예약 및 리뷰 데이터가 쌓여 알고리즘의 선택을 받은 곳들입니다. 고객은 지도에서 가까운 순서대로 매장을 본다고 생각하지만, 사실은 플랫폼이 정교하게 설계한 광고의 순서대로 매장을 '발견'하고 있는 것입니다.

배달 앱 역시 리테일 미디어로 확장되고 있습니다. 배달의민족 앱을 켜면 "우리 동네 맛집"이나 "주문 많은 순" 랭킹이 보입니다. 고객은 이를 객관적인 순위라고 믿지만, 그 이면에는 클릭률, 주문 전환율, 그리고 광고 상품이 복잡하게 얽혀 있습니다. 고객이 치킨을 먹고 싶어 앱을 켰을 때(구매 의도 발생), 우리 가게 쿠폰이 팝업으로 뜨거나 상단 배너에 노출되는 것(광고 노출), 그리고 바로 주문 결제로 이어지는(구매 전환) 이 일련의 과정은 리테일 미디어 구조와 일치합니다.

결국 동네 사장님들에게 리테일 미디어란, 고객이 움직이는 동선을 장악하는 싸움입니다. 예전에는 목 좋은 사거리에 가게를 얻는 것이 최고의 투자였다면, 지금은 고객의 스마트폰 속 검색 여정에서 우리 가게를 노출시키는 것이 최고의 입지 선정입니다. 단순히 맛있는 음식을 만드는 것을 넘어, 플랫폼이 우리 가게를 고객에게 추천할 수 있도록 데이터를 쌓고 광고를 최적화하는 과정이 필수가 되고 있는 것입니다.

데이터가 손님을 데려온다

리테일 미디어의 핵심 경쟁력은 '퍼스트 파티 데이터(First-Party Data)', 즉 직접 수집한 고객 데이터에 있습니다. 동네 사장님들도 알게 모르게 이 데이터를 활용하고 있습니다. 네이버 예약으로 방문한 손님, 스마트스토어에서 밀키트를 주문한 고객, 인스타그램에서 우리 가게 태그를 누른 사람들의 데이터가 쌓이고 있기 때문입니다. 이제 플랫폼의 AI는 이 데이터를 바탕으로 사장님 대신 영업을 할 수 있게 되었습니다.

예를 들어보겠습니다. 네이버는 사장님의 가게를 예약하고 방문했던 고객이 누구인지, 주로 어떤 요일에 오는지, 평균 얼마를 결제하는지 알고 있습니다. 이 데이터를 바탕으로 AI는 "지난달에 방문했던 고객님, 1주년 기념 쿠폰을 보내드릴까요?"라고 사장님에게 제안하거나, 고객의 네이버 앱 홈 화면에 우리 가게의 새로운 소식을 띄워줍니다. 사장님이 전단지를 들고 밖으로 나가지 않아도, AI가 알아서 우리 가게를 좋아할 확률이 높은 사람만 골라 타겟팅 광고를 보여주는 것입니다.

인스타그램 역시 마찬가지입니다. 우리 동네 반경 2km 내에 거주하면서, '디저트'나 '육아'에 관심 있는 30대 여성에게만 우리 가게 게시물을 보여줄 수 있습니다. 이것은 불특정 다수에게 뿌려지는 전단지와는 차원이 다른 효율을 보여줍니다. 고객 입장에서도 뜬금없는 스팸 광고가 아니라, 내가 평소 관심 있던 분야의 정보를 추천받는 느낌을 받습니다. 이렇게 정교해진 타겟팅은 광고를 '정보'나 '콘텐츠'로 인식하게 만들고, 구매 전환율을 비약적으로 높여줍니다.

이제 동네 장사도 '감'이 아닌 '데이터'로 하는 시대입니다. "비 오니까 파전 찾겠지?"라는 사장님의 감도 중요하지만, "비 오는 날 파전을 검색한 30대 남성이 이 시간대에 접속했다"는 플랫폼의 데이터는 훨씬 더 강력합니다. 리테일 미디어 환경에서 승리하는 사장님은 광고비를 많이 쓰는 사람이 아니라, 플랫폼이 제공하는 데이터 도구를 이해하고 내 가게의 단골이 될 사람을 AI에게 정확히 알려주는 사람입니다.

네이버는 리테일 미디어다

네이버의 가장 큰 수익 모델은 예나 지금이나 광고입니다. 과거에는 우리가 궁금한 정보를 찾을 때 검색 결과 상단에 뜨는 텍스트 위주의 '파워링크'가 주력이었습니다. 마치 도서관에서 책을 찾듯 정보를 찾는 과정에 광고가 살짝 얹혀있는 형태였죠. 하지만 지금 네이버를 켜보세요. 이제 네이버는 정보를 찾는 도서관이 아니라, 물건을 사고 식당을 예약하는 거대한 쇼핑몰이자 상가 수첩이 되었습니다.

일각에서는 네이버가 너무 상업적으로 변했다고 비판하기도 합니다. 하지만 플랫폼 입장에서 보면 이는 생존을 위한 필연적인 선택입니다. 네이버는 블로그(콘텐츠), 카페(커뮤니티), 지도(오프라인), 스마트스토어(쇼핑)라는 강력한 무기를 모두 쥐고 있습니다. 이 모든 자산을 연결하여 사용자가 네이버 안에서 먹고, 사고, 즐기는 모든 소비 활동을 해결하게 만드는 것, 이것이 바로 네이버가 꿈꾸는 리테일 미디어 일 것입니다.

　동네 사장님들에게 이 변화가 시사하는 바는 명확합니다. 이제 네이버 스마트플레이스나 스마트스토어는 선택이 아니라 필수 생존 도구입니다. 수십만 개의 가게가 경쟁하는 상황에서, 단순히 "맛있으면 온다"는 생각은 위험합니다. 네이버라는 거대한 쇼핑몰 안에서 내 가게가 진열되지 않으면, 소비자는 우리 가게의 존재조차 알 수 없습니다. 검색 광고와 플레이스 관리를 통해 적극적으로 우리 가게를 쇼핑 목록 상단에 올리는 노력이 그 어느 때보다 중요해졌습니다.

목적구매에서 충동구매로

　네이버는 인공지능(AI) 기술을 가장 적극적으로 커머스에 접목하고 있는 플랫폼입니다. 혹시 네이버 쇼핑이나 지도를 보다가 "어? 이거 내가 찾던 건데?" 하고 놀라신 적 없으신가요? 네이버의 AI 추천 시스템인 'AiTEMS(에이아이템즈)'가 나의 검색 기록, 장바구니 목록, 클릭한 가게 정보 등 막대한 데이터를 분석하여 내가 좋아할 만한 상품과 장소를 실시간으로 제안했기 때문입니다.

　이러한 개인화 추천은 소비자가 계획에 없던 지갑을 열게 만드는 데 효과가 있습니다. 예를 들어, 홍대 근처 미용실을 예약하려던 고객에게 AI는 그 주변의 분위기 좋은 카페나 맛집을 슬그머니 추천해 줍니다. 고객은 원래 미용실만 갈 생각이었지만, "어차피 가는 김에 여기도 가볼까?" 하며 추천된 가게를 클릭하게 됩니다. 네이버 앱의 포유(FOR YOU) 탭이나 장소 추천 기능은 이렇게 고객의 잠재된 욕구를 자극하여 새로운 구매를 창출하는 역할을 합니다.

또한 네이버는 광고와 콘텐츠의 경계를 허무는 네이티브 광고 방식을 아주 영리하게 사용하고 있습니다. 스마트스토어 상세페이지 하단을 보면 '함께 보면 좋은 상품'이나 '추천 상품' 목록이 뜹니다. 고객은 이를 네이버가 제공하는 유용한 정보로 받아들이지만, 사실 그 안에는 교묘하게 배치된 광고 상품들이 섞여 있습니다. "광고니까 거르자"라는 거부감 없이, 자연스럽게 정보를 소비하다가 광고에 노출되고 구매까지 이어지게 만드는 고도의 전략입니다.

오프라인 매장을 운영하는 사장님들도 이 흐름을 타야 합니다. 우리 가게가 네이버의 AI 알고리즘에 잘 발견되도록 만드는 것이 중요합니다. 네이버 예약, 주문, 결제(네이버페이) 등을 적극적으로 도입하여 우리 가게의 데이터를 네이버에 충분히 제공해야 합니다. 데이터가 쌓일수록 AI는 우리 가게를 좋아할 만한 확률이 높은 고객을 찾아내어, 그들의 스마트폰 화면 가장 잘 보이는 곳에 우리 가게를 추천해 줄 것입니다.

결제 이후까지도 놓치지 않는다

리테일 미디어의 무서움은 고객의 구매 여정 중 단 한 순간도 놓치지 않는다는 점에 있습니다. 검색할 때는 파워링크로, 고민할 때는 추천 콘텐츠로 개입하던 네이버는 이제 결제 이후의 단계까지 손을 뻗고 있습니다. 최근 네이버페이로 결제를 마친 완료 화면이나 배송 조회 화면에 광고가 뜨는 것을 보셨을 겁니다.

예를 들어 스마트스토어에서 캠핑 의자를 산 고객에게, 결제 완료 화면에서 캠핑용 랜턴이나 테이블 광고를 보여주는 식입니다. 이미 지갑을 연 고객은 심리적으로 무장해제된 상태이기 때문에, "이것도 필요하지 않을까?"라는 제안에 훨씬 쉽게 넘어갑니다. 오프라인 매장에서도 마찬가지입니다. 네이버페이로 식사비를 결제한 손님에게 "리뷰를 쓰면 다음 방문 시 쿠폰 증정" 알림을 보내 재방문을 유도하는 것 역시 결제 이후의 순간을 마케팅 기회로 삼는 리테일 미디어 전략의 일환입니다.

여기에 '시간 한정'이라는 심리적 장치가 더해집니다. 네이버 쇼핑라이브나 브랜드데이 행사처럼 "오늘만 이 가격", "방송 중에만 드리는 혜택" 같은 문구는 소비자의 이성을 마비시키고 긴박감을 조성합니다. 동네 사장님들도 이를 응용할 수 있습니다. 네이버 플레이스 소식란에 "오늘 비 오는 날 한정, 파전 주문 시 막걸리 1병 서비스" 같은 게릴라 이벤트를 올리는 것입니다. 이는 소비자의 선택을 기다리는 것이 아니라, 구매를 끌어당기는 능동적인 전략이 되는 것입니다.

광고는 선택이 아니라 필수

리테일 미디어는 거부할 수 없는 거대한 흐름입니다. 네이버, 당근, 쿠팡, 카카오 등이 깔아놓은 리테일 미디어 판 위에서, 우리 가게가 주인공이 될 수 있도록 도구를 영리하게 활용하는 것이 필요합니다. 대표적인 활동으로 광고를 들 수 있습니다.

네이버 생태계를 뜯어 보면 현실이 더 명확해지는데요. 스마트

스토어나 쇼핑 검색을 이용해 보셨다면 아시겠지만, 소비자가 특정 키워드를 검색했을 때 가장 먼저 눈에 띄는 영역은 어김없이 광고(Ad) 딱지가 붙은 상품들입니다. 네이버는 쇼핑검색광고, 파워링크, 그리고 최근 도입된 스마트스토어 간 교차 광고 시스템 등을 통해 소비자의 구매 여정 길목마다 촘촘하게 유료 광고 좌석을 배치해 두었습니다. 이는 오프라인 매장도 마찬가지입니다. 동네 맛집을 찾기 위해 지도를 켰을 때, 가장 위에 뜨는 매장들은 대부분 플레이스 광고를 집행 중인 곳들입니다. 우리가 아무리 블로그를 열심히 쓰고 리뷰를 관리해도, 광고비를 집행하는 경쟁 매장이 검색 결과의 최상단을 차지하는 구조를 유기적인 노력만으로는 이기기 어렵습니다.

특히 오프라인 사장님들에게 네이버 스마트플레이스 광고는 소리 없는 전쟁터와도 같습니다. 고객이 '강남역 맛집'이나 '홍대 미용실'을 검색한다는 것은 지금 당장 방문하거나 예약하겠다는 구매 의도를 가진 상태입니다. 이때 우리 매장이 1페이지 상단에 보이지 않는다면, 고객은 우리 가게의 존재조차 모른 채 경쟁 가게로 발길을 돌리게 됩니다. 플레이스 광고는 고객이 클릭했을 때만 비용이 나가는 종량제(CPC) 방식이고, 무엇보다 구매 직전의 손님을 낚아챌 수 있는 방법 중 하나입니다.

동네 기반의 리테일 미디어인 당근(구 당근마켓) 광고 역시 동네 사장님들에게 활용도가 커지고 있습니다. 네이버가 검색을 통해 목적이 분명한 고객을 유입시키는 채널이라면, 당근은 발견을 통해 잠재 고객을 유입시키는 역할을 합니다. 슬리퍼를 신고 갈 수 있는 우리 동네 주민들이 중고 거래를 하거나 동네 생활 글을 읽을 때,

자연스럽게 우리 가게의 소식이나 할인 이벤트를 노출하는 것입니다. "우리 동네에 이런 빵집이 있었네?" 하며 인지하게 만드는 것이죠. 이는 전단지를 무작위로 뿌리는 것보다 훨씬 정교하며, 실제 내 가게를 방문할 확률이 높은 진짜 이웃에게만 타겟팅할 수 있다는 점에서 비용 대비 효과가 뛰어납니다.

물론, 돈으로만 해결하라는 의미는 아닙니다. 광고로 고객을 우리 가게(온라인/오프라인)까지 데려올 수는 있지만, 지갑을 열게 하는 것은 결국 사장님의 증명(콘텐츠)과 진정성입니다. 광고만 하고 콘텐츠가 부실하면 밑 빠진 독에 물 붓기가 되고, 반대로 콘텐츠는 좋은데 광고를 안 하면 산속 깊은 곳에 있는 맛집처럼 아무도 찾아오지 않습니다. 따라서 광고로 유입시키고, 콘텐츠로 설득한다는 이원화 전략이 필요한 것입니다.

AI를 고려한 글쓰기와 콘텐츠

우리 매장이 추천을 받기 위해서는?

예전에는 고객들이 검색엔진에서 '강남역 맛집', '조용한 카페'처럼 짧은 단어(키워드)로 검색했습니다. 하지만 최근에는 챗GPT나 제미나이와 같은 AI 서비스를 켜고 "이번 주말에 여자친구랑 갈 건데, 주차 가능하고 너무 시끄럽지 않으면서 파스타가 맛있는 5만 원대 식당 추천해 줘"라고 구체적으로 물어보는 사람들이 증가하고 있습니다. 키워드 검색에서 질문형 탐색으로 넘어가는 변화라고 할 수 있습니다.

과거의 싸움이 '강남역 맛집'이라는 키워드를 쳤을 때 상위에 노출되는 것이었다면, 이제는 AI가 저 복잡한 질문을 분석해서 사장님의 가게를 정답으로 꺼내오게 만드는 것이 목표가 되어야 합니다. AI는 단순히 유명한 가게를 보여주는 것이 아닙니다. 고객이 말한 '주차', '조용한', '5만 원대', '파스타'라는 조건을 모두 충족하는 최적의 가게를 찾아내어 "이곳을 추천합니다"라고 대답을 해줄 것입니다.

검색 키워드에 맞춰서 리스트에 나열되는 것이 아니라, AI에 의해 호출되는 것이 중요해진다는 것인데요. 이를 위한 실천방안으로 블로그나 플레이스 소식란에 글을 쓸 때, 고객이 물어볼 법한 질문을 제목으로 잡아보는 것을 추천드립니다. 예를 들어 단순히 "맛있는 파스타"라고 쓰는 대신, "소개팅 할 때 실패 없는 조용한 파스타 집을 찾으시나요?"라고 적는 식입니다. 또는 질문과 답변 형태로 글을 쓰는 것인데요. 예를 들어 "아이랑 가기 좋은 식당인가요? 네, 유아 의자와 맵지 않은 간장 불고기 메뉴가 준비되어 있습니다." 처럼 Q&A 형식의 글을 네이버 블로그나 플레이스 정보란에 자주 노출해주는 것입니다. AI는 이런 문답형 데이터를 좋아해서, 나중에 누군가 "아이랑 갈 만한 식당 추천해 줘"라고 물었을 때 우리 가게를 가져갈 확률이 높아집니다.

인공지능은 상황을 기억한다

마케팅에서는 고객이 우리 가게를 떠올리는 구체적인 상황을 아주 중요하게 생각합니다. 예를 들어 '맛있는 국밥집'이라고 하면 AI에게는 수만 개의 국밥집 중 하나일 뿐입니다. 하지만 '혼술 하기 좋은', '비 오는 날 생각나는', '해장이 필요한 아침'이라는 구체적인 상황과 연결되면, AI는 해당 상황을 묻는 고객에게 사장님의 가게를 추천할 확률이 높아집니다.

AI는 동네 가게를 하나의 덩어리로 인식하지 않습니다. 동네 가게에서 올려둔 정보와 고객들의 리뷰를 분석해 수많은 상황 태그로 쪼개서 기억합니다. 만약 스마트플레이스 소개글에 "정성을 다해 모십니다"라고만 적어두었다면, AI는 이 가게를 언제 추천해야 할지 모릅니다. 대신 "노트북 들고 와서 3시간 동안 눈치 안 보고 일할 수 있는 카페"라고 적어둔다면, AI는 '카공(카페 공부)', '노트북', '눈치 안 보는'이라는 키워드를 학습하고, 그런 장소를 찾는 고객에게 사장님의 가게를 정답으로 제시할 것입니다.

이를 위해서는 우리 가게의 장면을 정의해주는 것이 필요합니다. 예를 들어 '안주가 맛있는집'보다는 '퇴근길, 직장 동료와 가볍게 맥주 한잔하며 스트레스 풀기 좋은 곳'이라고 써야 합니다. '최고급 한우'라는 표현보다는 '부모님 생신날, 룸에서 조용히 대접하기 좋은 고기집'이라고 써야 합니다. 이렇게 구체적인 상황을 스마트플레이스 매장 소개나 소식란, 또는 블로그 등에 적어야 합니다. 그러면 AI는 이 문장을 읽고 '아, 여기는 회식 장소구나', '여기는 가족 모임 장소구나'라고 분류표를 붙여 놓게 됩니다.

플랫폼별 알고리즘을 고려해야

그렇다면 AI에게 우리 가게의 정보를 어떻게 입력해야 할까요? 코딩을 배워야 할까요? 아닙니다. 네이버가 이미 만들어둔 스마트플레이스가 바로 AI에게 우리 가게를 설명하는 입력창입니다. 많은 사장님이 스마트플레이스의 상세 정보란을 귀찮아서 비워두거나 대충 적습니다. 하지만 이는 AI에게 우리 가게를 추천하지 말라고 하는 것과 같습니다. 네이버 플레이스에 있는 '제공 서비스' 항목들(주차 가능, 콜키지 무료, 단체석, 유아 의자, 휠체어 이용 가능 등)은 AI가 가게를 판단하는 가장 기초적인 데이터가 됩니다.

예를 들어 '반려동물 동반'에 체크가 되어 있지 않다면, 고객이 "강아지랑 갈 수 있는 카페"를 물었을 때 사장님의 가게는 추천 후보에서 아예 제외됩니다. AI는 추측하지 않고 오직 데이터로만 판단하기 때문입니다. 메뉴 설명도 마찬가지입니다. 단순히 '김치찌개 9,000원'이라고 적는 것보다, '국내산 묵은지와 돼지 앞다리살을 듬뿍 넣어 칼칼한 김치찌개'라고 적어야 AI는 '국내산', '묵은지', '돼지고기', '칼칼한'이라는 속성을 학습합니다.

모든 서비스는 자체적인 알고리즘이 있습니다. 물론 알고리즘은 기업의 영업 비밀에 해당하기 때문에 모두다 공개되지는 않습니다. 그래서 가장 기본적인 방법은 플랫폼이 작성하고 체크라는 곳에 공란을 두지 않는 것입니다. 특히 네이버 스마트플레이스는 상세설명(2000자)와 찾아오는 길, 그리고 메뉴란은 직접 키워드로 입력할 수 있는 곳들입니다. 상세설명에 우리 매장의 특징을 키워드와 함께 매력적으로 작성하는 것이 중요하고, 찾아오는 길은 근처의 행정동이나 건물, 관공서 등을 포함해서 작성해야 합니다. '강남역 3번 출구 앞'이라고만 쓰지 말고, '강남역 3번 출구에서 도보 5분, 우리은행 골목 안쪽 하얀 간판"처럼 자세히 쓰는 것입니다. AI는 '도보 5분'이라는 거리 정보까지 학습합니다. 메뉴의 경우 사진만 올리지 말고 텍스트 설명을 꼭 적어야 합니다. 매운 거 못 먹는 아이들도 좋아하는 달콤한 간장 찜닭'처럼 맛과 대상을 구

체적으로 묘사해야, AI가 '아이들', '안 매운'이라는 키워드로 검색
될 때 우리 가게를 보여줍니다.

AI는 사용자의 리뷰를 학습한다

AI가 동네 사장님의 주장을 확인하는 방법은 무엇일까요? 바로
고객들이 남긴 '리뷰'입니다. 사장님이 아무리 "우리 가게는 데이
트하기 좋아요"라고 주장해도, 리뷰에 "시끄러워서 대화가 안 돼
요"라는 말이 많으면 AI는 사장님의 주장을 거짓으로 판단하고 기
각합니다. 반면, 리뷰에 "조명도 예쁘고 조용해서 소개팅 성공했어
요"라는 글이 쌓이면, AI는 "아, 이곳은 데이트 명소가 맞구나"라
고 확신하고 '데이트 맛집'이라는 꼬리표를 달아줍니다.

따라서 이제 리뷰 마케팅의 목표도 바뀌어야 합니다. 단순히 "
맛있어요", "친절해요" 같은 짧은 칭찬만으로는 부족합니다. 구체
적인 상황이 담긴 리뷰가 쌓이도록 유도해야 합니다. 네이버의 AI
검색(큐:)은 블로그 리뷰와 방문자 리뷰의 텍스트를 정밀하게 분석
하고 있습니다. 고객들이 남기는 문장 하나하나가 우리 가게를 AI
에게 증명하는 증거 자료가 되는 셈입니다.

이를 위한 방법으로 손님에게 "리뷰 써주세요"라고만 하지 말
고, "무엇을 써야 할지" 힌트를 주는 것입니다. 예를 들어 "리뷰에
'누구랑 왔는지' 혹은 '어떤 메뉴가 제일 맛있었는지' 적어주시면 음
료수를 서비스로 드립니다!"이렇게 유도하면 "친구랑 왔는데 파스
타가 맛있어요", "엄마랑 왔는데 전골이 따뜻해요" 같은 구체적인
문장이 쌓이게 됩니다. 이 문장들이 모여야 AI가 "친구랑 파스타

먹기 좋은 곳", "엄마랑 전골 먹기 좋은 곳"이라는 질문에 우리 가게를 추천해 주는 것입니다.

인간의 기억과 AI의 데이터

AI 시대라고 해서 '사람'을 잊어서는 안 된다는 점입니다. 우리는 앞으로 두 개의 공간에서 동시에 싸워야 할 것입니다. 하나는 고객의 머릿속에 있는 기억의 공간이고, 다른 하나는 네이버 서버 속에 있는 데이터의 공간입니다. 이 둘은 서로 연결되어 있습니다.

아무리 AI가 추천을 해줘도, 실제 방문했을 때 불친절하다면 고객의 머릿속에서 우리 가게는 지워집니다. 반대로 고객이 우리 가게를 아무리 좋아해도, AI가 추천하는 리스트에 뜨지 않으면 새로운 고객을 만날 기회는 점점 줄어들 것입니다. 오프라인 매장에서는 따뜻한 인사와 맛으로 고객의 기억을 점유하고, 온라인에서는 꼼꼼한 정보 입력과 키워드 전략으로 AI의 데이터를 점유해야 합니다.

이를 위한 방법으로 온라인과 오프라인의 주장과 행동을 일치시키는 것입니다. 지도정보에는 "조용한 분위기의 힐링 카페"라고 적어놓고, 막상 매장(오프라인)에서는 시끄러운 댄스 음악을 틀어놓으면 안 됩니다. AI에게 입력한 정보와 실제 매장의 경험이 일치해야 합니다.

네이버 플레이스에 적어둔 우리 가게 소개글을 다시 한번 읽어 보시길 바랍니다. 그리고 지금 매장의 모습과 똑같은지 확인해 보세요. 그 일관성이 유지될 때, 다녀간 손님의 리뷰가 좋아지고, 그 좋은 리뷰를 보고 AI가 더 많은 손님을 데려오는 선순환이 만들어 지는 것입니다.

구분	점검 항목	설명 / 예시
제목	질문형 제목인가?	(X) 우리 동네 최고 삼겹살집 (O) 가족 외식할 때 아이들이 더 좋아하는 삼겹살집은?
	구체적 상황이 있는가?	(X) 강남역 파스타 맛집 (O) 비 오는 날, 소개팅하기 좋은 강남역 조용한 파스타집
본문	Q&A 형식이 들어갔는가?	본문에 "Q. 주차는 편한가요? A. 매장 앞 4대 가능합니다."처럼 문답을 넣어주세요. AI가 긁어가기 가장 좋은 형태입니다.
	형용사 대신 '사실'을 썼는가?	(X) 재료가 정말 신선해요. (O) 매일 아침 9시 가락시장에서 경매받은 국내산 배추만 씁니다.(AI는 '국내산', '가락시장'을 학습합니다.)
	사진 설명(캡션)을 달았는가?	사진만 올리지 말고, 사진 아래에 "4인 가족이 앉기 넉넉한 룸 좌석"처럼 설명을 적으세요. AI는 사진의 맥락을 글과 함께 이해합니다.
마무리	네이버 지도(장소)를 첨부했는가?	글쓰기 도구에 있는 [장소] 버튼으로 우리 가게 위치를 넣으세요. 지도정보 블로그 리뷰로 카운트가 됩니다
	플레이스 정보와 일치하는가?	블로그에 쓴 영업시간, 메뉴 가격이 스마트플레이스 정보와 다르면 AI는 혼란스러워합니다. 정보가 일치되어야 합니다.
	연관 태그(#)를 상황별로 달았는가?	#맛집 (너무 광범위함) 대신 #OO동회식장소 #OO동데이트 #비오는날처럼 상황 태그를넣어주세요.

블로그 포스팅 시 AI 학습을 위한 체크 사항

채널을 확장해야 하는 이유

장사를 하다 보면 '우리 가게만의 비법 소스'나 '획기적인 신메뉴'가 영원한 경쟁력이 될 것이라 믿고 싶어집니다. 하지만 모든 차별화에는 유효기간이 존재합니다. 경쟁자들이 이를 분석하고 모방하여 비슷해지는 동질화 과정을 겪거나, 시간이 흘러 고객들이 더 이상 그것을 특별하게 느끼지 않는 진부화 단계로 접어들기 때문입니다.

어떤 치킨 브랜드에서 간장 치킨을 처음 선보였던 적이 있었습니다. 바삭한 튀김 옷에 짭조름한 간장 소스를 입힌 이 맛은 당시 많은 사랑을 받았습니다. 하지만 머지 않아 다른 프랜차이즈들은 물론 동네의 작은 치킨집들까지 너도나도 간장 메뉴를 내놓기 시작했습니다. 결국 간장 치킨은 어느 치킨집에서나 맛볼 수 있는 기본 메뉴가 되었습니다. 이것이 바로 차별화가 동질화되는 전형적인 과정입니다.

문제는 여기서 끝나지 않습니다. 설령 경쟁자가 따라 하지 못한다 해도, 고객의 입맛과 유행은 변하기 마련입니다. 한때 골목을 점령했던 찜닭 열풍, 대왕 카스테라, 그리고 탕후루까지, 등장 초기에는 없어서 못 팔던 아이템들이 시간이 지나면서 자연스럽게 잊혀지곤 합니다. 이것이 바로 진부화입니다. 아무리 맛있는 메뉴도 매일 먹으면 질리는 것처럼, 물리적인 상품이나 서비스 하나만으로는 고객의 변덕스러운 관심을 끝까지 붙잡아둘 수 없습니다. 어제의 혁신이 오늘의 상식이 되고, 내일의 지루함이 되는 속도는 점점 더 빨라지고 있습니다.

그렇다면 동질화와 진부화를 극복할 수 있는 방법은 무엇일까요? 하나의 방법으로 경쟁의 축을 제품(What)에서 채널(Where & How)로 옮기는 것입니다. 메뉴를 베끼는 것은 쉽지만, 사장님이 고객과 맺은 관계와 그 관계가 형성된 채널은 쉽게 복제할 수 없기 때문입니다. 맛으로만 승부하려 하면 더 맛있는 집이 나오는 순간 패배하지만, 블로그, 인스타그램, 유튜브, 당근 등 다양한 채널을 통해 고객의 일상 속에 깊이 침투해 있다면 상황은 달라집니다. 고객은 단순히 맛 때문에 오는 것이 아니라, 사장님이 매일 보여주는 성실함, 영상 속에서의 친근함, 그리고 우리 동네 이웃이라는 소속감 때문에 방문하게 됩니다.

따라서 지금 필요한 것은 더 맛있는 신메뉴 개발만큼이나, 더 많은 곳에서 고객을 만나는 것입니다. 네이버 플레이스가 고객이

나를 찾아오는 베이스캠프라면, 인스타그램과 유튜브는 사장님이 고객을 찾아가는 확성기와 같습니다. 제품의 차별화가 희미해질 때, 그 빈틈을 메워주는 것이 바로 채널의 확장력입니다. 고객들이 시간을 보내는 채널로 확장을 하는 것인데요. 고객이 유튜브를 보면 유튜브에, 숏폼을 즐기면 틱톡이나 릴스에, 중고 거래를 하면 당근에 우리 가게를 노출하려는 활동이 필요합니다.

시선을 잡을 수 있는 숏폼

지도정보나 블로그는 '강남역 맛집'이나 '조용한 카페'를 검색했을 때, 우리 가게가 노출되게끔 길목을 지키는데 적합한 채널입니다. 하지만 냉정하게 생각해 봅시다. 고객은 하루 24시간 중 검색하는 시간보다, 인스타그램이나 유튜브를 멍하니 바라보며 스크롤을 내리는 시간이 훨씬 더 깁니다. 검색은 고객이 필요를 느꼈을 때만 일어나는 수동적인 행위이기 때문입니다.

그렇다면 우리 가게를 아직 모르는 사람, 검색조차 하지 않는 잠재 고객은 어떻게 잡아야 할까요? 골목 어귀에 서서 손님이 오기만을 하염없이 기다리는 수동적인 자세를 버리고, 고객이 놀고 있는 곳으로 직접 찾아가 말을 거는 능동적인 확장이 필요합니다.

일반적으로 SNS라고 부르는 채널은 조금씩 다른 특성들을 갖고 있습니다. 네이버 클립과 인스타그램 릴스가 찰나의 순간에 고객의 시선을 사로잡아 우리 가게를 '발견'하게 만드는 도구라면, 유튜브는 그 호기심을 확신과 신뢰로 바꾸는 공간이라고 할 수 있습니다. 15초짜리 숏폼 영상에서는 화려한 비주얼과 자극적인 사운드가 중요하지만, 10분이 넘어가는 롱폼 영상에서는 사장님의 목소리, 표정, 그리고 꾸밈없는 태도가 힘을 발휘합니다.

동네 사장님께서 가장 먼저 눈여겨보셔야 할 곳은 바로 '네이버 클립입니다. "네이버는 검색이나 블로그 하는 곳 아니냐"고 생각하실 수 있지만, 최근 네이버는 앱을 켜자마자 메인 화면에 짧은 영상들이 보이도록 전면 배치를 했습니다. 인스타그램이나 틱톡은 영상을 보고 가게가 마음에 들어도 다시 검색창을 켜서 위치를 찾아야 하는 번거로움이 있지만, 네이버 클립은 영상 바로 밑에 가게 위치와 예약하기 버튼이 붙일 수 있다는 장점이 있습니다.

네이버는 검색하는 곳을 넘어 발견하는 곳으로 진화하고 있습니다. 예전에는 '강남역 맛집'을 검색해야만 우리 가게가 보였지만, 이제는 손님이 멍하니 화면을 보다가도 먹음직스러운 숏폼 영상이 눈에 띄면 우연히 우리 가게를 발견하게 됩니다.

인스타그램 릴스또한 놓칠 수 없는 무기입니다. 네이버가 목적을 가진 손님에게 강하다면, 인스타그램은 취향이 맞는 손님을 찾아내는 데 강점이 있습니다. 인스타그램의 알고리즘은 우리 가게를 좋아할 만한 사람을 찾아내서 영상을 노출해 줍니다. 릴스에서 성과를 거둔 영상들을 보면 첫 3초가 중요하다는 것을 알 수 있습니다. 지루한 인사말은 과감히 빼야 합니다. 미용실이라면 덥수룩한 머리가 1초 만에 세련되게 변하는 모습, 식당이라면 평범한 재료가 화려한 요리로 변신하는 과정을 맨 앞에 보여줘서 손님의 엄지손가락을 멈추게 만들어야 합니다.

해시태그를 달 때도 요령이 있습니다. 서울 전체를 대상으로 광고할 필요가 없습니다. 우리 동네 사람들을 콕 집어낼 수 있도록

'#OO동맛집', '#OO동카페' 처럼 지역 이름이 들어간 해시태그를 꼭 써주는 것이 효과적입니다. 그래야 진짜 우리 가게에 올 수 있는 이웃들에게 영상이 노출됩니다.

롱폼으로 진심을 전달한다

"동네 가게가 무슨 유튜브냐, 내가 연예인도 아닌데..."라고 생각하실 수도 있습니다. 하지만 유튜브를 단순히 재미있는 예능 보는 곳으로만 생각하면 오산입니다. 유튜브는 전 세계에서 가장 큰 영상 서비스이자 검색 서비스입니다. 유튜브는 계획구매(목적구매)와 충동구매가 모두 존재하는 채널이라고 할 수 있습니다. 무엇보다 유튜브는 휘발되어 사라지는 숏폼과는 달리, 우리 가게의 역사와 철학, 그리고 사장님의 진심을 차곡차곡 쌓아두는 역할을 합니다.

블로그의 글과 사진이 멈춰있는 정보라면, 유튜브 영상은 살아 움직이는 정보입니다. 사장님께서 매일 새벽 시장을 보는 생생한 현장, 육수를 끓이려 밤새 불 앞을 지키는 뒷모습, 손님 한 분 한 분께 정성껏 서빙하는 장면을 영상으로 남겨두는 것입니다. 이런 영상들이 하나둘 모이면 단순한 홍보물이 아니라 우리 가게만의 감동적인 다큐멘터리가 됩니다. 손님들은 단순히 배를 채우러 오는 것이 아니라, 그 음식을 만든 사장님의 이야기와 정성을 소비하러 오게 됩니다.

동네 가게 유튜브라고 해서 꼭 웃겨야 하거나 말을 잘해야 하는 건 아닙니다. 오히려 지루함이 무기가 될 수 있습니다. 화려한 자막이나 편집 기술이 없어도 괜찮습니다. 스마트폰을 거치대에 세워 두고 묵묵히 일하는 모습, 재료 손질하는 소리(ASMR), 브레이크 타임에 직원들과 나누는 소소한 대화만으로도 충분합니다. 고객들은 꾸며진 모습보다 투박하지만 진실한 사장님의 모습에서 깊은 유대감을 느끼기 마련입니다.

유튜브 운영에서 가장 중요한 핵심은 꾸준함입니다. 영상 하나 대박 터트리겠다는 욕심보다는, 우리 가게의 일기를 쓴다는 마음으로 일주일에 하나씩이라도 꾸준히 올려야 합니다. 영상 제목과 설명란에 우리 동네 이름과 메뉴 이름, '맛집' 같은 단어를 꼼꼼히 적어두는 것도 중요합니다. 이렇게 쌓인 영상들은 사장님이 주무시는 시간에도 24시간 내내 켜져서, 고객에게 말을 걸고 우리 가게를 홍보하는 훌륭한 영업사원이 되어줄 것입니다.

우리의 고객은 어디에 있는가?

연령대별로 사용하는 채널에 차이가 있습니다. 전 연령대에서 공통적으로 유튜브에 카카오톡를 사용하고 있지만, 10~20대는 인스타그램과 틱톡, X(트위터)의 사용 비율이 높습니다. 30~40대는 인스타그램이 강세인 가운데 네이버 블로그도 의미 있는 수준을 사용자를 확보하고 있습니다. 그럼 40대 이상의 남성 사용자가 가장 많은 곳은 어디일까요? 바로 페이스북입니다.

농담스럽게 마케팅에서는 "50대 이상은 버린다"라는 말을 하기도 하지만, 사실 50대 이상은 구매력이 탄탄한 세대입니다. 만약 사장님이 국밥집, 횟집, 고깃집, 자동차 정비소 같은 업종을 운영하고 있다면 페이스북은 놓쳐선 안됩니다. 이들은 긴 글을 읽는 것을 어려워하지 않고, 정치나 경제, 사회 이슈에 관심이 많아 텍스트로 된 정보를 끈기 있게 소비하는 특징을 가지고 있기도 합니다.

페이스북에서는 감성적인 사진보다는 유용한 정보와 사람 냄새가 나는 콘텐츠의 도달률이 높게 나옵니다. 하지만 주의할 점은 "우리 가게 오세요, 이거 사세요"라고 영업만을 하면 거부감을 느낀다는 것입니다. 이곳은 사장님의 전단지가 아니라 업무 일지라고 생각하면 접근하면 효과적입니다. 예를 들어 카센터 사장님이라면 "오늘 오일 교체 30% 할인!"이라고 쓰는 대신, 기름때 묻은 손 사진과 함께 "오늘 정말 까다로운 엔진 소음을 잡았습니다. 3시간 동안 씨름했는데 고쳐지고 나니 제 속이 다 시원하네요."라고 적는 방식입니다. 횟집 사장님이라면 수족관 청소하는 땀 흘리는 모습을 올리며 "기본이 제일 중요하죠." 한마디를 남기는 겁니다. 이런 진솔한 노동의 기록은 사장님을 '물건 파는 장사꾼'이 아니라 '자기 일에 자부심 있는 전문가'로 보이게 만듭니다.

페이스북 알고리즘은 관심사와 인맥을 타고 확장됩니다. 진솔한 글에 누군가 '좋아요'를 누르면, 그 사람의 친구들에게도 사장님의 글이 노출됩니다. 유행을 쫓거나 짧게 쓰려 하지 말고, 사장님의 철학, 가게를 운영하며 느끼는 희로애락을 투박하더라도 길게 풀어내는 것을 추천드립니다.

네이버 밴드와 카페(커뮤니티)는 페이스북보다 더 폐쇄적이지만, 그만큼 뭉치는 힘은 훨씬 강력합니다. 특히 4050 세대의 등산, 조기축구, 동창회 모임 등은 여전히 밴드와 카페가 영향력이 있습니다. 이곳은 우리끼리라는 유대감이 강하기 때문에 외부인이 홍보

글을 올리면 바로 강퇴당하기 십상입니다. 그래서 여기서는 스며드는 전략이 필요합니다. "가게 홍보합니다"가 아니라, "이번 주말 조기축구회 모임 뒷풀이 장소 찾으시면, 저희 가게 룸 하나 비워두겠습니다. 회원님들 오시면 음료수는 제가 쏘겠습니다!"처럼 모임의 총무나 회장이 반길 만한 제안을 하는 것이 좋습니다. 한 번 물꼬를 트면 밴드 회원 전체가 단체 손님으로 이어지는 것은 순식간입니다.

충동구매 채널로서 당근의 영향력

동네 장사의 꽃은 뭐니 뭐니 해도 슬세권(슬리퍼 상권)입니다. 멀리서 차 타고 오는 손님도 고맙지만, 비가 오나 눈이 오나 슬리퍼 신고 츄리닝 바람으로 편하게 들러주는 동네 이웃들이야말로 우리 가게 월세를 책임져주는 고마운 분들이죠. 이런 이웃들을 만나기에 당근(당근마켓)도 활용도가 커지고 있습니다.

당근을 활용하기 위해서는 비즈프로필을 먼저 만들어야 합니다. 비즈프로필은 당근 앱 안에 우리 가게의 미니 홈페이지를 만드는 것을 말합니다. 이때 위치랑 영업시간만 적어두지 마시고, 소식 란에 글을 자주 올려보는 것을 권장드립니다. "오늘 새벽시장에서 고등어가 너무 좋아서 가져왔어요!", "비 오는 날이라 전 부치는 냄새가 좋네요, 이웃님들 놀러 오세요." 처럼요. 옆집 이웃에게 말 걸듯이 소소하고 따뜻하게 적은 글들이 당근에서는 인기가 높습니다. 아파트 입구에 붙인 전단지는 다들 버리지만, 당근 알림으로 뜨는 동네 가게 소식은 재미있는 콘텐츠로 읽히곤 합니다 당근에는 '단골 맺기' 기능이 있습니다. 네이버 스마트플레이스와 비슷하게 당근에서도 단골 맺기를 통해서 쿠폰을 발급하는 등의 마케팅 활동이 가능합니다. 비 오는 날 파전 쿠폰, 한가한 평일 낮 시간 할인 쿠폰 등을 보내면, 잊고 있던 손님들이 알림을 보고 다시 찾아오곤 합니다. 당근에서 내놓은 보도자료에 따르면 당근 단골을 3,000명 넘게 모아서 매출이 3배나 뛴 동네 가게도 있다고 합니다.

'동네 생활' 게시판도 수시로 확인해 볼 필요가 있습니다. "이 근처에 머리 잘하는 미용실 있나요?", "아이랑 갈 만한 식당 추천해 주세요" 같은 질문들이 실시간으로 올라옵니다. 이때가 기회입니다! 사장님이 직접 등판해서 "안녕하세요, OO미용실 원장입니다. 당근 보고 오시면 20% 할인해 드릴게요"라고 정중하게 댓글을 달아보는 것입니다. 동네 사람들에게 직접 건네는 친절한 댓글 하나가 그 어떤 비싼 광고보다 훨씬 믿음직스럽게 다가갈 것입니다.

고객관리 및 재구매 채널로서 카카오톡

마케팅에서 밑 빠진 독에 물 붓기라는 말이 있습니다. 기껏 돈 들여서 손님을 데려왔는데, 한 번 오고 다시 안 오면 그 비용은 그냥 사라지는 겁니다. 사실 새로운 손님 한 명 데려오는 것보다, 왔던 손님을 다시 오게 만드는 게 비용도 훨씬 적게 들고 효과도 좋습니다. 한 번 온 손님을 단골로 만들어 가기에 좋은 채널로 카카오톡 채널이 가장 많이 활용되고 있습니다.

손님이 계산하고 나가실 때, "카카오톡 채널 추가해 주시면 오늘 1,000원 할인해 드릴게요" 혹은 "다음번에 쓰실 수 있는 쿠폰 보내드릴게요"라고 권하는 형태로 고객정보를 확보하는 과정은 필요합니다. 이렇게 모은 카톡 친구 목록은 우리 가게의 가장 큰 재산이 됩니다. 손님이 가게 문을 나서는 순간 끝나는 게 아니라, 스마트폰 속에서 계속 인연을 이어가는 것이죠.

카톡으로 보내는 메시지는 광고가 아니라 선물 같아야 합니다. 뜬금없이 "우리 가게 오세요"라고 하면 차단당하기 십상입니다. 대신 식당이라면 "비 오는 날 막걸리 1+1 쿠폰", 미용실이라면 "커트하신 지 한 달 되셨네요, 다듬으러 오실 때 됐어요" 처럼 손님에게 혜택이 되거나 필요한 정보를 보내주는 방식이어야 합니다. 고객이 잊을 만할 때쯤 "사장님은 고객님을 기다리고 있어요"라는 신호를 정중하게 보내는 것, 이것이 바로 부담스럽지 않게 재방문을 유도하는 넛지(Nudge) 전략입니다.

또한 카톡 채널은 훌륭한 고객 센터 역할도 합니다. 요즘 젊은 손님들은 전화 통화하는 걸 부담스러워해서, 카톡으로 예약하거나 메뉴 물어보는 걸 훨씬 편해합니다. 챗봇 기능을 쓰면 영업시간이나 주차 정보, 위치같이 자주 묻는 질문에는 기계가 알아서 24시간 답변해 주니까 사장님도 편하고 손님도 편합니다.

╔══════════════════════════════╗
║ 판매 공간을 온라인으로 확장해야. ║
╚══════════════════════════════╝

온라인에는 상권이 없다

코로나 팬데믹을 거치며 많은 사장님이 온라인 판매를 시작하였습니다. 배달 앱을 통해 음식을 판매하는 것을 넘어, 스마트스토어를 개설하여 밀키트나 굿즈, 의류 등을 전국에 판매하는 것입니다. 우리 동네 인구가 2만 명이라면 오프라인의 잠재 고객은 2만 명이지만, 온라인의 잠재 고객은 5천만 대한민국 국민 전체가 됩니다. 비가 오나 눈이 오나, 혹은 매장 문을 닫은 새벽 시간에도 매출이 발생할 수 있다는 것은 엄청난 매력입니다.

하지만 명심해야 할 냉혹한 진실이 있습니다. 동네 상권에서는 맛이 조금 평범해도 친절하거나 위치가 좋으면 2등, 3등 가게도 먹고살 수 있습니다. 하지만 온라인 세상은 '승자 독식'의 법칙이 지배하는 곳입니다. 스마트폰 화면 속에서 고객은 전국에서 가장 맛있고, 가장 저렴하고, 후기가 가장 좋은 1등 가게를 단 1초 만에 찾아낼 수 있습니다. 그렇기 때문에 어설픈 경쟁력으로 온라인에 뛰어들었다가는 광고비만 날리고 조용히 잊히기 십상입니다.

그렇다고 지레 겁먹고 포기할 필요는 없습니다. 온라인에서만 판매하는 사람들에게는 없는, 동네 사장님만의 확실한 무기가 있기 때문입니다. 바로 실체가 있는 오프라인 매장과 이미 검증된 단골손님입니다. 온라인에서만 존재하는 브랜드는 고객에게 신뢰를 주기 위해 엄청난 마케팅 비용을 쏟아부어야 합니다. 하지만 사장님에게는 이미 맛과 품질을 인정해 준 동네 이웃들이 있습니다. 온라인 확장의 시작은 전국 제패가 아니라, 우리 가게를 믿어주는 단골손님들의 식탁 위, 옷장 속으로 들어가는 것에서부터 출발해야 합니다.

따라서 동네 사장님의 스마트스토어 전략은 철저히 오프라인 기반의 온라인 확장이어야 합니다. 맨땅에 헤딩하듯 키워드 광고 경쟁을 하는 것이 아니라, 매장에 방문한 손님을 온라인으로 자연스럽게 유도하는 연결 고리를 만드는 것입니다.

매장은 쇼룸, 스마트스토어는 창고

온라인 확장의 가장 큰 오해는 매장 손님 따로, 인터넷 손님 따로라고 생각하는 것입니다. 하지만 동네 사장님에게 가장 효율적인 방법은 오프라인 매장을 체험형 쇼룸으로 활용하는 것입니다. 예를 들어, 동네에서 옷 가게를 하시는 사장님을 생각해 보겠습니다. 손님은 매장에 와서 원단을 만져보고, 입어보고, 사장님의 코디 추천을 받으며 신뢰를 쌓습니다. 그리고 집에 돌아가서 고민하다가, 혹은 나중에 똑같은 옷을 색깔만 바꿔서 사고 싶을 때 스마트스토어를 이용하게 하는 것입니다.

식당도 마찬가지입니다. 매장에서 갓 만든 뜨끈한 전골을 먹고 감동한 손님에게 "이 맛 그대로 집에서도 드실 수 있게 밀키트로 만들었어요. 캠핑 가실 때나 부모님 댁에 보내드릴 때 이용해 보세요"라고 스마트스토어를 소개하는 것입니다. 고객 입장에서 모르는 온라인 판매자의 음식을 시키는 것은 리스크가 있지만, 방금 내 입으로 확인한 맛집의 음식을 주문하는 것은 실패 없는 선택이 됩니다.

이 전략이 유효하려면 매장 곳곳에 온라인으로 가는 문을 열어두어야 합니다. 테이블마다 "네이버 쇼핑에서 우리 가게를 검색하세요"라는 안내 문구와 QR 코드를 비치해 두어야 합니다. 계산대 옆에는 스마트스토어에서 판매 중인 상품의 샘플을 예쁘게 진열해 두는 것도 좋습니다. 손님이 "어? 이것도 파는 거예요?"라고 관심을 보일 때가 바로 온라인 단골을 만들 절호의 기회가 됩니다

이렇게 오프라인 손님을 온라인으로 유입시키면 초기 마케팅 비용이 거의 들지 않습니다. 보통 스마트스토어를 처음 시작하면 리뷰 하나, 주문 건수 하나를 만들기 위해 지인 찬스를 쓰고 체험단을 돌리느라 바쁩니다. 하지만 사장님에게는 매일 매장을 찾아오는 수십, 수백 명의 진성 고객이 있습니다. 이들을 온라인으로 연결하는 것만으로도 스마트스토어의 초기 등급을 올릴 수 있고, 이는 곧 네이버 검색 상위 노출로 이어지는 선순환의 마중물이 됩니다.

무엇을 팔 것인가?

온라인 판매를 결심했다면 무엇을 팔지 고민해야 합니다. 의류, 잡화, 액세서리 등을 판매하는 소매점 사장님들은 비교적 진입 장벽이 낮습니다. 매장에 있는 상품 중 반응이 좋은 베스트셀러를 선별하여 사진을 찍고 상세 페이지를 만들면 됩니다. 이때 중요한 것은 단순히 상품만 올리는 것이 아니라, 사장님의 안목과 큐레이션 능력을 팔아야 합니다. "우리 동네 엄마들이 등원 룩으로 가장 많이 찾는 바지" 같은 멘트는 전국 어디에나 있는 바지를 '특별한 바지'로 만들어 줍니다.

요식업 사장님들의 경우 조금 더 복잡한 준비가 필요합니다. 매장에서 조리해 바로 드시는 음식은 '일반음식점' 허가로 충분하지만, 밀키트나 포장 식품을 택배로 보내려면 '즉석판매제조가공업' 신고가 필요합니다. 만약 다른 매장이나 카페에 납품까지 생각한다면 '식품제조가공업' 허가까지 받아야 합니다. 다소 까다로운 절차지만, 이를 통과하면 사장님의 주방은 단순한 식당을 넘어 작은 식품 공장으로 변신하게 됩니다. 최근 캠핑과 홈 파티 트렌드로 인해 지역 맛집의 밀키트 수요는 폭발적으로 성장하고 있습니다.

반드시 '음식' 그 자체만 팔아야 한다는 고정관념도 버려야 합니다. 고깃집이라면 사장님이 직접 개발한 '특제 쌈장'이나 '파채 소스'를 병에 담아 팔 수도 있습니다. 카페라면 직접 로스팅한 원두나 드립백, 수제 과일청이 훌륭한 상품이 됩니다.

핵심은 우리 가게에서만 경험할 수 있는 것을 상품화하는 것입니다. 공장에서 찍어내는 대기업 제품과 경쟁하려 해서는 안 됩니다. "사장님이 매일 새벽 3시간씩 끓인 육수", "직접 담근 3년 묵은 지"처럼 시간과 정성이 들어간 스토리텔링이 담긴 상품이어야 온라인의 거센 파도 속에서도 살아남을 수 있습니다.

한 번 온 손님을 온라인 단골로

오프라인 손님을 온라인으로 보내기 위해서는 자연스러운 유도 장치, 즉 넛지(Nudge)가 필요합니다. 가장 좋은 방법은 포장 손님의 쇼핑백 안에 작은 선물을 넣는 것입니다. 단순히 전단지를 넣는 것이 아니라, "다음에는 집에서 편하게 주문하세요"라는 메시지가 적힌 작은 카드와 함께 '스마트스토어 첫 구매 3,000원 할인 쿠폰'을 동봉하는 것입니다. 혹은 서비스 간식을 하나 넣어주며 그 포장지에 스마트스토어 QR코드를 인쇄하는 것도 센스 있는 방법입니다.

이 과정이 중요한 이유는 구매 데이터를 확보할 수 있기 때문입니다. 오프라인에서 현금을 내고 간 손님은 누구인지 알 길이 없습니다. 배달 앱으로 주문한 손님은 배달 플랫폼의 고객이지 사장님의 온전한 고객이 아닙니다. 하지만 스마트스토어를 통해 주문한 고객은 배송지 정보, 연락처, 구매 이력 등이 고스란히 남습니다. 이렇게 쌓인 데이터베이스(DB)는 나중에 신상품이 나왔을 때나 명절 선물 세트를 기획했을 때, 문자를 보내거나 알림을 보낼 수 있는 마케팅 자산이 됩니다.

또한 스토어 알림 받기(구 스토어찜)를 적극적으로 유도해야 합니다. 매장에서 계산할 때 "네이버 스마트스토어 알림 받기를 하시면 지금 1,000원 깎아드릴게요"라고 제안해 보는 것입니다. 고객 입장에서는 당장의 할인이 좋아서 누르지만, 사장님 입장에서는 언제든 고객의 주머니 속에 알림을 보낼 수 있는 직통 라인을 개설하는 셈입니다. 오프라인의 친밀함을 무기로 온라인 연결 고리를 하나씩 늘려가는 것, 이것이 동네 장사만이 할 수 있는 O2O(Offline to Online) 전략의 핵심입니다.

무료 교육부터 제대로 활용

온라인 확장을 결심하면 많은 사장님이 가장 먼저 유튜브를 켜거나, "월 1,000만 원 수익" 같은 자극적인 광고에 눈길을 빼앗깁니다. 각자의 경험과 성과를 바탕으로 한 콘텐츠일 수는 있지만, 이제 막 온라인 판매를 시작하는 단계라면 오히려 혼란만 커질 가능성이 큽니다. 무엇을 믿어야 할지, 어떤 방식이 맞는지 판단하기 어려워지기 때문입니다.

이럴 때 가장 먼저 활용해야 할 곳이 네이버 비즈니스스쿨(bizschool.naver.com)입니다. 네이버 스마트스토어, 검색, 광고, 콘텐츠 운영의 기본 구조를 만든 플랫폼(네이버)에서 직접 제공하는 무료 교육 서비스입니다. 스마트스토어 운영 원리, 검색 노출의 기본 로직, 리뷰와 평점 관리, 고객 응대 기준 등 사장님이 반드시 알아야 할 내용들이 체계적으로 정리되어 있습니다.

스마트 스토어에서 왜 이런 구조로 노출되는지, 어떤 행동이 스토어 신뢰도를 높이는지, 광고를 쓰기 전에 반드시 점검해야 할 요소는 무엇인지 등의 교육이 체계적으로 제공되고 있습니다.

먼저 네이버 비즈니스센터의 무료 강의를 성실히 수강하며 기본기를 다지십시오. 그 과정에서 이해가 되지 않거나, 실제 매장 상황에 적용하기 어려운 부분이 생길 때 유료 강의나 외부 교육을 검토해도 늦지 않습니다.

느슨한 연대를 통한 확장

낭만 뒤에 숨겨진 현실을 직시해야

지난 수십 년간 정부와 지자체는 죽어가는 골목 상권과 지역 경제를 살리기 위해 천문학적인 예산을 쏟아부었습니다. 대형 마트의 의무 휴업일을 지정하고 출점 거리를 제한하는 등 법적인 보호막을 치기도 했고, 청년몰이나 도시 재생 뉴딜 사업이라는 이름으로 수많은 '로컬 크리에이터'를 육성하기도 했습니다. 하지만 냉정하게 현실을 직시할 필요가 있습니다. 당시에 화려한 조명을 받으며 등장했던 스타 가게들 중 지금까지 건재한 곳은 얼마나 될까요? 안타깝게도 상당수가 자본 잠식 상태에 빠지거나 소리 소문 없이 문을 닫은 것이 현실입니다. 이는 단순히 그들의 노력이 부족해서가 아닙니다. 개별 가게의 열정만으로는 거스를 수 없는 구조적인 한계가 존재하기 때문입니다.

우리가 '로컬'이라고 부르는 동네 상권은 기본적으로 노동 집약적이고 생산성이 낮은 구조를 가지고 있습니다. 반면, 글로벌 시장은 AI와 로봇으로 무장한 쉬인(Shein)이나 테무(Temu), 그리고 압도적인 물류 시스템을 갖춘 쿠팡 같은 거대 플랫폼이 장악하고 있습니다. 이들과 가격으로 경쟁하는 것은 애초에 불가능하며, 품질 면에서도 우위를 점하기 쉽지 않습니다. 결국 동네 가게가 내세울 수 있는 것은 '지역의 고유성'이나 '사람의 온기' 같은 가치들인데, 이것만으로는 소비자의 지갑을 지속적으로 열기에 역부족입니다. 사람들의 선의나 "우리 동네를 살려야 한다"는 대의명분으로는 지속 가능성이 만들어지지 않습니다.

특히 지방 소도시나 구도심의 경우 인구 고령화와 소멸 위기라는 현실에 놓여 있습니다. 이런 상황에서 "나만 잘하면 된다"는 생각은 한계가 있습니다. 내 가게 안의 인테리어를 아무리 예쁘게 꾸며도, 가게 문밖의 거리가 텅 비어 있다면 손님은 찾아오지 않습니다. 개별 점포의 경쟁력만으로는 생존할 수 없는 것입니다. 그럴듯한 로컬 브랜딩이나 보여주기식 지원 사업에 기대기보다, 우리끼리 뭉쳐서 규모의 경제를 만들고 상권 자체의 매력을 높이는 실질적인 생존법을 찾아야 합니다.

느슨한 연대의 힘

'뭉쳐야 산다'고 하면 흔히 전통시장의 상인회나 번영회 같은 딱딱한 조직을 떠올리십니다. 회비를 걷고, 정기 모임을 하고, 감투를 쓰는 복잡한 조직 말입니다. 하지만 서로의 영업에 방해가 되지 않는 선에서, 각자의 이익을 위해 전략적으로 손을 잡는 느슨한 연대라면 어떨까요? 혼자서 모든 것을 해결하려는 욕심을 버리고, 내가 못 하는 것은 옆집 사장님에게 맡기고 내가 잘하는 것에 집중하는 협업의 방식입니다.

동네 상권은 백화점처럼 모든 것이 한 건물 안에 모여 있지 않습니다. 하지만 고객의 입장에서 보면 동네 전체가 하나의 거대한 백화점이나 다름없습니다. 밥은 A 식당에서 먹고, 커피는 B 카페에서 마시고, 꽃은 C 꽃집에서 사면서 하루를 보냅니다. 이 흐름을 우리 사장님들이 주도적으로 설계해야 합니다. 내 가게에 온 손님을 경쟁자에게 뺏긴다고 생각하지 말고, 우리 골목 안에서 계속 머물게 만들어야 합니다. 옆집이 살아야 내 가게 앞을 지나가는 유동 인구가 늘어나고, 그래야 나에게도 기회가 온다는 사실을 기억해야 합니다.

전통시장이 그나마 이커머스 공세 속에서도 버티는 이유는 '시장'이라는 명확한 울타리 안에서 공동 마케팅을 하고 편의 시설을 확충하는 등 연대의 힘을 발휘했기 때문입니다. 동네 골목 상권도 마찬가지입니다. 거창한 협약식은 필요 없습니다. "옆집에서 밥 먹고 영수증 가져오시면 커피 10% 할인해 드립니다" 같은 소소한 약속부터 시작하면 됩니다. 이것이 쌓이면 고객은 우리 골목을 '코스'로 즐기게 되고, 자연스럽게 상권 전체의 체류 시간이 늘어나는 효과를 거둘 수 있습니다.

빵을 맡아주는 가게들

느슨한 연대의 가장 대표적인 사례로 대전의 성심당을 꼽을 수 있습니다. 성심당은 대전 원도심을 먹여 살린다는 말이 있을 정도로 강력한 집객력을 가진 앵커 스토어(Anchor Store)입니다. 하지만 성심당이 대단하다고 느껴지는 것은 그들이 주변 상권과 공존하는 방식에 있습니다. 성심당 본점 주변에는 '성심당 상생 매장'이라는 스티커가 붙은 가게들이 있습니다. 카페나 식당, 소품샵 등 업종도 다양합니다. 이곳들은 성심당의 빵을 구매한 고객이 빵 봉투를 들고 들어와도 눈치를 주지 않습니다.

심지어 '으능이랑 성심이랑 상생센터'나 '빵 장고'같은 서비스는 무릎을 치게 만듭니다. 성심당에서 빵을 잔뜩 산 고객은 무거운 짐 때문에 다른 곳을 둘러볼 엄두를 내지 못하고 집으로 가버리기 십상입니다. 하지만 주변 상점에서 빵을 보관해 준다면 어떨까요? 두 손이 가벼워진 고객은 그 주변 카페에서 커피를 마시거나 옷을 구경하며 추가적인 소비를 하게 됩니다. 성심당은 고객의 편의를 높여서 좋고, 주변 상인들은 성심당의 낙수 효과를 누려서 좋은 공생 모델입니다.

이 모델은 우리 동네에서도 충분히 적용 가능합니다. 만약 사장님이 베이커리 카페를 운영하지 않고 테이크아웃 전문 빵집을 하신다면, 옆집 카페 사장님과 제휴를 맺는 것입니다. "저희 빵 사서 옆집 카페 가시면 편하게 드실 수 있습니다"라고 안내하고, 카페 사장님은 "옆집 빵 가져오시면 접시와 포크를 제공해 드립니다"라고 화답하는 겁니다. 카페는 디저트 매출이 조금 줄어들까 걱정할

수 있지만, 빵을 먹기 위해 음료를 주문하는 손님이 늘어나는 것이
훨씬 이득입니다.

서로 다른 매력을 연결하다

연대의 대상은 꼭 옆집 가게일 필요는 없습니다. 우리 가게가
가진 콘텐츠와 시너지를 낼 수 있는 곳이라면 어디든 파트너가 될
수 있습니다. 경북 칠곡의 수제버거 맛집 므므흐스가 대표적입니
다. 므므흐스는 매장이 위치한 인근의 매원마을이라는 한옥 마을
과 손을 잡았습니다. 햄버거를 먹으러 온 젊은 손님들에게 "소화
도 시킬 겸 예쁜 한옥 마을 산책하고 오세요"라며 스탬프 투어를
제안한 것입니다.

매원마을을 둘러보고 인증 스탬프를 받아오면 므므흐스에서 할
인이나 혜택을 제공합니다. 햄버거 가게와 한옥 마을은 얼핏 보면
아무 상관이 없어 보입니다. 하지만 이 둘이 연결되는 순간, 고객
에게는 '맛있는 식사와 고즈넉한 산책'이라는 반나절 여행 코스가
완성됩니다. 므므흐스 입장에서는 대기 시간을 지루해하는 고객들
에게 즐길 거리를 제공해서 좋고, 매원마을 입장에서는 젊은 관광
객이 유입되어 마을에 활기가 돌아서 좋습니다.

이처럼 우리 가게를 방문하는 고객이 좋아할 만한 주변의 장소
를 찾아보세요. 동네의 작은 독립 서점, 분위기 좋은 공원, 혹은 오
래된 대장간이라도 좋습니다. "우리 가게 영수증을 가져가면 서점
에서 책갈피를 드려요", "공원 산책 인증샷을 보여주시면 시원한
물 한 병 드려요" 같은 기획은 적은 돈으로도 우리 가게를 지역 여

행의 거점으로 만들어줍니다. 고객은 단순히 물건을 사러 오는 것이 아니라, 사장님이 제안하는 라이프스타일과 동네의 정취를 즐기러 오게 될 것입니다.

한 가게가 골목을 바꾸다

제주도 구좌읍 세화리의 사례는 앵커 스토어가 골목 전체를 어떻게 바꿀 수 있는지를 보여주는 사례입니다. 세화리는 원래 조용한 농어촌 마을이었습니다. 이곳에 변화의 바람을 몰고 온 것은 '코코하(구 카카오패밀리)'라는 로컬 브랜드입니다. 과테말라의 카카오를 들여와 제주에서 가공해 파는 이 가게는 독특한 매력으로 여행객들을 불러 모으기 시작했습니다. 사람들이 모이자 코코하 주변으로 태국 요리, 멕시칸 식당, 일본 가정식 등 세계 각국의 음식을 파는 식당들이 하나둘 생겨났습니다.

흥미로운 점은 이것이 관 주도의 인위적인 개발이 아니었다는 점입니다. 코코하라는 매력적인 점포(앵커 스토어)가 닻을 내리자, 그 낙수 효과를 기대하는 개성 있는 가게들이 자발적으로 모여들어 '아시아 음식 거리'라는 독특한 테마 골목을 형성한 것입니다. 정부(중소벤처기업부)는 이렇게 자생적으로 형성된 생태계를 보고 뒤늦게 '로컬 브랜드 상권 창출 사업'을 통해 지원 사격에 나섰습니다. 순서가 중요합니다. 지원금이 있어서 상권이 생긴 게 아니라, 민간의 주도로 매력이 생기니 지원금이 따라온 것입니다.

이곳은 이제 단순히 먹고 마시는 곳을 넘어 주민과 여행객이 어우러지는 상권이 되었습니다. 마을 주민들이 운영하는 '질그랭이

센터'와 여행객을 위한 '마을 호텔' 개념이 도입되면서, 젠트리피케이션(원주민 내몰림) 없는 지속 가능한 성장을 꿈꾸고 있습니다. 사장님의 가게가 바로 이 '코코하'가 될 수 있습니다. 우리 동네에 사람을 불러 모으는 1등 가게가 되는 것입니다. 그리고 혼자 다 가지려 하지 말고, 주변에 괜찮은 가게들을 불러 모으거나 그들과 적극적으로 연대해야 합니다. 매력적인 가게들이 모여 '선(Line)'을 이루고 '면(Area)'을 만들 때, 그 골목은 누구도 넘볼 수 없는 단단한 요새가 되는 것입니다.

기술이 발전하고 AI가 모든 것을 대체하는 세상이 올수록, 역설적으로 사람의 온기와 공동체의 가치가 더욱 귀해지고 있습니다. 효율성만 따지는 AI는 절대 흉내 낼 수 없는 영역, 바로 '관계'와 '정'이 살아 숨 쉬는 곳이 우리네 골목 상권이어야 합니다.

옆 가게 사장님은 뺏고 뺏기는 경쟁자가 아니라, 함께 비를 피하고 우산을 나눠 쓸 동료로 바라봐야 합니다. 내 가게의 불을 밝히는 것만큼이나 골목의 가로등이 꺼지지 않게 함께 지키는 것이 중요합니다. 증명하고, 확장하고, 그리고 뭉쳐야 합니다.

5장. 지금 장사에 바로 쓰는 AI

INTRO TOPIC

AI 이야기가 나오면 많은 사장님이 먼저 부담을 느낍니다. 뭔가 어려울 것 같고, 규모가 큰 회사나 사용하는 기술처럼 느껴지기 때문입니다. 하지만 현장에서 필요한 AI는 거창한 시스템이 아닙니다. 지도정보의 매장 설명을 더 정리된 문장으로 바꿔주고, 영수증 리뷰에 어떤 답글을 달아야 할지 고민을 덜어주며, 이벤트나 공지 문구를 정리하는 데 도움을 주는 실무 조력자에 가깝습니다. 이미 하고 있던 일을 조금 더 빠르고, 조금 더 수월하게 만드는 역할을 합니다.

앞선 장에서 살펴본 것처럼 장사는 생각이 정리되어야 하고, 검색에서 발견되어야 하며, 가게 안에서 선택이 이루어지고, 경험이 확장되어야 합니다. AI는 이 흐름을 대신 만들어주지는 않습니다. 대신 이 흐름을 유지하고 반복하는 과정에서 사장님에게 가장 많이 소모되는 시간과 에너지를 줄여줍니다. 지도 설명을 다듬고, 리뷰에 답변하고, 내부 문구를 정리하고, 콘텐츠 아이디어를 떠올리는 일처럼 손이 자주 가는 작업에서 AI는 충분히 실질적인 역할을 합니다.

이 장에서는 장사 현장에서 바로 활용할 수 있는 최소한의 AI 사용법을 살펴봅니다. 복잡한 설정이나 전문 지식 없이도, 사장님의 생각과 경험을 정리하고 표현하는 도구로 AI를 사용 팁을 공유합니다.

문제를 정의하고 구조화하는 것

그럴듯하지만 공허한 답변

챗GPT가 세상에 처음 등장한 이후, AI는 불과 몇 년 사이에 놀라운 속도로 우리의 일상 깊숙이 들어왔습니다. 이제 생성형 인공지능은 우리가 어떤 관점으로 바라보고 접근하느냐에 따라 단순한 검색 도구가 되기도 하고, 내 가게를 위한 유능한 컨설턴트가 되기도 합니다. 이번 장에서는 동네 사장님들의 관점에서 '이 정도만 알아도 마케팅 실무에 바로 써먹을 수 있는' 내용을 다루려 합니다. 그 첫 번째 이야기는 바로 '문제를 올바르게 정의하고, 마크다운 방식으로 질문하는 법'입니다.

많은 사장님이 챗GPT를 처음 접하고 실망하는 순간은 대개 비슷합니다. "우리 가게 매출 올리는 방법 알려줘"라고 물으면, AI는 꽤 논리적이고 그럴듯한 답변을 내놓습니다. "고객 데이터를 분석하세요", "SNS 마케팅을 강화하여 타깃 고객에게 도달하세요", "차별화된 서비스로 재방문율을 높이세요" 같은 식입니다. 말은 참 번지르르하고 틀린 말은 하나도 없는데, 막상 사장님이 당장 가게 문을 열고 무엇을 해야 할지는 여전히 막막합니다. 내용이 구체적이지 않고 추상적이기 때문입니다 .

이런 공허한 답변이 돌아오는 이유는 AI의 지능이 부족해서가 아니라, 우리가 던진 질문 속에 '문제 정의'가 빠져 있기 때문입니다. 문제가 무엇인지 명확히 파악하지 않고 무작정 해결책부터 구하는 것은 목적지 없이 망망대해를 항해하는 것과 같습니다. "매출을 올려줘"라는 막연한 바람이 아니라, "현재 우리 가게가 처한 구체적인 상황과 어려움"이라는 맥락(Context)을 먼저 입력해 주어야 합니다. 챗GPT는 사장님이 입력한 텍스트라는 재료로 요리하는 요리사입니다. 신선하고 구체적인 재료를 주지 않으면, 요리사는 누구나 먹을 수 있는 밍밍한 인스턴트 요리밖에 내놓을 수 없습니다.

Why, What, How로 문제를 구체화

그렇다면 문제는 어떻게 정의해야 할까요? 문제의 본질을 꿰뚫기 위해 가장 효과적인 도구는 '왜(Why)', '무엇(What)', '어떻게(How)'라는 세 가지 질문입니다. 이 세 가지 질문을 스스로 던져보며 상황을 구체화하는 과정이 선행되어야 합니다. 예를 들어, 오프라인 카페의 매출이 감소하고 있다고 가정해 보겠습니다.

먼저 'Why(왜)'를 통해 원인을 파고듭니다. "왜 매출이 감소했는가?"라고 자문하며, 인근에 경쟁 카페가 생겼는지, 최근 원두를 바꿔 맛이 변했는지, 혹은 경기 침체나 계절적 요인이 있는지를 따져봅니다. 다음으로 'What(무엇)'을 통해 현상을 구체화합니다. "점심 매출은 그대로인데 저녁 매출만 빠졌는가?", "특정 메뉴의 판매량만 급감했는가?" 등을 확인하여 문제의 범위를 좁힙니다. 마지막으로 'How(어떻게)'를 통해 해결 방향을 고민합니다. "경쟁 카페와 차별화하려면 어떤 이벤트를 해야 할까?", "저녁 시간대 손님을 위한 조명이나 음악을 어떻게 바꿀까?" 등을 생각합니다. 이렇게 구체적인 좌표를 찍은 뒤 AI에게 질문하면, AI는 두루뭉술한 조언 대신 우리 가게에 딱 맞는 맞춤형 전략을 제시해 줍니다.

구체적인 시나리오가 최고의 프롬프트

문제를 정의했다면 이제 AI에게 전달할 차례입니다. 이때 중요한 것은 사장님의 머릿속에 있는 상황을 최대한 구체적인 시나리오로 만들어 전달하는 것입니다. 단순히 "매출이 줄었다"고 하소연하는 것이 아니라, 수치와 기간, 원인 등을 포함한 상세한 브리핑을 해주는 것이죠. "최근 6개월 동안 주말 매출이 20% 감소했습니다. 특히 20대 여성 고객의 방문이 눈에 띄게 줄었는데, 이들을 다시 불러모을 수 있는 신메뉴 아이디어와 프로모션 전략을 3가지만 제안해 주세요"라고 묻는 식입니다.

이렇게 구체적인 맥락(Context)이 포함된 질문을 받으면 챗GPT는 사장님의 비즈니스 파트너로 돌변합니다. 단순한 정보 나열이 아니라, 사장님이 처한 상황을 분석하고 그에 맞는 해결책을 찾아내려 노력합니다. 성공적인 매출 회복 사례를 찾아달라고 하거나, 고객 충성도 프로그램의 장단점을 비교해 달라고 요청할 수도 있습니다. 질문의 방향과 깊이가 답변의 질을 결정짓습니다. AI를 제대로 부리기 위해서는 질문 기술을 배우기 이전에, 내 가게의 문제를 구체적인 언어로 정의하는 시간부터 가져야 합니다.

내 생각을 구조화하는 기술, 마크다운

좋은 재료(문제 정의)가 준비되었다면, 이제 AI가 알아듣기 쉽게 주문(질문)을 넣을 차례입니다. 여기서 사장님들이 꼭 알아두시면 좋은 것이 바로 '마크다운(Markdown)'입니다. 컴퓨터 용어처럼 들려 어렵게 느껴지실 수 있지만, 사실 빈 공책에 필기할 때 사용하는 방식과 똑같습니다. 중요한 부분에 밑줄을 긋고, 제목을 크게 쓰고, 항목 앞에 점을 찍어 구분하는 행위를 컴퓨터 글쓰기에 적용한 것뿐입니다.

보통 웹페이지를 만들 때는 HTML이라는 복잡한 언어를 쓰지만, 마크다운은 기호 10개 정도만 알면 누구나 쓸 수 있을 만큼 간단합니다. 우리가 챗GPT에게 줄글로 장황하게 상황을 설명하면, AI도 핵심이 무엇인지 파악하는 데 시간이 걸립니다. 하지만 마크다운을 사용해 글의 뼈대를 잡아주면 AI는 "아, 이분이 체계적으로 정보를 원하시는구나"라고 이해하고, 답변 또한 깔끔하게 정리해서 보여줍니다. 마크다운은 AI와의 소통을 돕는 '디지털 형광펜'이자 '요약 노트'입니다.

샵(#)과 바(-), 두 가지만 기억하자

복잡하게 배울 필요도 없습니다. 동네 사장님들이 당장 써먹을 수 있는 마크다운 기호는 딱 두 가지, '샵(#)'과 '바(-)'입니다. 먼저 제목을 표시할 때는 샵(#)을 씁니다. #하나면 큰 제목, ##두 개면 중간 제목이 됩니다. 예를 들어 질문의 맨 첫 줄에 # 우리 가게 여름 매출 활성화 전략이라고 적으면 AI는 이것이 대화의 핵심 주제임을 바로 인식합니다. 목록을 만들 때는 빼기 기호인 바(-)나 별표(*)를 사용하면 됩니다. 또한 중요한 단어를 강조하고 싶다면 별표 두 개(**)로 감싸주세요. **매출 20% 하락**이라고 적으면 AI에게 이 부분이 특히 중요하다는 신호를 주는 것입니다. 그리고 단락을 구분하고 싶을 때는 바(-)를 3개 연속해서(---) 넣어주면 됩니다. 이 간단한 기호들을 사용하는 것만으로도 문서의 구조가 잡히고, AI는 훨씬 더 정확하고 보기 좋은 답변을 내놓게 됩니다 .

카페 매출 증대 마케팅 요청
현재 상황
- 최근 3개월간 **주말 매출 20% 감소**
- 경쟁 카페 오픈으로 고객 이탈 발생

요청 사항
1. 경쟁 카페와 차별화할 수 있는 **주말 한정 이벤트** 아이디어 3가지
2. 단골 고객 재방문 유도를 위한 문자 메시지 문구 작성

이렇게 질문하면 챗GPT 역시 제목과 목록, 강조 등을 활용하여 사장님이 읽기 편한 보고서 형태로 답변을 줍니다. 횡설수설하며 질문하면 횡설수설하는 답변이 오고, 구조를 갖춰 질문하면 구조적인 솔루션이 나옵니다.

지도정보 상세설명 작성을 위한 프롬프트

2장에서 오프라인 매장이 온라인으로 연결되는 첫 번째 접점인 지도 정보(스마트플레이스)에 대해서 살펴보았는데요. 이번에는 앞서 배운 마크다운 방식을 활용해서 이 지도 정보의 상세 설명을 실제로 작성한 사례를 살펴보겠습니다.

우리가 챗GPT에게 일을 시킬 때 가장 흔히 하는 실수는 정보를 뒤죽박죽 섞어서 한 번에 던져주는 것입니다. "영등포에 있는 떡집인데 50년 됐고 재료 좋으니까 소개글 좀 잘 써줘"라고 말하면, AI는 무엇이 중요한 정보인지 헷갈려 합니다.

이때 마크다운의 구분선(---)과 소제목(##)만 활용해도 충분합니다. 아래 예시를 보시면 1단계(기본 정보), 2단계(특징), 3단계(요청 사항)가 구분선으로 명확하게 나뉘어 있습니다. 이렇게 입력하면 AI는 마치 잘 정리된 기획서를 읽는 것처럼 "아, 여기까지가 재료(정보)이고, 여기서부터가 진짜 해야 할 일(명령)이구나"라고 정확하게 인식합니다.

정보를 순서대로 입력할 필요 없이, 아래 박스 안의 내용을 그대로 챗GPT에게 한 번에 입력해 보세요. 구조화된 질문이 얼마나 정돈된 답변을 만들어내는지 확인하실 수 있습니다.

스마트플레이스 지도정보 상세설명 작성

1단계 : 사업장 정보

- 매장명: OO방앗간
- 위치: 서울시 영등포구 영등포로 123-456 (가상의 주소입니다)
- 대표 메뉴: 모시송편, 찰시루떡, 쑥인절미, 백일, 돌잔치, 결혼식, 환갑, 칠순 등 답례떡
- 판매자 정보: 2대째 이어져 온 50년 전통의 떡집
- 기타 : 편리한 접근성, 영등포시장역 3번 출구 200m, 도로와 바로 맞닿아 있어 방문이 편리

2단계 : 사업장의 주요 특징(차별점)

- 2대째 이어져 온 50년 전통의 떡집
- 매일 아침 정직한 재료와 손맛으로 당일 생산과 판매를 원칙으로 함
- 국내산 쌀, 팥, 서리태, 모시잎, 천일염, 해풍 맞은 쑥 등 믿을 수 있는 재료만을 고집
- 재료의 선별, 세척, 보관까지 체계적으로 관리하여 항상 일정한 맛과 품질을 유지
- 대표메뉴 : 향긋한 모시잎 반죽과 담백한 소가 어우러져 남녀노소 모두에게 사랑받는 모시송편, 국산 팥과 호박꼬지를 듬뿍 넣은 팥떡 찰시루떡, 해풍 맞은 쑥과 국산 콩가루로 만든 쑥인절미
- 간식 및 선물 : 강정, 들깨 강정, 오꼬시는 간식과 선물 모두에 적합
- 답례떡 : 백일, 돌잔치, 결혼식, 환갑, 칠순 등 인생의 소중한 순간에는 정성과 전통이 담긴 떡
- 신뢰성 : 농업회사 법인이 주요 재료 공급처로 참여하여 재료의 신뢰성을 높였고, 직영 재배와 자체 가공을 통해 품질을 더욱 엄격히 관리

3단계 : 네이버 스마트플레이스용 상세설명 생성

- 제시한 맥락 정보로 네이버 스마트플레이스(지도 정보)에 등록하기 위한 매장 정보를 작성해주세요.
- 매장 정보는 고객 관점에서 작성되어야 하며, 고객들의 관심을 끌 수 있어야 합니다.
- 처음 문단은 고객의 시선을 붙잡고, 매장에 관심을 끌 수 있는 훅(Hook) 메시지로 구성해주세요. 매장의 특징을 반영하되 고객 관점의 메시지여야 합니다.
- '검색엔진최적화'를 고려하여 매장의 특징 및 목표고객을 고려하여 주요 키워드를 전체적으로 반영해주세요.
- 매장 설명용 정보는 2,000자로 작성해주세요.
- 고객 관점에서 읽기 편하도록 단락(1. 2. 3. 4. 5. 6. 7.)을 구분해주세요. 소제목(고객 관점에서)을 제시하고 이를 설명해주는 형태로 작성해주세요.
- 스마트플레이스는 특수문자(-_0:&![],.%+~@*^'/?²캢※〈〉)만 입력 가능합니다. 제시한 특수문자 외에 다른 특수문자나 이모지는 넣지 마세요.
- 답변 내용에 ** * 과 같은 마크다운 문법의 내용을 출력하지 마세요. 순수한 텍스트 내용으로만 결과물을 제시해주세요.

영수증 리뷰 답글 남기기

앞서 스마트플레이스 상세 설명을 멋지게 작성하셨다면, 이제는 고객과의 소통에 나설 차례입니다. 그런데 많은 사장님이 상세

설명은 공들여 써놓고, 정작 고객이 남겨준 소중한 후기에는 답글을 달지 않거나 "감사합니다"라는 짧은 인사로 끝내는 경우가 많습니다.

리뷰의 답글은 단순히 고객에게 감사 인사를 전하는 것을 넘어 두 가지 중요한 역할을 합니다. 첫째, 네이버 플레이스의 '활성화 지수'를 높여 우리 가게가 상위에 노출될 확률을 높여줍니다. 둘째, 답글에 담긴 구체적인 메뉴 이름과 서비스 내용은 인공지능이 학습하여 우리 가게의 특징을 더 잘 파악하게 돕습니다.즉, 정성스러운 답글 하나가 공짜 광고가 되는 셈입니다.

하지만 매번 다른 내용으로, 그것도 검색 최적화까지 고려해서 답글을 쓰는 건 쉬운 일이 아닙니다. 이때도 마크다운을 활용해 AI에게 일을 맡기면 됩니다. 리뷰 내용과 고객이 선택한 키워드를 AI에게 콕 집어 알려주면, AI는 고객의 감동 포인트에 딱 맞는 맞춤형 답글을 순식간에 만들어 냅니다.

아래 프롬프트는 영수증 리뷰에 대한 답글을 요청하는 예시입니다. 리뷰 내용은 고객이 텍스트로 직접 남겨준 내용이고, 리뷰 선택사항은 네이버가 업종에 맞게 제시한 것들 중 고객이 선택한 내용을 옮겨놓은 것입니다. 아래 내용을 참고해서 고객이 남겨놓은 영수증 리뷰에 답글을 남겨보세요.

네이버 영수증 리뷰 답변 달기
리뷰 내용
떡이 정말 쫀득하고 맛있어요!
포장도 깔끔하고 정성 가득한 느낌이라

선물용으로도 딱이에요
사장님도 너무 친절하셔서 기분 좋게 주문했어요
리뷰 선택사항 (키워드)
- 음식이 맛있어요
- 친절해요
- 가격이 합리적이에요

요청사항
- 네이버 스마트플레이스(지도 정보)에 고객이 남긴 영수증 리뷰입니다.
- 위 '리뷰 내용'과 고객이 선택한 '리뷰 선택사항'을 모두 반영하여 답글을 작성해주세요.
- 검색엔진 최적화(SEO)를 고려하여 우리 가게의 대표 메뉴명과 지역명을 자연스럽게 포함해주세요.
- 단순히 "감사합니다"로 끝내지 말고, 고객의 칭찬 포인트에 대해 구체적으로 언급하며 공감해주세요.
- 말투는 친절하고 공손하되, 자신감 있는 톤으로 작성해주세요.

목표로 하는 고객을 페르소나로 구체화

고객을 구체적인 설득의 대상으로 바라봐야

마케팅의 기본 원칙은 '선택과 집중'입니다. 역설적이게도 모두에게 팔고 싶다는 욕심은 결국 아무에게도 매력적이지 않은 가게를 만드는 것인데요. 물론 판매자 입장에서는 20대든 50대든, 남성이든 여성이든 우리 물건을 사준다면 마다할 이유가 없습니다. 하지만 고객의 관점은 다릅니다. 고객은 단순히 물건이 필요해서 가는 것이 아니라, '나와 비슷한 취향을 가진 사람들이 모이는 곳', '내 감성과 맞는 곳'을 찾아가기 때문입니다. 단골이 형성되려면 고객이 그 공간에서 소속감과 편안함을 느껴야 하는데, 중구난방으로 모두를 만족시키려다 보면 그 색깔이 흐릿해질 수밖에 없습니다.

이해를 돕기 위해 우리에게 친숙한 스타벅스를 예로 들어보겠습니다. 스타벅스 코리아는 연 매출이 3조 원을 훌쩍 넘는 거대 기업입니다. 매장에 가보면 공부하는 대학생부터 담소를 나누는 중장년층까지 남녀노소 가리지 않고 많은 사람이 이용합니다. 그렇다면 스타벅스는 내부적으로 고객을 누구로 정의하고 있을까요? 전 국민 일까요? 아닙니다. 출시되는 신메뉴들을 유심히 살펴보면 스타벅스의 타깃은 여전히 트렌드에 민감한 20~30대 여성에 맞춰져 있다는 것을 알 수 있습니다.

만약 스타벅스가 "요즘 매장에 50대 남성 손님이 늘어나고 있으니, 이분들을 위한 쌍화차 메뉴를 메인으로 출시하자"라고 결정한다면 어떻게 될까요? 당장 50대 남성 고객의 매출은 조금 오를지 몰라도, 스타벅스가 오랫동안 쌓아온 브랜드 정체성은 순식간에 무너질 것입니다. 기존의 핵심 고객층인 2030 여성들은 "이제 스타벅스는 힙(Hip)하지 않다"라고 느끼며 발길을 끊을지도 모릅니다. 스타벅스는 모든 사람에게 팔지 못해서 안 파는 것이 아닙니다. 브랜드가 추구하는 방향성과 핵심 고객의 취향을 지키기 위해, 그 외의 것들은 포기하는 선택을 한 것입니다.

동네 가게도 마찬가지입니다. 보통 영업이 잘 안되는 매장은 판매하는 상품군을 넓히곤 합니다. '이 중에 하나만 걸려라' 하는 마음일지도 모릅니다. 비단 메뉴만의 문제가 아닙니다. 김치찌개 전문점을 예로 들어볼까요? 단골이라고 부르는 손님들이 "오늘은 된장찌개가 먹고 싶은데"라고 한마디 하면 덜컥 된장찌개를 팔기 시작합니다. 여름에는 덥다고 냉면을 팔고, 어느 날부터는 저녁 매출을 올리겠다며 삼겹살도 팔기 시작합니다. 결국 처음에 생각했던 '

김치찌개 전문점'이라는 정체성은 온데간데없이 사라지고 맙니다. 고객들이 원한다는 이유로, 장사가 안된다는 이유로, 계절에 맞지 않는다는 이유로 이것저것 다 팔다가는 결국 이도 저도 아닌 그저 그런 매장이 되고 마는 것입니다.

결국 성공적인 마케팅은 '누구에게 팔 것인가'를 정하는 것만큼이나 '누구에게 팔지 않을 것인가'를 결정하는 데서 시작됩니다. 우리가 설득해야 할 단 한 사람의 구체적인 고객을 설정하고, 그 사람의 마음을 얻기 위해 우리 가게의 모든 것을 맞추는 과정. 이것이 바로 우리가 '페르소나'라는 방법론을 통해 접근해야 하는 이유입니다.

우리 고객의 가상 버전, 페르소나

고객을 정의하는 가장 기본적인 방법은 '20~30대 여성', '40대 남성 직장인'과 같은 인구통계학적 기준입니다. 나이와 성별, 거주지는 고객을 이해하는 가장 기초적인 데이터입니다. 하지만 요즘 같은 시대에 이것만으로 고객을 정의하기에는 너무나 복잡한 세상을 살고 있습니다. 주말 아침 한강 공원에 나가 마라톤을 하는 사람들을 한번 떠올려 보십시오. 20대 대학생부터 60대 어르신까지, 남녀노소 할 것 없이 전국민이 달리고 있다는 것을 알 수 있습니다. 만약 운동화 가게 사장님이 '러닝화는 20대 남성의 전유물'이라고 단정 짓는다면, 한강을 달리는 수많은 잠재 고객을 놓치게 되는 셈입니다. 이처럼 인구통계학적 정보만으로는 복잡하고 다양해진 현대인의 취향과 라이프스타일을 온전히 담아낼 수 없습니다.

그래서 등장한 것이 바로 인구통계학적 정보에 구체적인 삶의 맥락을 더해 고객을 입체적으로 바라보는 방법론, '페르소나(Persona)'입니다. 페르소나는 원래 심리학에서 사용되는 용어로, 고대 그리스 연극 배우들이 쓰던 '가면'을 뜻합니다. 타인에게 비치는 외적 인격을 의미하죠. 마케팅에서는 우리 가게의 물건을 사줄 가장 이상적이고 대표적인 가상의 인물을 설정하여, 그 가면을 쓴 구체적인 한 사람을 그려보는 것을 말합니다. 막연한 대중이 아니라, 살아 숨 쉬는 한 명의 인격체로 고객을 재정의하는 과정입니다.

페르소나를 설정한다는 것은 고객을 해상도 높게 바라보는 일과 같습니다. 우리 가게의 주 고객을 단순히 '20~30대 여성'이라고 뭉뚱그려 정의하는 대신, 훨씬 더 구체적으로 묘사하는 것입니다. 예를 들어 "서울 은평구에 거주하는 35세 김소영 씨. 결혼한 지 3년 차 되었고, 이제 막 첫돌을 맞는 딸을 키우며 육아와 일 사이에서 균형을 찾으려 노력하는 워킹맘"이라고 정의해 보는 것이죠. 전자가 흑백 사진이라면, 후자는 생생한 컬러 동영상과도 같습니다.

이렇게 구체적인 페르소나가 설정되면 사장님의 고민은 훨씬 명쾌해집니다. 막연히 "2030 여성이 뭘 좋아할까?"라고 고민할 때는 답이 잘 나오지 않지만, "돌쟁이 딸을 둔 35세 워킹맘 김소영 씨라면 퇴근길에 우리 가게 간판을 보고 무슨 생각을 할까?", "아이에게 먹일 식재료를 고를 때 어떤 문구에 안심할까?"를 상상하면 구체적인 아이디어가 떠오르기 때문입니다. 김소영 씨가 공감할 수 있는 메시지, 그녀가 필요로 하는 서비스, 그녀의 지갑을 열게 할 포인트가 보이기 시작합니다.

페르소나 도출 프롬프트

결국 페르소나 설정은 고객을 데이터 덩어리가 아닌, 감정과 사연을 가진 '사람'으로 이해하려는 노력입니다. "모두를 만족시키겠다"는 욕심을 내려놓고, 우리 가게가 가장 행복하게 만들어 줄 수 있는 단 한 사람, 그 페르소나에게 집중해 보는 것입니다. 아래 프롬프트를 참고하여 우리 매장의 고객을 구체화해보시기 바랍니다.

1단계 : 페르소나 정의
1. 우리 가게 기본 정보
- 상호 :
- 업종 :
- 위치/상권 :
- 주요 상품/서비스 :
- 사장님이 생각하는 대략적인 타깃 :
2. 요청 사항
- 위 정보를 바탕으로 우리 가게를 가장 좋아할 만한 핵심 고객, 페르소나(Persona) 1명을 설정해 주세요.
- 구체적인 삶의 맥락을 가진 살아있는 캐릭터로 묘사해 주세요.
- 다음 양식에 맞춰 작성해 주세요.
1) 이름/나이/가족관계 :
2) 직업/라이프스타일 :
3) 성격/가치관 :
4) 페르소나 한 줄 요약 :

2단계 : 페인 포인트(Pain Point) 니즈(Needs)발굴

1. 분석 대상

- 방금 1단계에서 설정한 페르소나를 기준으로 분석합니다.

2. 요청 사항

- 이 페르소나가 일상에서 겪는 어려움(Pain Point)과 우리 가게에서 얻고 싶어 하는 욕구(Needs)를 구체적으로 분석해 주세요.

- 막연한 내용이 아니라, 우리 가게 업종과 관련된 구체적인 상황을 묘사해 주세요.

1) Pain Point (불편함/결핍) :

2) Needs (욕구/해결책) :

3) 지갑을 열게만드는 결정적 한 방 :

3단계 : 구매 여정(Customer Journey) 분석

1. 분석 대상

- 위에서 설정한 페르소나와 그들의 니즈를 바탕으로 합니다.

2. 요청 사항

- 페르소나가 우리 가게를 알게 되는 순간부터 단골이 되기까지의 과정을구매 여정으로 시뮬레이션해 주세요.

3. 구매 여정 단계별 분석

1. 인지 :

2. 탐색/비교 :

3. 결정/방문 :

4. 경험 :

5. 공유/재방문 :

페르소나는 대표성이 검증되어야

챗GPT와 같은 생성형 인공지능이 만들어낸 페르소나는 놀라울 정도로 구체적입니다. 이름도 있고, 직업도 있고, 심지어 주말에 무엇을 하는지까지 알려줍니다. 하지만 냉정하게 말해 이것은 아직까지 그럴듯한 소설에 불과합니다. AI가 방대한 데이터를 바탕으로 "이 동네, 이 업종에는 이런 사람이 올 확률이 높아요"라고 추측한 가설일 뿐, 실제 우리 가게 문을 열고 들어온 진짜 손님은 아니기 때문입니다. 페르소나는 마케팅의 대상을 좁히고 구체화하는 훌륭한 도구이지만, 이처럼 가상이라는 점이 가장 치명적인 약점이기도 합니다.

이를 마케팅 용어로는 '대표성의 문제'라고 합니다. 즉, 우리가 설정한 '가상의 김소영 씨'가 진짜 우리 가게를 찾아오는 수많은 실제 고객들을 제대로 대표하고 있는지 확신할 수 없다는 것입니다. 만약 챗GPT가 "우리 가게 고객은 인스타그램을 즐겨 하는 20대 대학생"이라고 했는데, 막상 가게를 찾아오는 주 고객이 "조용히 식사만 하고 가는 40대 직장인"이라면 어떻게 될까요? 20대를 겨냥해 비싼 돈을 들여 인스타그램 광고를 하고 포토존을 꾸민 모든 노력은 헛수고가 되고 맙니다. 이는 시간과 비용의 낭비일 뿐만 아니라, 진짜 고객을 잡을 수 있었던 기회마저 놓치는 막대한 기회비용을 초래합니다.

따라서 AI와 함께 가설을 세웠다면, 이제는 현장에서 그 소설이 맞는지 확인해야 합니다. 거창한 설문조사를 하라는 것이 아닙니다. 매장에 들어오는 손님들의 옷차림이나 동행인을 유심히 관찰하고, 계산할 때 가볍게 대화를 나누는 것만으로도 충분합니다. "혹시 인터넷 검색 보고 오셨나요?", "오늘 드신 메뉴 중 어떤 게 제일 괜찮으셨어요?" 같은 사소한 질문들이 바로 검증의 도구입니다. 이 과정에서 우리가 상상했던 페르소나와 실제 고객 사이의 간극을 발견하고 줄여나가는 것이 핵심입니다.

마케팅은 한 번 정답을 맞히면 끝나는 시험이 아닙니다. 가설(페르소나)을 세우고, 실행(마케팅)하고, 검증(관찰 및 인터뷰)하여 다시 가설을 수정하는 끊임없는 순환 과정입니다. 이 사이클이 반복될수록 우리 가게의 페르소나는 소설 속 주인공이 아닌, 살아있는 단골의 모습으로 다듬어집니다. 다행히 이 검증 과정조차도 혼자 고민할 필요는 없습니다. AI에게 "이 가설을 확인하려면 손님에게 뭐라고 물어봐야 할까?"라고 질문하면, 손님이 부담스러워하지 않을 자연스러운 '스몰 토크' 질문 리스트를 받아볼 수 있기 때문입니다.

페르소나 가설 검증을 위한 인터뷰 및 관찰 포인트
1. 검증 대상 (기존 가설)
- 앞서 도출한 [핵심 페르소나 이름]의 특징과 [구매 여정] 가설을 검증하고자 합니다.
2. 요청 사항
- 위 페르소나 가설이 실제 우리 가게 손님과 일치하는지 확인하기 위한 '관찰 포인트'와 '인터뷰 질문'을 만들어 주세요.
- 손님이 식사를 하거나 서비스를 받는 동안 부담 없이 파악할 수 있는 내용이어야 합니다.
3. 상세 작성 가이드

(1) 행동 관찰 리스트 (말 걸지 않고 눈으로 확인)

- 손님이 매장에 들어와서 나갈 때까지 유심히 봐야 할 행동 3~5가지를 제시해주세요.
- 각 행동이 페르소나의 어떤 특징(가설)을 검증하는 단서인지 설명해주세요.

(2) 스몰 토크 질문 리스트 (자연스러운 대화)

- 계산할 때, 주문받을 때, 혹은 서빙할 때 툭 던질 수 있는 자연스러운 질문 3~5가지를 대화체로 제시해주세요.
- 질문의 목적(방문 경로 확인, 재방문 의사 확인, 불편 사항 확인 등)을 함께 적어주세요.
- 고객이 취조당한다는 느낌이 들지 않도록 친절하고 부드러운 화법을 사용해 주세요.

동네 매장의 마케팅 전략이란?

어떤 이미지가 연상되는가?

앞서 우리는 '페르소나'를 통해 우리 가게를 찾아올 단 한 명의 고객을 아주 깊이 있게 이해해 보았습니다. 페르소나가 고객의 내면을 들여다보는 현미경이라면, 이제는 시야를 넓혀 우리 가게가 놓인 시장 전체를 바라보는 망원경이 필요할 때입니다. 우리가 설정한 페르소나는 우리 가게뿐만 아니라 경쟁 가게도 방문하기 때문입니다. 고객의 머릿속에는 이미 수많은 가게가 나름의 기준으로 분류되어 있습니다. 따라서 전략적인 마케팅을 위해서는 고객의 인식이라는 지도 위에서 경쟁자들은 어디에 있고, 그 사이에서 나는 어떤 위치를 선점할 것인지를 결정해야 합니다. 이것이 바로 마케팅 전략이라고 부르는 STP(Segmentation, Targeting, Positioning)

입니다.

마케팅 전략이라고 해서 거창하게 생각할 필요는 없습니다. 동네 장사에 맞춰 쉽게 풀면 이렇습니다. 우리 동네 시장을 쪼개보고 (Segmentation), 그중에서 우리가 가장 잘할 수 있는 고객 그룹을 정하고(Targeting), 그들의 머릿속에 '우리 가게는 OO다'라고 깃발을 꽂는 것(Positioning)입니다. 이 과정이 선행되지 않으면 아무리 좋은 페르소나를 설정해도, 이미 경쟁자가 꽉 잡고 있는 시장에 맨몸으로 뛰어드는 격이 될 수 있습니다. 특히 포지셔닝은 우리가 무엇을 파느냐가 아니라, 고객이 나를 어떤 가게로 기억하느냐의 싸움입니다. "저 집은 싸고 양 많은 곳", "저 집은 비싸지만 분위기 깡패인 곳"처럼 말이죠.

이러한 고객의 인식을 한눈에 파악하기 위해 그리는 지도가 바로 '포지셔닝 맵(Positioning Map)'입니다. 십자(+) 모양의 축을 그리고 가로축과 세로축에 고객이 중요하게 생각하는 가치(예: 가격, 분위기, 맛, 속도 등)를 배치해 볼 수 있습니다. 예를 들어 동네 카페라면 가로축은 '저가 vs 고가', 세로축은 '테이크아웃 위주 vs 공간 위주'로 설정할 수 있겠죠. 이렇게 지도를 그려놓고 우리 동네의 경쟁 가게들을 하나씩 점으로 찍어보면, 신기하게도 빈 곳이 보이기 시작합니다. 혹은 경쟁자들이 바글바글 모여 있는 레드 오션이 어디인지도 명확해집니다.

많은 사장님이 "우리는 가격도 싸고, 재료도 좋고, 서비스도 최고예요"라고 말하며 포지셔닝 맵의 모든 좋은 위치를 다 차지하려 합니다. 하지만 이것은 욕심이자 환상입니다. 모든 면에서 완벽한 가게는 고객에게 '이도 저도 아닌 가게'로 인식될 뿐입니다. 포지셔닝 맵을 그리는 진짜 목적은 남들이 제공하지 못하는 빈틈을 찾아내는 데 있습니다. 경쟁자들이 모두 가성비로 싸우고 있을 때, 과감하게 가격을 높이고 압도적인 디저트 비주얼로 승부하여 우측 상단의 빈 곳을 차지하는 것, 그것이 바로 전략입니다.

이때 주의할 점은 포지셔닝 맵의 기준이 사장님의 생각이 아닌 고객의 인식이어야 한다는 것입니다. 사장님은 "우리는 고급 원두를 쓴다"고 자부하지만, 인테리어가 허름하다면 고객의 인식 지도상에서 우리 가게는 '고급' 위치에 찍히지 않습니다. 이 간극을 좁히는 것이 마케팅의 역할입니다. 고객이 실제로 느끼는 감정과 경험을 바탕으로 내 위치를 냉정하게 파악해야 합니다. 그래야 우리가 이동하고 싶은 목표 지점으로 가기 위해 인테리어를 바꿀지, 메뉴를 바꿀지, 아니면 소통 방식을 바꿀지 결정할 수 있습니다.

시장세분화, 타겟팅, 포지셔닝 프롬프트

혼자서 머릿속으로만 생각하면 "우리 가게가 최고"라는 자기편향에 빠지기 쉽습니다. 이때 챗GPT와 같은 AI는 훌륭한 전략 파트너가 되어줍니다. AI에게 우리 동네의 상권 특징과 경쟁 업체들의 정보를 주면, 제3자의 객관적인 시선으로 시장을 세분화하고 우리 가게가 들어갈 수 있는 빈틈(니치 마켓)을 제안해 줍니다.

1단계 : 시장 세분화 (Segmentation) 분석
1. 우리 가게 및 상권 정보
- 업종 :

- 위치/상권 :
- 주요 경쟁사 현황 :
- 우리 가게 강점 :
2. 요청 사항
- 위 정보를 바탕으로 우리 동네 빵집 시장을 이용하는 고객들을 3~4개의 유형(Segment)으로 세분화해 주세요.
- 빵을 구매하는 목적이나 중요하게 생각하는 가치(맛, 가격, 건강 등)를 기준으로 나누어 주세요.
- 각 그룹의 특징을 알기 쉬운 별명으로 붙여주세요.

2단계 : 목표 고객 선정 (Targeting) 및 전략 수립
1. 분석 대상
- 1단계에서 도출한 세분화된 고객 그룹들
2. 요청 사항
- 우리 가게의 강점과 경쟁 상황을 고려할 때, 가장 매력적인 핵심 타깃 그룹 하나를 선정해 주세요.
- 선정 이유 :
- 기회 요인 :

3단계 : 포지셔닝 맵 (Positioning Map) 작성 및 차별화
1. 목표
- 선정된 타깃 고객의 머릿속에 경쟁사들과 구별되는 우리만의 위치를 잡고 싶습니다.
2. 요청 사항
- 우리 시장을 분석할 수 있는 가장 중요한 두 가지 기준(X축, Y축)을

정의해 주세요.

– 이 두 가지 축을 기준으로 [포지셔닝 맵]을 그려주세요. (텍스트로 4사분면을 묘사하거나, 표로 정리)

– 경쟁사들의 위치를 대략적으로 배치해 주세요.

– 그 사이에서 우리 가게가 위치해야 할 빈틈을 찾아 좌표를 찍어주세요.

– 포지셔닝 선언문 작성 " 우리 가게는 [경쟁사]와 달리 [어떤 점]을 원하는 [타깃 고객]을 위해 [어떤 가치]를 제공한다." 형식으로 한 문장으로 정리해 주세요.

무엇을 판매할 것인가? 제품 전략

마케팅 전략으로 불리는 STP가 누구에게 어떤 컨셉으로 팔 것인가라면, 4P활동은 이것의 실행에 대한 것입니다. 4P 활동은 무엇을(Product), 얼마에(Price), 어디서(Place), 어떻게 알릴 것인가(Promotion)의 앞단어로 구성된 용어입니다.

4P 활동이 첫 번째는 상품(Product)입니다. 많은 사장님이 상품을 '우리가 파는 물건'이나 '제공하는 기술' 그 자체로만 좁게 해석하곤 합니다. 하지만 고객이 지갑을 여는 진짜 이유는 물건 자체라기 보다는, 그 물건이 주는 문제 해결이나 기분 좋은 경험에 있습니다. 예를 들어, 미용실의 상품은 '커트'가 아니라 '단정해진 내 모습이 주는 자신감'이고, 꽃집의 상품은 '꽃다발'이 아니라 '사랑을 전하는 로맨틱한 순간'입니다.

따라서 상품 전략을 수립할 때는 눈에 보이는 제품에 무엇을 더해 '확장된 가치'를 만들 것인지를 고민해야 합니다. 제품의 이름(네이밍)부터 포장 패키지, 제공하는 직원의 태도, AS 정책, 그리고 구매 후의 관리 서비스까지가 모두 상품의 일부입니다. 우리 가게의 타깃 페르소나가 '편리함'을 중시한다면 상품의 구성은 간결하고 사용하기 쉬워야 하며, '감성'을 중시한다면 포장지 하나에도 스토리를 담아야 합니다.

가치에 맞는 가격이 책정되어야

두 번째 요소는 가격(Price)입니다. 가격은 마케팅 믹스 중에서 유일하게 수익을 창출하는 요소이자, 고객이 구매를 망설이는 가장 큰 장벽이기도 합니다. 동네 장사에서 흔히 하는 실수는 '옆집보다 500원 싸게' 파는 것을 전략이라고 믿는 것입니다. 하지만 무조건적인 최저가는 장기적으로 제 살 깎아 먹기가 될 뿐만 아니라, 고객에게 "저렴한 재료를 쓰나?" 하는 의심을 줄 수도 있습니다. 가격은 우리 상품의 가치를 숫자로 증명하는 '신분증'과 같습니다.

가격을 결정할 때는 원가 기반의 계산을 넘어 '고객 심리'를 반영해야 합니다. 고객은 자신이 지불하는 비용보다 얻게 되는 가치가 더 크다고 느낄 때만 구매를 결정합니다. 이를 '가치 기반 가격 결정'이라고 합니다. 우리 가게가 경쟁사보다 더 좋은 분위기, 더 친절한 서비스, 더 확실한 품질을 제공한다면, 그만큼의 가치를 가격에 당당히 반영해야 합니다. 반대로 가격을 낮춰야 한다면, 단순히 숫자만 내리는 것이 아니라 '기간 한정 할인'이나 '첫 방문 혜택'

처럼 명분을 만들어 브랜드 가치 하락을 막아야 합니다.

또한 묶음의 미학을 활용하는 것도 필요합니다. 단품으로 구매할 때보다 세트로 구매할 때 더 큰 혜택을 준다고 느끼게 만드는 전략입니다. 미용실의 '커트+다운펌 패키지'나 카페의 '커피+디저트 세트'처럼, 고객의 객단가를 높이면서도 고객 스스로는 합리적인 소비를 했다고 느끼게 설계해야 합니다.

고객이 있는 곳이 유통 채널

세 번째 요소는 유통(Place)입니다. 전통적인 의미의 유통은 목 좋은 가게였지만, 지금의 유통은 고객과의 접점을 의미합니다. 오프라인 매장이 골목 안쪽에 있어도 배달 앱이나 네이버 예약을 통해 고객과 만날 수 있다면, 그곳이 바로 훌륭한 유통 채널이 됩니다. 즉, 유통 전략의 핵심은 "우리 고객이 가장 편하게 접근할 수 있는 경로가 어디인가?"를 파악하고 그 길을 닦아놓는 것입니다.

동네 소상공인에게 유통채널은 크게 '오프라인 매장 환경'과 '온라인 디지털 매장'으로 나뉩니다. 오프라인에서는 매장 입구의 가시성을 높이고 내부 동선을 최적화하는 것이 중요합니다. 온라인에서는 네이버 스마트플레이스, 인스타그램, 당근마켓, 각종 예약 플랫폼이 우리의 매장입니다. 타깃 페르소나가 인스타그램을 주로 본다면 인스타그램이 메인 매장이 되어야 하고, 지역 커뮤니티를 신뢰한다면 당근마켓이 메인 매장이 되어야 합니다.

커뮤니케이션은 진정성이 중요

네 번째 요소는 촉진(Promotion)입니다. 아무리 좋은 상품을 합리적인 가격에 내놓아도, 고객이 모르면 팔리지 않습니다. 프로모션은 "우리가 여기 있어요. 당신에게 딱 맞는 상품이 준비되어 있어요"라고 끊임없이 신호를 보내는 활동입니다. 동네 사장님들의 프로모션은 대기업의 TV 광고와는 다릅니다. 우리 동네 고객의 삶 속에 스며드는 관계 지향적 소통이어야 합니다.

가장 강력한 프로모션은 일관성에서 나옵니다. 우리 가게가 '고급스러움'을 지향한다면 전단지보다는 정성스러운 초대장이나 분위기 있는 인스타그램 사진으로 소통해야 하고, '친근함'을 지향한다면 동네 소식지나 유머러스한 입간판이 효과적입니다. 할인 이벤트도 마찬가지입니다. 이유 없는 할인은 가치를 떨어뜨리지만, "개업 1주년 감사", "비 오는 날의 위로" 같은 명분 있는 이벤트는 고객과 정서적 유대감을 쌓는 기회가 됩니다 .

마케팅 실행을 위한 4P활동 프롬프트

지금까지 상품, 가격, 유통, 촉진을 살펴보았습니다. 이를 마케팅 믹스(Marketing Mix)라고 부르는 이유는 네 가지 요소가 비빔밥처럼 완벽하게 어우러져야 하기 때문입니다. 최고급 상품(Product)을 헐값(Price)에 팔거나, 타깃 고객이 오지 않는 곳(Place)에 매장을 열고 엉뚱한 방식(Promotion)으로 홍보한다면 마케팅은 실패합니다.

4P의 모든 요소는 앞서 정한 '타깃 페르소나'와 '포지셔닝'이라

는 방향성과 일치되어야 합니다. 우리가 내리는 결정이 목표로 하는 페르소나의 마음에 드는 것인지, 우리 가게의 컨셉을 강화하는 것인지 끊임없이 자문해야 합니다. 아래의 단계별 프롬프트를 통해 사장님만의 4P 전략을 구체화해 보십시오.

1단계 : Product (상품 및 서비스 가치) 기획
1. 기본 정보
- 업종 및 상호:
- 타깃 페르소나 :
- 핵심 상품/서비스 :
2. 요청 사항
위 정보를 바탕으로 우리 가게의 Product 전략을 구체화해 주세요.
1. 가치 재정의(고객이 얻게 될 혜택과 변화 중심으로) :
2. 네이밍 아이디어 :
3. 확장된 경험 :

2단계 : Price (가격 정책 및 구성) 전략 수립
1. 분석 대상
- 1단계에서 정의된 상품과 타깃 페르소나
- 현재 대략적 가격대 :
2. 요청 사항
우리 가게의 Price 전략을 제안해 주세요.
1. 가격 설득 논리 :
2. 세트/패키지 구성 :
3. 진입 장벽 낮추기 :

3단계 : Place (고객 접점 및 채널) 전략

1. 분석 대상

- 타깃 페르소나의 정보 탐색 및 이동 경로

2. 요청 사항

우리 가게가 고객과 만날 수 있는 Place 전략을 수립해 주세요.

1. 온라인 채널 :

2. 오프라인 가시성 :

3. 접근 편의성 :

4단계 : Promotion (홍보 및 이벤트) 기획

1. 목표

- 타깃 페르소나의 인지 및 구매 전환

2. 요청 사항

우리 가게를 알릴 수 있는 현실적인 Promotion 전략을 기획해 주세요.

1. 인스타그램 콘텐츠 :

2. 블로그 이벤트 :

3. 계절성 이벤트 :

5단계 : 4P 믹스 일관성 점검

1. 입력 정보

- 설정한 포지셔닝(컨셉) :

2. 요청 사항

- 지금까지 수립한 4P(상품, 가격, 유통, 촉진)가 우리가 처음에 의도한 '

가게의 컨셉(포지셔닝)'과 일관성 있게 조화를 이루는지 평가해 주세요.
- 만약 서로 분위기가 맞지 않거나 모순되는 부분이 있다면 지적하고,
수정 방안을 제시해 주세요.

시각적인 통일감을 주는 무드보드

동네 사장님들이 생각하는 마케팅 활동의 8할은 아마도 광고와
홍보일 것입니다. "전단지를 어떻게 만들까?", "인스타그램에 무슨
사진을 올릴까?", "배너 문구는 뭐로 하지?" 같은 고민들이죠. 앞서
다룬 STP나 4P가 눈에 보이지 않는 전략이라면, 이 커뮤니케이션
활동은 고객의 눈에 직접 닿는 실전입니다. 그런데 여기서 많은 동
네 가게가 범하는 실수가 있습니다. 바로 따로 국밥 식의 디자인
입니다. 간판은 고급스러운 검은색인데, 전단지는 눈에 띄게 하려
고 빨간색과 노란색을 섞어 쓰고, 인스타그램에는 유행하는 감성
사진을 올립니다. 이렇게 되면 고객은 혼란스럽습니다. "이 가게는
고급 식당인가? 아니면 저가형 분식집인가?" 정체성이 흐릿해지면
신뢰도 쌓이지 않습니다.

이때 필요한 것이 바로 무드보드(Mood Board)입니다. 무드보드
란 우리 가게가 추구하는 이미지, 색감, 폰트, 분위기 등을 한눈에
볼 수 있게 모아둔 시각적 지도입니다. 인테리어 할 때 잡지 사진
을 오려 붙이며 "이런 느낌으로 해주세요"라고 말하는 것과 같습니
다. 마케팅 커뮤니케이션을 할 때도 이 기준이 있어야 합니다. "우
리 가게의 무드보드는 '따뜻한 우드 톤'과 '정갈한 명조체', 그리
고 '자연광 느낌의 사진'이다"라는 기준이 서면, 전단지를 만들든

SNS를 하든 일관된 목소리를 낼 수 있습니다.

무드보드는 동네 사장님에게는 의사결정의 가이드라인이 됩니다. 디자인 업체에 배너를 맡길 때 "알아서 예쁘게 해주세요"라고 하면 엉뚱한 결과물이 나오지만, 무드보드라는 기준을 가지고 "우리 가게의 메인 컬러인 딥 그린(Deep Green)을 사용하고, 폰트는 신뢰감 있는 고딕체를 써주세요"라고 말하면 결과가 달라집니다. 고객은 사장님이 보여주는 시각적 요소들의 합을 통해 우리 가게를 기억합니다. 일관된 분위기는 그 자체로 강력한 무언의 설득이자, 우리 가게만의 브랜드가 됩니다.

1단계 : 브랜드 아이덴티티(Identity) 키워드 추출
1. 기본 정보
- 매장명 및 업종 :
- 타깃 페르소나 :
- 핵심 컨셉(포지셔닝) :
2. 요청 사항
위 정보를 바탕으로 우리 가게의 시각적 방향성을 결정할 핵심 키워드를 도출해 주세요.
1. 감성 키워드 5가지 :
2. 시각적 메타포 :
3. 톤앤매너 :

2단계 : 비주얼 요소 구체화
1. 입력 정보
- (1단계에서 도출된 키워드 및 톤앤매너)

2. 요청 사항
우리 가게의 무드보드를 구성할 구체적인 디자인 가이드를 만들어 주세요.

1. 메인 컬러 1개 보조 컬러 2개 :

2. 폰트 :

3. 이미지 스타일 :

3단계 : 커뮤니케이션 채널별 무드보드 적용

1. 목표

- 앞서 정한 시각적 기준(컬러, 폰트, 분위기)을 실제 홍보물에 적용해 보고 싶습니다.

2. 요청 사항
우리가 정의한 무드보드 컨셉을 바탕으로, 다음 마케팅 상황에 맞는 구체적인 제작 가이드를 묘사해 주세요.

1. 인스타그램 피드 :

2. 매장 입구 배너 :

3. 영수증 리뷰 답글 :

단계별로 전달하는 메시지는 달라야

마케팅 공부를 조금이라도 해보신 분이라면 '퍼널(Funnel)'이라는 단어를 들어보셨을 겁니다. 우리말로는 '깔때기'를 뜻합니다. 깔때기는 위쪽 입구는 넓지만 아래로 내려갈수록 좁아지는 모양을 하고 있습니다. 마케팅에서는 이것을 고객이 우리 가게에 들어오는 과정에 비유합니다. 처음 우리 가게를 알게 되는 사람(인지)은 많지만, 실제로 관심을 갖고 검색해보는 사람(탐색)은 줄어들고, 결국 가게 문을 열고 들어와 결제하는 사람(전환)은 더 적어지기 때문입니다. 수많은 잠재 고객이 단계별로 걸러지며 최종적으로 진짜 손님이 되는 과정, 이것이 바로 마케팅 퍼널입니다.

마케팅 활동에서 많이 범하는 실수는 이 퍼널의 단계를 무시하고 모든 사람에게 똑같은 이야기를 하는 것입니다. 길 가다 처음 마주친 사람에게 대뜸 "우리 가게 밥 맛있으니까 지금 당장 와서 드세요"라고 강요하는 것과 같습니다. 마치 처음 만난 사람에게 청혼하는 것처럼 부담스럽고 어색한 일입니다. 온라인 쇼핑몰처럼 고객의 모든 구매여정을 추적할 수는 없더라도, 동네 장사 역시 이 퍼널의 관점으로 접근해야 합니다. 지금 내 블로그 글을 보는 사람이 우리 가게를 처음 본 사람인지, 아니면 올까 말까 고민하는 사람인지에 따라 건네야 할 말이 달라져야 하기 때문입니다.

페이스북이나 인스타그램, 구글 광고 시스템도 모두 이 퍼널 구조를 기반으로 설계되어 있습니다. '브랜드 인지도'를 높일 것인지, 아니면 '매장 방문'이라는 행동을 유도할 것인지 목표를 설정하게 되어 있죠. 오프라인 매장도 마찬가지입니다. 전단지를 돌리든 인스타그램을 하든, 우리가 지금 하는 이 마케팅이 깔때기의 윗부분(많은 사람에게 알리기)을 위한 것인지, 아랫부분(망설이는 손님 당기기)을 위한 것인지 명확히 해야 합니다. 그래야 돈과 시간을 쓰고도 효과를 보지 못하는 '밑 빠진 독에 물 붓기'를 피할 수 있습니다.

깔때기 방법론의 핵심은 넓게 받아 좁게 모으는 것입니다. 윗부분인 입구가 너무 좁으면 들어오는 물(고객) 자체가 없어 말라버릴 것이고, 중간에 구멍이 나 있으면 다 새어 나가버려 바닥에 남는 게 없을 것입니다. 따라서 우리 가게의 마케팅 깔때기가 튼튼한지 점검해야 합니다. 우리 가게를 아는 사람은 많은지(인지), 알지만 오지 않는 이유는 무엇인지(고려), 마지막 결제의 문턱에서 돌아서는 이유는 무엇인지(전환)를 단계별로 나누어 생각하는 습관을 가지는 것입니다. .

이제부터 퍼널을 크게 세 단계로 나누어 동네 가게에 적용하는 방법을 알아보겠습니다. 흔히 TOFU(Top of Funnel), MOFU(Middle of Funnel), BOFU(Bottom of Funnel)라고 부르는데, 어려운 용어 대신 쉽게 '인지(알리기)', '탐색과 고려(설득하기)', '전환(행동하게 만들기)' 단계로 나누어 살펴보겠습니다.

1단계는 인지 시키는 것

퍼널의 가장 윗부분인 '인지' 단계의 목표는 단순합니다. 우리 동네 사람들에게 "여기에 이런 가게가 있습니다"라고 눈도장을 찍는 것입니다. 이 단계의 고객은 아직 배가 고프지도 않고, 머리를 자를 생각도 없습니다. 따라서 이때부터 "지금 오면 10% 할인"이라고 외치는 것은 공허한 메아리가 되기 쉽습니다. 할인 정보는 사고 싶은 마음이 있는 사람에게나 매력적이지, 관심 없는 사람에게는 그저 스팸일 뿐입니다. 이때 필요한 것은 '호기심'과 '매력'입니다.

동네 꽃집을 예로 들어보겠습니다. 인지 단계의 콘텐츠는 "장미 꽃다발 3만 원, 싸다 싸!"가 되어서는 안 됩니다. 대신 "시들지 않고 꽃 오래 보는 물올림 꿀팁"이라거나, 햇살이 쏟아지는 매장의 예쁜 풍경 사진, 혹은 사장님이 꽃시장에서 싱싱한 꽃을 고르는 생동감 넘치는 영상을 보여주어야 합니다. 사람들이 인스타그램 피드를 넘기다가 "어? 우리 동네에 이렇게 예쁜 꽃집이 있었네?" 하고 멈칫하게 만드는 것이 목표입니다. 판매보다는 '정보'와 '감성'을 선물한다는 마음으로 접근해야 합니다.

이 단계에서 가장 효과적인 채널은 인스타그램 릴스나 지역 맘 카페의 정보성 글, 혹은 당근마켓의 '동네 생활' 게시판입니다. 동네 헬스장이라면 "지겨운 헬스장 등록하라고 강요하지 않아요"라며 집에서 할 수 있는 간단한 스트레칭 영상을 올리는 식입니다. 고객은 부담 없이 콘텐츠를 즐기며 우리 가게의 이름과 분위기를 무의식중에 기억하게 됩니다. 이것이 나중에 그들이 필요를 느낄 때 우리 가게를 가장 먼저 떠올리게 하는 씨앗이 됩니다.

많은 사장님이 마음이 급해서 이 단계를 건너뛰고 싶어 합니다. 하지만 깔때기의 입구가 넓어야 아래로 모이는 양도 많아지는 법입니다. 당장의 매출로 이어지지 않더라도 꾸준히 우리 가게의 존재감을 알리는 활동, 즉 '브랜딩'에 가까운 활동이 이 단계에서 이루어져야 합니다.

2단계는 탐색과 고려

어느 날 고객에게 필요(Needs)가 생겼습니다. 꽃을 선물할 일이 생겼거나, 운동을 시작해야겠다고 마음먹은 것이죠. 이때 고객은 검색을 시작합니다. 이것이 바로 퍼널의 허리 부분인 '탐색과 고려' 단계입니다. 이제 고객은 우리 가게의 존재를 알지만, 동시에 경쟁 가게들도 함께 비교하고 있습니다. "A 꽃집이 예쁘던데, B 꽃집이 더 싼가?", "C 헬스장은 시설이 좋은데, D 헬스장은 선생님이 친절할까?" 이 단계에서 사장님이 던져야 할 메시지는 "왜 하필 우리 가게여야 하는가?"에 대한 증명입니다.

이때부터는 구체적인 정보와 신뢰를 주는 콘텐츠가 필요합니다. 네이버 스마트플레이스나 블로그가 가장 강력한 무기가 됩니다. 헬스장을 예로 들면, 단순히 "시설 좋아요"라고 말하는 것보다 "회원님의 3개월 비포/애프터 사진"이나 "우리 트레이너들이 보유한 전문 자격증 리스트", "실제 회원들의 자필 후기"를 보여주어야 합니다. 고객은 실패하고 싶지 않기 때문에, 사장님의 주장보다는 눈에 보이는 증거와 다른 사람의 평가를 더 신뢰합니다.

동네 식당이라면 이 단계에서 '메뉴의 상세한 설명'과 '조리 철학'을 이야기해야 합니다. "매일 새벽 사장님이 직접 경매받아 오는 생선"이라는 스토리나, 주방의 청결한 모습을 담은 사진이 고객의 의심을 거두게 합니다. 인지 단계에서 호감을 느낀 고객이 이 단계에서 신뢰를 얻지 못하면, 그들은 깔때기 밖으로 빠져나가 경쟁 가게로 가버립니다(이탈).

따라서 이 단계의 마케팅은 '자랑'이 아니라 '해결'이어야 합니다. 고객이 무엇을 궁금해하고 무엇을 걱정하는지 미리 파악해서 (FAQ), 그에 대한 답을 블로그나 상세 페이지에 적어두어야 합니다. "주차는 편한지", "아기 의자는 있는지", "예약은 쉬운지" 같은 사소한 정보들이 고객의 마음을 우리 쪽으로 기울게 만드는 요소들입니다.

3단계는 구매로 전환하는 것

이제 고객은 우리 가게가 마음에 들기 시작했습니다. 하지만 "다음에 가지 뭐"라고 미루게 될 수도 있습니다. 그래서 퍼널의 가장 밑부분, 전환 단계에서는 이 망설임을 끊어내고 고객의 등을 떠

밀어주는 강력한 한 방이 필요합니다. 이때 비로소 "할인", "쿠폰", "이벤트" 같은 카드를 꺼내야 합니다

마케팅 용어로는 '콜 투 액션(Call To Action, CTA)'이라고 합니다. "고민하지 말고 지금 행동하라"고 요청하는 것이죠. 동네 카페라면 네이버 플레이스에 "알림 받기 설정 시 아메리카노 1잔 무료 쿠폰 증정"을 걸어두거나, 미용실이라면 "오늘 예약 시 두피 스파 서비스 제공" 같은 혜택을 제안하는 것입니다. 중요한 것은 이 혜택에 명분과 제한을 두는 것입니다. 그냥 깎아주는 것이 아니라 "오픈 1주년 기념 이번 주까지만"이라거나, "선착순 10명 한정"이라는 조건을 걸면 고객은 지금 당장 예약 버튼을 눌러야 할 이유를 찾게 됩니다.

결제 과정의 불편함을 없애는 것도 이 단계의 핵심입니다. 메뉴를 다 골랐는데 전화 연결이 안 되거나, 가격 정보가 없어서 물어봐야 한다면 고객은 귀찮아서 이탈합니다. 네이버 예약, 테이블링 같은 간편한 시스템을 도입하고, 가격표를 투명하게 공개하여 고객이 고민 없이 지갑을 열 수 있는 환경을 만들어야 합니다. 온라인 쇼핑몰의 '원클릭 결제'처럼, 오프라인 매장도 방문의 문턱을 최대한 낮추는 것이 전환율을 높이는 비결입니다.

이 단계의 메시지는 짧고, 명확하고, 강력해야 합니다. 구구절절한 설명보다는 "마감 임박", "마지막 기회" 같은 단어가 효과적입니다. 이미 우리를 알고(인지), 우리를 믿게 된(고려) 고객에게 필요한 것은 긴 설득이 아니라 확실한 혜택과 확신이기 때문입니다.

재구매와 입소문으로 이어져야

전환 단계에서 결제가 이루어졌다고 해서 퍼널이 끝난 것은 아닙니다. 진정한 동네 장사의 승부는 그다음부터 시작됩니다. 깔때기 아래로 떨어진 고객을 다시 위로 올려보내거나, 새로운 깔때기를 만들어주는 과정이 필요합니다. 바로 '재구매'와 '단골 만들기'입니다. 한 번 온 손님이 다시 오게 만들고, 그 손님이 친구를 데려오게 만드는 선순환 구조를 만들어야 합니다.

네일숍을 운영한다면 방문 3주 뒤에 "손톱 정리하실 때가 되었죠? 기존 고객님은 젤 제거 무료입니다"라고 안부 문자를 보내는 것이 재구매를 유도하는 마케팅입니다. 식당이라면 영수증 리뷰를 남겨준 고객에게 감사의 답글을 달아주고, 다음 방문 시 사용할 수 있는 서비스를 약속하는 것이 좋습니다. 고객은 자신이 대우받고 있다고 느낄 때 우리 가게의 팬이 되어 자발적으로 주변에 홍보를 해줍니다.

마케팅 퍼널은 고객을 기계적으로 분류하는 도구가 아니라, 고객의 마음을 헤아리는 배려의 과정이라고 할 수 있습니다. "지금 내 앞의 고객은 어떤 상태일까?"를 고민하고, 그에 맞는 따뜻한 말과 혜택을 건네는 것입니다.

우리 가게 기본 정보 입력
1. 매장 기본 정보
- 매장명 및 업종 :
- 위치 및 상권 :
- 주요 상품 :
- 타깃 페르소나 :

2. 요청 사항

위 정보를 바탕으로 퍼널 마케팅 콘텐츠를 기획하려 합니다. 이어지는 단계별 질문에 대해 타깃 페르소나의 심리에 기반하여 채널별 콘텐츠와 메시지를 제안해 주세요.

1단계 : 인지 (TOFU)

1. 마케팅 목표

- 아직 우리 가게를 모르거나, 필요성을 못 느끼는 고객의 시선을 사로잡기(Hook)
- "이거 내 이야기인데?" 하고 멈추게 만들어 우리 가게의 존재 알리기

2. 채널별 콘텐츠 요청

위 페르소나를 대상으로 브랜드를 알릴 수 있는 발견형 콘텐츠 아이디어를 제안해 주세요.

1) 인스타그램 (피드/릴스)

- 이미지 컨셉 :

- 해시태그 :

2) 네이버 블로그 :

- 글 주제 :

3) 기타 (유튜브 숏츠/네이버 클립)

- 영상 기획 :

2단계 : 탐색 및 고려 (MOFU)

1. 마케팅 목표

- 관심을 갖고 검색을 시작한 고객에게 전문성과 신뢰감 증명하기
- 경쟁 업체와 비교했을 때 우리 가게만의 차별점 각인시키기

2. 채널별 콘텐츠 요청

검색을 통해 우리 가게 정보를 찾아보는 고객을 설득할 정보형/설득형 콘텐츠를 기획해 주세요.

1) 네이버 블로그

- 포스팅 주제 :

2) 네이버 스마트플레이스

- 소식 글 :

3) 인스타그램 (카드뉴스/피드)

- 콘텐츠 내용:

3단계 : 전환 (BOFU)

1. 마케팅 목표

- 방문을 고민만 하고 있는 고객을 실제 행동(예약/방문)하게 만들기
- 지금 당장 움직여야 할 명분과 혜택 제시하기

2. 채널별 콘텐츠 요청

고객의 최종 결정을 이끌어낼 전환형/행동 유도 콘텐츠를 만들어 주세요.

1) 네이버 스마트플레이스

- 쿠폰/이벤트:

2) 인스타그램 (스토리/DM)

- 스토리 문구 :

3) 네이버 블로그/기타

- 행동 유도(Call To Action) :

이미지 생성도 프롬프트가 중요

이미지 생성과 맥락의 중요성

과거에는 가게 홍보 포스터나 메뉴 사진을 위해 디자이너에게
부탁하거나 유료 이미지 사이트를 뒤져야 했습니다. 비용도 비용
이지만, 내 마음에 쏙 드는 이미지를 찾는 시간도 만만치 않았습니
다. 하지만 이제는 이미지를 10초 만에 얻을 수 있습니다. 이미지
생성 비용이 사실상 '0원'에 수렴하는 시대가 된 것입니다.

하지만 아이러니하게도 도구는 좋아졌는데, 여전히 사람들은 "
내가 원하는 느낌이 안 나온다"며 실망하곤 합니다. AI가 그려준
그림이 엉뚱하거나 어색해서 몇 번 시도하다가 포기해버리는 경우
도 많습니다. 분명 기술은 상향 평준화되었는데, 왜 결과물은 제
각각일까요? 그 이유는 AI라는 화가의 실력이 부족해서가 아니

라, 화가에게 그림을 그려달라고 요청하는 우리의 주문 방식에 있습니다.

이미지 생성도 결국 문제는 프롬프트(명령어)의 문제입니다. 내 머릿속에 있는 이미지를 AI에게 정확하게 설명하지 못하면, AI는 자신이 학습한 가장 평균적인(때로는 뻔한) 그림을 내놓습니다. "맛있는 파스타 그려줘"라고 하면 AI는 그냥 파스타 그림을 그리지만, 사장님이 원한 건 '햇살이 비치는 창가 테이블 위의 김이 모락모락 나는 파스타'였을지 모릅니다.

원하는 사진을 맥락정보로 제공

그렇다면 "자연광이 45도 각도로 들어오고, 아웃포커싱(배경 흐림) 심도는 얇게 해줘"라는 식의 전문 용어를 배워야 할까요? 이것은 비효율적이기도 하고, 또 그럴 필요도 없습니다. 텍스트로 구구절절 묘사하는 대신, 참고할 만한 사진을 AI에게 보여주면 됩니다.

미용실에 가서 머리를 자를 때를 떠올려보십시오. "옆머리는 귀가 살짝 보이게 15도로 쳐주시고, 윗머리는 질감을 살려주세요"라고 복잡하게 주문하는 손님은 거의 없습니다. 대부분 핸드폰을 꺼내 연예인 사진을 보여주며 딱 한 마디를 합니다. "이 느낌으로 해주세요." 그러면 디자이너는 단박에 이해하고 스타일을 잡아줍니다. AI에게도 똑같이 하면 됩니다.

네이버나 구글, 핀터레스트에서 "와, 우리 가게 포스터도 이런 느낌이면 좋겠다" 싶은 이미지를 찾아보세요. 그리고 그 사진을 챗GPT나 제미나이에게 업로드한 뒤 이렇게 말하면 됩니다. "이 사진의 구도와 조명, 분위기를 그대로 따라 해서 그려줘. 단, 음식만 우리 가게 메뉴인 '순대국'으로 바꿔줘." 이렇게 하면 사장님이 굳이 '따뜻한 조명', '감성적인 구도' 같은 말을 글로 쓰지 않아도, AI가 이미지를 분석해 알아서 그 느낌을 재현해 줍니다. 백 마디 말보다 한 장의 사진이 훨씬 정확한 소통 도구가 되는 것입니다.

실제 매장 사진을 제공하는 것

인터넷에서 다른 사람의 사진을 찾아 참고할 수는 있지만, 그것이 우리 매장의 진짜 모습은 아닙니다. 따라서 우리 매장의 실제 사진을 직접 제공하는 것이 훨씬 좋습니다. "저는 사진을 진짜 못 찍는데요?"라고 걱정하실 필요는 전혀 없습니다. 오히려 대충 찍은 사진일수록 AI의 놀라운 능력을 체감하기에 더 좋습니다. 핸드폰으로 주방 테이블 위에 놓인 신메뉴를 무심하게 찍어보세요. 조명이 어두워도, 배경에 설거지거리가 보여도 상관없습니다. AI에게 중요한 것은 오직 '구도'와 '대상'이라는 정보뿐이니까요.

이 'B급 사진'을 AI에게 건네주며 심폐소생술을 요청하는 겁니다. "이 사진은 내가 만든 샌드위치야. 재료의 구성과 위치는 이대로 유지하되, 배경을 '봄날의 한강 공원'으로 바꿔주고, 전문 푸드 스튜디오에서 찍은 것처럼 아주 먹음직스럽고 고화질로 다시 그려줘." 이렇게 요청하면 AI는 사진의 뼈대는 유지하면서 칙칙했던 색감은 살리고, 지저분한 배경은 화사하게 바꾼 'S급 광고 사진'을 만들어 줍니다.

냅킨 위에 볼펜으로 끄적거린 아이디어 스케치 또한 훌륭한 재료가 됩니다. 로고 디자인이나 새로운 인테리어 구상을 대충 그려서 보여주면, AI는 그 선들을 인식해 그럴듯한 그래픽 디자인이나 3D 인테리어 조감도로 완성해 줍니다. 사장님은 '기획'과 '가이드'만 제공하면 됩니다. 나머지는 AI라는 유능한 조수가 알아서 채워줄 것입니다.

생산자인가? 소비자인가?

SNS 시장에는 '1:9:90 법칙'이라는 것이 있습니다. 콘텐츠를 실제로 만드는 사람은 1%에 불과하고, 9%는 댓글이나 공유로 반응하며, 나머지 90%는 눈으로 보기만 한다는 것입니다. AI 기술이 아무리 발전해도 이 비율은 크게 변하지 않을 것입니다. 왜냐하면 좋은 도구가 생겼다고 해서 모두가 창작의 의지를 갖는 것은 아니기 때문입니다. "AI가 다 해준다는데 나중에 해보지 뭐" 하고 미루는 사람이 99%입니다.

하지만 반대로 생각하면, 사장님이 조금만 관심을 기울여 이 도구를 손에 쥐는 순간, 동네에서 상위 1%의 마케팅 경쟁력을 갖추게 된다는 뜻입니다. 남들이 인터넷에서 퍼온 흔한 사진을 쓸 때, 사장님은 우리 가게의 철학이 담긴 고유한 이미지를 보여줄 수 있습니다. 텍스트로만 설명하던 추상적인 아이디어를 시각적으로 구체화하여 고객을 설득할 수 있습니다.

이미지는 텍스트보다 강력합니다. 복잡한 설명보다 잘 만든 사진 한 장이 고객의 발길을 멈추게 합니다. 앞으로는 AI가 사장님의 기획안만 보고도 알아서 이미지를 추천해 주는 더 편한 세상이 올 것입니다. 하지만 '무엇을 보여줄 것인가'를 결정하는 기획력은 오직 사장님의 몫입니다.

이미지 생성 프롬프트

프롬프트로 내가 원하는 이미지를 생성할 수도 있지만, 이보다는 직접 찍은 사진을 맥락정보로 제시하여 원하는 스타일로 만드는 것이 더 효과적입니다. 몇가지 이미지 스타일을 공유합니다.

한국 웹툰 스타일 (K-Webtoon / Manhwa Style)
네이버나 카카오 웹툰에서 흔히 볼 수 있는 세련되고 현대적인 만화 스타일입니다. 인물의 이목구비가 뚜렷하고, 눈동자의 반짝임(Glossy eyes)과 피부 질감이 반실사(Semi-realistic)에 가깝게 표현해주세요. 선명한 외곽선, 화려한 조명 효과, 트렌디한 묘사에 강점이 있습니다.

밝고 평면 스타일 (Bright & Flat Style)
첨부한 사진을 바탕으로 'Bright & Flat' 스타일의 이미지를 생성해주세요. 3차원적인 입체감이나 그림자를 없애고, 2D 벡터 일러스트레이션 느낌으로 단순화해 주세요. 색상은 밝고 선명한 원색 위주로 사용하고, 배경은 단순한 단색으로 처리하여 이미지의 특징이 명확하게 눈에 띄도록 해주세요. 복잡한 디테일은 생략하고 아이콘처럼 깔끔하게 표현해 주세요.

미니멀 라인 드로잉 (Minimal Line Drawing)
첨부한 사진을 'Minimal Line Drawing' 스타일로 그려주세요. 배경의 복잡한 요소는 모두 제거하고, 오직 검은색의 끊어지지 않는 얇은 선(Continuous Line)으로 외곽선만 세련되게 표현해 주세요. 핵심 컬러만 포인트 컬러로 살짝 입혀서 시선이 집중되도록 해주세요. 여백을 충분히 두어 지적인 느낌을 주세요.

노션 스타일 (Notion Style / Minimalist Sketch)
생산성 앱 '노션(Notion)'에서 사용하는 일러스트 스타일로, 전 세계적으로 스타트업과 IT 업계에서 유행하는 스타일입니다. 흑백 위주의 단순한 선(Line)과 과장되지 않은 인체 비례가 특징입니다. 펜으로 슥슥 그린 듯한 드로잉에 얼굴의 이목구비를 생략하거나 최소화하여 '정보' 자체에 집중하게 합니다.

화이트 + 수채화 스타일 (White + Watercolor)
첨부한 사진을 'White + Watercolor' 스타일의 수채화로 그려주세요. 흰색 배경의 여백을 넓게 활용하여 깨끗한 느낌을 주고, 맑은 물감이 번지는 듯한(Wet-on-wet) 효과를 주세요. 색감은 전체적으로 연하고 부드러운 파스텔 톤을 사용하여, 감성적이고 따뜻한 에세이 삽화 같은 분위기를 연출해 주세요.

페이퍼 컷아웃 (Paper Cutout / Layered Paper)
첨부한 사진을 'Paper Cutout' 스타일로 표현해 주세요. 마치 여러 장의 색종이를 오려 층층이 쌓아 만든 것처럼 레이어의 깊이감과 그림자를 살려주세요. 종이 공예(Paper craft) 작품처럼 입체적으로 보이게 하고, 따뜻한 조명을 비추어 동화적이면서도 정성스러운 핸드메이드 느낌을 강조해 주세요.

3D 클레이모피즘 (3D Claymorphism)
첨부한 이미지를 '3D Claymorphism' 스타일로 렌더링해 주세요. 사진속 이미지가 마치 찰흙(Clay)으로 빚은 귀여운 3D 캐릭터처럼 둥글둥글하고 부드럽게 보이게 해주세요. 표면은 광택이 없는 매트한 질감으로 처리하고, 조명은 부드럽게 사용하여 친근하고 귀여운 3D 아이콘 같은 느낌을 주세요.

글래스모피즘 (Glassmorphism)
첨부한 이미지를 'Glassmorphism' 스타일로 재해석해 주세요. 배경은 흐릿하게(Blur) 처리하고, 그 위에 반투명한 불투명 유리(Frosted Glass) 재질의 카드처럼 떠 있는 느낌을 주세요. 테두리에 얇은 흰색 빛을 추가하여 현대적이고 세련된 서비스 소개 화면처럼 만들어 주세요.

일러스트 만화 스타일
1단계 요청사항
첨부한 사진으로 4컷 만화의 흑백 스케치(Black and white line art)를 그려줘. 채색하지 말고, 펜으로 그린 듯한 깔끔한 선화(Clean line drawing) 스타일로 그려줘.
2단계 요청사항
1단계에서 그린 4컷 만화를 풀 컬러(Full color)로 채색해 줘. 한국 웹툰 스타일(Korean webtoon style)로 밝고 선명한 색감을 사용하고, 명암(Cell shading)을 넣어서 완성도 높은 디지털 일러스트로 만들어줘."

마치는 글

AI와 알고리즘이 지배하는 시대라 해도, 기술은 결국 사람을 향해야 합니다. 검색 결과를 좌우하는 로직과 추천 시스템, 점점 정교해지는 인공지능은 장사의 방식과 속도를 바꾸고 있지만, 그 모든 변화의 끝에는 언제나 사람이 있습니다. 가게를 찾는 고객도, 가게를 지키는 사장님도 기술의 대상이 아니라 주체입니다.

네이버의 로직을 이해하고 생성형 인공지능을 활용하는 방법론은 분명 중요한 도구입니다. 하지만 그 도구를 어떻게 쓰느냐보다 더 중요한 것은, 왜 쓰는가에 대한 기준입니다. 내 가게를 찾아온 고객에게 어떤 경험을 남기고 싶은지, 어떤 마음으로 이 공간을 운영하고 있는지에 대한 사장님의 생각이 분명하지 않다면, 아무리 정교한 기술도 공허해질 수밖에 없습니다.

기술은 계속 진화할 것입니다. 알고리즘은 더 빠르고 똑똑해질 것이고, 장사의 환경은 이전과 전혀 다른 모습으로 바뀔지도 모릅니다. 그럼에도 불구하고 변하지 않는 것이 하나 있습니다. 장사는 결국 사람의 마음을 얻는 일이라는 사실입니다. 기술은 변하지만, 장사의 본질은 변하지 않습니다.

낯설어진 거리, 달라진 생존의 조건

제가 즐겨 찾는 동네 커피숍에서 마지막 문장을 다듬으며 잠시 창밖을 바라보고 있습니다. 저의 주 특기는 온라인 마케팅입니다. 그런데 10여 년 전부터 오프라인의 가능성에도 주목해 왔습니다. 그렇게 출간했던 책이 『취향과 경험을 판매합니다』입니다. 오프라인 또는 로컬을 비즈니스 모델 관점에서 바라본 책이었죠. 이어서 리테일(소매점) 관점에서 접근한 『커머스의 미래, 로컬』과 『넥스트 커머스(공저)』를 펴냈습니다. 이번 책 『AI 시대, 동네 사장님을 위한 요즘 마케팅』은 그동안의 고민을 이어가면서도, 좀 더 깊숙이 동네 매장에 집중한 책입니다.

저는 습관처럼 거리를 걸으며 상권의 흐름을 분석하곤 합니다. 그런데 최근 몇 년 사이, 제가 관찰해 온 오프라인의 풍경이 근본적인 층위에서 바뀌고 있음을 체감하고 있습니다. 우리가 매일 발을 딛고 살아가는 동네의 모습이, 사람들의 자생적인 커뮤니티가 아니라 거대 플랫폼의 알고리즘과 물류 네트워크를 중심으로 재편되고 있는 것인데요.

도시의 1층을 채우던 풍경은 더 이상 사람들의 온기만이 아닙니다. 그 자리를 바쁘게 오가는 배달 오토바이와 택배 차량, 그리고 퀵커머스의 물류 박스들이 채우고 있습니다. 동네 사랑방 역할을 하던 가게들은 효율이라는 이름 아래 무인 매장으로 대체되었고, 거리는 사람들이 머무르고 교류하는 장소에서 물건이 빠르게 이동하는 통로로 그 성격이 변화되고 있습니다. 이는 도시가 작동하는 운영체제 자체가 달라지고 있다는 의미이기도 합니다.

소비자의 행동 또한 변화되었습니다. 과거의 소비가 길을 걷다 우연히 마주친 간판을 보고 들어가는 발견의 미학에 의존했다면, 지금의 소비는 철저히 검색과 검증을 통해 이루어집니다. 밥을 먹든, 약속 장소를 잡든, 심지어 산책할 공원을 찾을 때도 사람들은 스마트폰부터 켭니다. 거대 플랫폼들이 소비자의 눈과 귀를 장악한 세상에서 오프라인 매장의 경쟁 상대는 더 이상 옆 가게가 아닙니다. 스마트폰 화면 속 수많은 정보, 알고리즘이 추천하는 대체재, 그리고 우리 동네를 촘촘히 연결하는 배송 시스템과 보조를 맞춰야 하는 무한 경쟁의 상황에 놓인 것입니다.

지속 가능한 실행으로

변화는 우리가 원하든 원하지 않든 이미 우리 곁에 와 있고, 기술의 발전은 그 속도를 더욱 가속화하고 있습니다. 플랫폼 기업들은 수직적 통합과 수평적 확장을 반복하며 산업 간의 경계를 허물었습니다. 이러한 구조적 변화 속에서 단일 매장이 단일 아이템 하나만으로 수십 년간 안정적인 매출을 올리던 과거의 성공 방정식은 더 이상 유효하지 않게 되었습니다.

그렇다면 동네 사장님들은 무엇을 준비하고, 어떤 무기를 손에 쥐어야 할까요? 오프라인 매장의 디지털 전환과 같은 큰 키워드들은 언뜻 그럴듯하지만, 대부분의 동네 매장에게는 딴 세상 이야기처럼 들립니다. 온라인 마케팅의 필요성을 몰라서 하지 않는 것이 아닙니다. 하루 30분 정도의 시간을 내어 오늘을 정리하고, 그것을 글이든 이미지든 영상이든 콘텐츠로 만들어 소비자들의 댓글에 답하는 것이 결코 쉬운 일이 아니기 때문입니다. 그래서 저는 1차적으로 지도 정보만 잘 신경 써도 손님은 유입된다고 말씀드립니다. 이를 통해 온라인 마케팅의 효용성을 체감하게 되면, 블로그와 인스타그램, 유튜브 등으로도 자연스럽게 확장할 수 있습니다. 그래서 이 책은 단기적으로 오프라인 매장에 가장 효과적인 지도 정보를 중점적으로 다루고 있습니다.

하지만 어떤 상권도 새로운 고객이 끊임없이 유입되는 곳은 없습니다. 결국 왔던 사람이 다시 와야 합니다. 이를 위해서는 중장

기적으로 매장의 매력, 즉 컨셉과 본질적인 경쟁력인 상품력을 갖춰야 합니다. 단기적으로는 지도 정보를 중심으로 한 온라인 마케팅 기술을, 중장기적으로는 고객이 다시 찾고 싶어 하는 매장의 본질적 경쟁력을 키우는 방법을 이 책에 담은 것입니다.

저에게 책을 출간하는 일은 단순히 제가 가진 지식이나 정보를 활자로 정리해 전달하는 작업이 아닙니다. 그동안 제가 현장에서 무엇을 목격했고 무엇을 믿어왔는지, 그리고 어떤 제언에는 책임질 수 있고 어떤 부분에는 아직 확신이 부족한지를 스스로 묻고 검증하는 과정입니다. 특히 이번 집필 기간 내내 제가 가장 오랫동안 붙들고 씨름했던 화두는 '안다는 것은 무엇인가'였습니다.

정보의 홍수 속에서 우리는 검색 한 번으로, 혹은 짧은 영상 하나를 보고 쉽게 "나도 알아"라고 말합니다. 하지만 안다고 착각하는 것과 실제로 아는 것 사이에는 거대한 간극이 존재합니다. 나아가 머리로 아는 지식을 몸으로 움직여 실행하는 데에는 더 높은 장벽이 있으며, 실제로 현장에서 실행해 유의미한 성과를 만들어내는 일은 훨씬 더 많은 시행착오와 땀을 요구합니다. 그리고 무엇보다 어려운 경지는, 그렇게 힘들게 만들어낸 성과를 운이나 일회성 이벤트로 끝내지 않고 시간이 지나도 유지되고 반복될 수 있는 지속 가능한 결과로 안착시키는 일입니다.

동네 가게가 AI 시대를 살아가는 방법

이 책 『AI 시대, 동네 사장님을 위한 요즘 마케팅』은 AI 시대에 장사를 바라보는 관점(1장)을 재정립하는 것으로 시작해, 고객이 우리 가게를 처음 마주하는 온라인 간판인 지도 정보(2장)를 집중적으로 다루었습니다. 이어서 어렵게 방문한 고객을 구매로 연결하고 객단가를 높이는 전환의 기술(3장)을 제시했고, 한 번 온 손님을 단골로 만드는 재방문의 구조(4장)를 담았습니다. 마지막으로 AI를 활용해 사장님의 판단과 실행을 돕는 실전 프롬프트(5장)로 마무리했습니다.

왜 굳이 이런 순서와 접근을 택했을까요. 동네 장사는 어느 한 부분만 잘해서는 결코 완성되지 않는 유기적인 시스템이기 때문입니다. 지도 등록을 잘해서 손님을 불렀다 한들 접객이나 메뉴 구성이 엉성하여 구매로 이어지지 않는다면 그 노력은 헛수고가 됩니다. 반대로 맛은 기막힌데 아무도 그 존재를 모른다면 그 또한 안타까운 일입니다. 무엇보다 신규 고객 유치에만 매몰되어 단골이 쌓이지 않는다면, 그것은 밑 빠진 독에 물 붓기와 같습니다. 이 책이 제시한 구조는 각 단계가 톱니바퀴처럼 맞물려 돌아가며 서로를 지탱하는 플라이휠 시스템입니다.

집필을 마치며 저자로서 아쉬움이 남는 지점도 분명 있습니다. 책의 제목을 'AI 시대, 요즘 마케팅'이라고 붙여놓고는, 정작 AI 기술의 기능적 설명에 많은 지면을 많이 할애하지 않았다는 점입니다. 하지만 여기에는 저자로서의 분명한 의도와 전략적 판단이 담겨 있습니다.

첫 번째 이유는 속도입니다. 지금 이 순간에도 AI 기술은 매일 밤 자고 일어나면 바뀌어 있습니다. 어제의 혁신적인 기능이 오늘은 이미 낡은 것이 되어버리는 기술의 속도전 속에서, 특정 툴의 기능적 사용법에 치중하는 것은 오히려 사장님들에게 혼란을 줄 수 있다고 판단했습니다.

두 번째 이유는 효율입니다. 동네 장사를 하시는 사장님들에게 필요한 것은 복잡한 프롬프트 엔지니어링 기술이나 코딩 능력이 아닙니다. 저는 5장에서 소개한 마크다운 방식처럼 질문을 논리적으로 구조화하여 던지는 방법만 제대로 익혀도 현장에서의 AI 활용도는 차고 넘칠 만큼 충분하다고 확신합니다. 복잡한 이론을 몰라도 사장님의 언어로 똑똑하게 질문하는 법만 알면 AI는 최고의 비서가 되어줄 것입니다.

끝으로 우리가 잊지 말아야 할 중요한 진실을 되새기며 글을 맺으려 합니다. 아무리 AI가 발전하고 마케팅 기법이 화려해져도, 마케팅의 시작과 끝은 언제나 좋은 제품과 좋은 서비스에 있습니다. 본질이 튼튼하지 않은 상태에서 기술만 덧입히는 것은 모래 위에 성을 쌓는 것과 같습니다. 마케팅은 없는 것을 있는 것처럼 포장하는 눈속임이 아니라, 사장님이 땀 흘려 만든 좋은 제품과 서비스에 합당한 가치를 입혀 고객에게 제대로 전달하는 진정성 있는 활동입니다.

바로 이 지점에서 단순한 판매와 마케팅이 갈라집니다. 일회성 판매는 당장의 매출을 만들 수는 있어도 내일의 기약을 주지는 못합니다. 하지만 좋은 제품에 가치를 더하는 올바른 마케팅은 고객과의 신뢰를 쌓아, 장사가 일시적인 생계 수단을 넘어 지속적이고 장기적인 성장을 가능하게 만듭니다. 우리가 기술을 배우고 구조를 짜는 이유도 결국은 이 지속 가능성을 확보하여, 변화하는 파도 위에서도 중심을 잃지 않기 위함입니다.

오늘도 치열한 하루를 보내고 내일의 장사를 위해 다시 묵묵히 신발 끈을 동여매는 사장님들께 깊은 존경과 응원의 마음을 전합니다. 장사는 결코 쉬운 일이 아니며, 그 무게를 가볍게 말할 수 있는 사람은 아무도 없습니다. 급변하는 환경 속에서도 자신의 자리를 지키며 골목을 밝히고 계신 모든 분들께, 이 책이 작지만 든든한 동반자가 되기를 소망합니다.

고맙습니다.

은종성